KB260590

한·일 도자문화의 교류양상

한일관계사학회
한일문화교류기금

景仁文化社

<발간사>

이 책은 2004년 12월 17일, <韓日關係史學會><韓日文化交流基金>이 <한림대학교 일본학연구소>와 공동으로 주최한 국제심포지엄「한·일 도자문화의 교류양상」의 성과물이다.

<한일관계사학회>는 1992년 창립된 이래, 한국과 일본에 대한 역사연구를 통하여 두 나라 사이의 올바른 관계사 정립을 목적으로, 그동안 90회의 월례발표회, 6회의 국제심포지엄, 학회지『韓日關係史研究』22집, 기획서 3권(『韓日關係史論著目錄』1993 ;『한국과 일본』-왜곡과 콤플랙스의 역사-, 1998 ;『譯註 交隣提醒』2001), 국제심포지엄 단행본 6권(『독도와 대마도』1996 ;『한일양국의 상호인식』1998 ;『조선시대 한일표류민연구』2001 ;『한일관계사연구의 회고와 전망』2002 ;『조선시대 한일관계와 왜관』편집 중 ;『조선왕조실록속의 한국과 일본』)을 발간했으며, 이 책은 7회째의 국제심포지엄의 결과물인 동시에 7번째의 단행본이다.

한편 <한일문화교류기금>은 한일양국 국민간의 문화교류를 증진·강화하고 두나라 국민간의 상호이해와 신뢰를 심화시켜 한일양국은 물론 아세아의 안정과 번영에 기여함을 목적으로 1984년, 설립된 비영리 공익법인으로, 그동안 많은 인적·문화교류사업을 진행해 왔다.

또한 <한림대학교 일본학연구소>도 21세기를 향한 한일관계의 발전뿐만아니라 동북아전체의 이해증진과 평화와 번영에 기여하기 위하여 1994년 창립된 이래 많은 연구업적을 내놓은 한국굴지의 일본학 전문연구소이다. 이러한 면에서 이번 심포지엄은 한일관계사 연구에서 한국 최고의 연구단체가 개최한 학술행사라고 자부한다.

돌이켜보건대, '韓日關係史' 연구는 우리의 역사현실과 늘 밀착되어 있었음에도 불구하고, 그동안 너무 외면되어 왔다. 더구나 과거 한일관계사의 연구가 주로 일본인에게서 시작되었고, 그것도 식민사학을 정당화하기 위한 왜곡된 목적의식에서 출발했던 만큼, 그 문제점이 적지 않은 것도 사실이다. 더구나 현시점이 동아시아속의 한국사, 나아가 세계사속의 한국사를 재구성해야 하는 지금, 그 전제가 되는 대외관계사 연구는 아직도 미흡하다. 뿐만아니라 對外關係史를 특수사의 한 분야로 취급하는 시대 착오적인 인식이 팽배되어 있는 것도 사실이다. 外政은 內政의 연장이며, 동시에 內政의 국제적 표현임을 상기할 때, 外政과 內政의 연구, 그 어느 한쪽도 소홀히 해서는 안된다. 이 점에서 '韓日關係史研究'의 중요성과 필요성을 새삼 강조할 것도 없다.

이러한 의미에서 우리 학회가 펼치고 있는 각종의 학술활동은 미래의 한국사 영역을 넓히고, 세계사속의 한국사를 자리매김하는데 커다란 역할을 할 수 있을 것이다. 우리학회의 학회지·기획서·단행본들은 이를 위한 초석이 될 것이며, 우리학회는 이러한 결과물들을 통해 자신을 표현하고, 그 나름의 평가를 받고 싶다.

끝으로 우리 학회의 국제심포지엄에 해마다 지원을 아끼지 않으시는 한일문화교류기금 이상우 이사장님과 김수웅 국장님, 이 심포지엄에 참가한 일본학자들, 우리 학회회원들, 아울러 출판을 맡아준 경인문화사 한정희사장님과 직원분들께 깊은 감사를 드린다.

2005년 2월
한일관계사학회 회장 **손 승 철**

<차 례>

陶磁가 이어주는 韓國人과 日本人의 마음

이 상 우
(재) 한일문화교류기금이사장

오늘 저는 두 기관을 대표하여 여러분들을 환영합니다. 오늘 회의는 곧 창립 20주년을 맞게 되는 (재)한일문화교류기금이 지난 20년 동안 꾸준히 지속해온 한국과 일본의 학자들 간의 모임의 하나로 준비해온 학술행사입니다. 우선 이 기금이 창설되었을 때부터 몸 담고 일해 온 기금의 대표로써 여러분들을 환영합니다.

오늘 회의는 작년에 개교 20주년을 기념했던 한림대학교에서 열고 있습니다. 춘천의 한림, 강원의 한림, 한림대학교는 비록 조용한 산과 호수의 도시 춘천에 위치하여 있지만 21세기의 지구화 물결 속에서 한국의 국제화를 이끌어나가는 지적 센터로 앞장서기로 하고 한국학, 동아시아지역학을 특화사업영역으로 결정하고 노력을 집중하고 있습니다. 특히 한림대학교 일본학연구소는 한국 최대의 자료실을 가진 연구소로 본격적인 일본연구에 착수하고 있습니다. 이 대학의 총장으로 한림의 모든 교직원의 뜻을 모아 여러분들을 환영합니다.

흙과 불과 인간의 기술, 그리고 예술가의 혼이 합쳐지면 陶가 되고 磁가 됩니다. 陶磁는 산천이 수백 번 변해도 변하지 않는 역사의 증인으로 남아 인간이 기억 못하는 과거를 말해주는 사료의 왕입니다. 그래서 잃어버린 문화의 연계, 그리고 보이지 않는 인간의 혼의 교류를 살려보는데 가장 소중한 자료로 꼽고 있습니다.

그동안 한일 간의 과거사가 문제되었던 것도 인간과 인간의 마음 간의 관계는 증발해 버리고 불분명한 단편적 문헌사료의 아전인수격 해석싸움으로 실제의 관계가 왜곡되었기 때문이 아닌가 생각해 봅니다. 그래서 도자기의 사료적 가치가 더 돋보입니다.

도자기로 맺어진 한일 간의 문화적 연계는 축복 속에서 이루어진 것이 아니었습니다. 전란 중에 도공을 강제 납치하여 맺어진 인연입니다. 그러나 그러한 비극적인 계기로 맺어진 문화연계가 일본 땅에서 한국도자기에 담긴 한국도공의 혼이 예술로 승화하도록 만들어 놓았다는 점에서 새로운 인연으로 발전하고 있다고 생각합니다.

오늘 학술회의에서는 양국의 도자문화의 관련전문가들이 모여 심도 있게 한일 간의 도자문화 교류를 논합니다. 이러한 토의를 통하여 앞으로 전개될 한일 간의 문화교류가 한층 더 수준 높은 교류, 혼과 혼이 만나는 교류로 승화되는 계기가 생겨났으면 하는 것이 주최자로서의 저의 바램입니다.

이번 회의를 준비하느라 애쓰신 손승철 한일관계사학회장님, 함께 주최하여 주신 한림대 일본학연구소 공로명 소장님, 그리고 좋은 발표를 해주실 정양모 선생님을 비롯하여 일본의 아카누마, 나가노,

가타야마 선생님, 한국의 강경숙, 윤용이, 방병선 선생님, 그리로 여섯 분의 토론자 선생님 등 한일 양국의 여러 석학님들께 이 자리를 빌려 감사 드립니다.

좋은 하루가 되기를 빕니다.

서부경남 요지 조사 파편자료 정리에서 밝혀진 대접 형태의 변천

정 양 모

한국미술발전연구소장, 전 국립중앙박물관장

대접 형태(形態)의 변천

역사적으로 볼 때 한·일 관계에서 도자기만큼 일본에 큰 영향을 미친 것은 없을 것이다. 고화도 환원 번조의 신라·가야 토기가 스에끼에 직접적이고 막대한 영향을 미쳤으며 후기 고려자기와 세또야끼와의 관계가 있다. 근세에 들어 15·17세기에도 조선도자기가 일본 자기 형성과 다완(茶碗) 발전에 역시 직접적이고 막대한 영향을 미친 것은 주지의 사실이다. 소위 고라이다완(高麗 茶碗)이 16세기 후반부터 일본 차(茶) 문화에서 점차 큰 비중을 차지하게 되고 중국의 다완이 빛을 잃게 된다.

한국 다완 중에는 소이도(大井戶)를 필두로 고이도(小井戶) 아오이도(靑井戶)가 그 명성을 드날리고 있다. 그리고 미시마(三島·분청사기인화문) 하께메(刷毛目 · 분청사기귀얄문) 고히끼(粉引 · 분청사기덤벙문) 아마모리(雨漏 · 조질백자) 고모가이(熊川 · 조질백자) 소바(蕎麥 · 조질자기) 도도야(斗斗屋 · 조질백자) 가끼노헤다(柿蔕 · 조질백자) 등이 있다. 이외에 16세기 말경으로부터 17세기에 걸쳐 부산의 왜관과 김해, 양산등지에서 주문 생산된 고홍(御本 · 조질자기) 웅가꾸(雲鶴 · 청자상감) 호리미시마(彫三島 · 분청사기상감집선거치문) 고끼(吳器 · 조질백자) 고쇼마루(御所丸 · 경질백자 · 경질백자흑유시유) 깅가이(金海 · 약간연질백자) 이라보(伊羅保 · 조질청자 계통) 등이 있다. 이들은 만든 지방에 따라 도자기의 질도 각기 조금씩 다르고 형태에도 차이가 있다. 이 소론에서는 앞에 설명한 바와 같이 서부 경남일대에서 조사한 파편을 가지고 廣圓刻內彎대접(소위 소바)의 형성 과정을 살펴보았다. 같은 경남 지방이라도 진해 두동리에서 발굴 조사된 廣圓刻內彎대접(소바)과는 질도 다르고 형태도 조금씩 차이가 있어서 매우 홍미 있는 작업이었다. 차후에 경상도 일원과 전라도 일원의 가마자리를 폭넓게 조사하여 정리한다면 매우 홍미 있고 뜻 있는 결과가 나오리라 생각된다. 다만 안타깝기 그지없는 것은 국토개발로 나날이 도자기 가마가 사라져 가는 슬픈 현실을 어떻게 하면 막을 수 있는가 하는 것이다.

  서부 경남에서 발견되는 대접의 종류는 기형에 따라 廣圓刻內彎대접(이 명칭은 廣幅內底圓刻內彎대접을 약칭으로 명명한 것이다)과 내만대접과 외반대접의 3가지 종류가 있다. 이 대접들의 질의 종류는 말기 청자 · 분청사기 · 경질백자 · 회청사기 · 연질백자류가 있으며, 시대에 따라 또는 질에 따라 각기 특징이 있고 다른 기형과 문양으로 발전 변모하였다.

서부 경남 요지 조사 파편을 통해 본
內底圓刻內彎대접의 변천과
廣圓刻內彎대접의 형성

─ 소위 蕎麥茶碗(소바)의 형성과정 ─

　　서부 경남 일원의 대접은 고려 시대에서부터 시작된 여러 가지 형태의 대접에서 출발하여 어떤 것은 16세기 중반 경까지 이어지고, 또 어떤 대접은 16·17세기까지 이어지는 것도 있고, 또 다른 대접역시 16·17세기까지 이어지는 것도 있다. 15세기 가마인 長川里, 龜嚴里에서 발견되는 內底圓刻內彎대접은 그 조형이 12세기 전반까지 거슬러 올라가서 12세기 후반, 13·14세기까지 이어지며[1] 조선 초까지도 계속된다.

　　말기 청자 가마인 長川里, 龜嚴里가마까지는 청자의 질과 문양은 퇴보하였으나 대접의 크기나 형태 등은 14세기와 큰 변화가 없다. 그러나 長川里 가마에서 발견되는 內底圓刻內彎대접에서는 일부 그 외형이 廣圓刻內彎대접의 형태를 거의 갖춘 것이 있어서 이미 15세기 초기에 이러한 형태의 변화가 있었다는 것은 매우 흥미 있는 사실이다.『세종실록지리지』에 수록된 月牙里, 松田里의 대접도 일부 內底圓刻은 넓어졌고 굽 위의 바로 외 측면을 약간 수평에 가깝게 깎아 내었다. 유약은 조금 밝아 졌으나, 象嵌帶線이 그대로 남아 있고 형태상으로는 측사면의 굴곡이 큰 변화는 없으나 14세기 말 15

---

1) 鄭良謨,「鉢·碗에 의한 高麗陶磁編年」『世界陶磁全集』 18─高麗─, p.23 ＜圖 13＞, p.237 ＜圖 16＞, p.238 ＜圖 19＞, p.230 ＜圖 23·24＞, p.241 ＜圖 30·31＞ (1978).
　　國立中央博物館 편,『高麗靑瓷名品特別展』, ＜圖 110·112＞ (1989).

세기 초의 전형적 內底圓刻대접 보다는 대접 구연이 조금 더 약간 벌어진 형태로 나타나 일차적으로 변모된 모습을 찾아 볼 수가 있다. 孝子里 3호에서는 예외적으로 극소수 線象嵌의 예도 있지만 상감 문양이 거의 없어지고 陰刻帶線만 남아 있는 경우가 많다. 구경에 비해서 內底圓刻이 확실히 넓어지고 유약이 밝아 졌으며, 굽은 14세기 청자와 비슷하지만 외형이 크게 바뀌었다. 굽 바로 위 몸체를 약간 비스듬히 깎아내어 대접의 밑 부분이 조금 튀어나온 효과를 가져오고 조금 올라가서 다시 안으로 휘었다가 다시 조금 올라가서 구연부 가까이에서 다시 밖으로 휘어 벌어졌다가 구연부에 이르러 다시 내만되는 형태를 이룬다. 다시 말하면 대접의 형태가 고려 후기는 물론이고 조선 초기 말의 청자보다 더 벌어졌으며 대접의 측사면 선이 두 번에 걸쳐 굴곡된 선을 이루면서 내만된 구연에 이른다. 孝子里 3호에서는 이렇게 內底圓刻이 분명하게 더 넓어지고 또한 두 번에 걸쳐서 굴곡지다가 내만된 구연에 이르는 대접이 여러 개가 발견된다. 이 시기가 고려 말 內底圓刻대접에서 크게 변화하여 새로운 형태로 이행되는 매우 중요한 단계이다. 이와 비슷한 시기인 生草面 大浦理 가마에서는 분청사기와 치밀질계 양질·조질백자가 많이 발견되었고, 말기 청자류는 발견되지 않았다. 그러나 주목할 것은 치밀질계 조질백자에서 구연부는 상실되었으나 굽과 그 위의 대접 하부는 남아 있는데 內底圓刻이 뚜렷하여 이 조질백자대접은 혹 말기청자 內底圓刻內彎대접에서 영향을 받은 기형이 아닌가 생각된다. 15세기를 지나 16세기 초로 이행되는 孝子理 1호 가마에서는 상감 문양과 음각선도 완전히 사라진 內底圓刻內彎대접이 나타난다. 여기에서 우리는 孝子里 3호 가마 이후의 '內底圓刻內彎대접'의 명칭을 '廣幅內底圓刻內彎대접'이라고 부르고자 하며 편의상 '廣圓刻內彎대접'이라고 약칭한다.

〈사진 1〉 장천리

〈사진 2〉 장천리

〈사진 3〉 월아리

〈사진 4〉 월아리

〈사진 5〉 효자리 3호

〈사진 6〉 효자리 3호

〈사진 7〉 효자리 3호

〈사진 8〉 효자리 3호

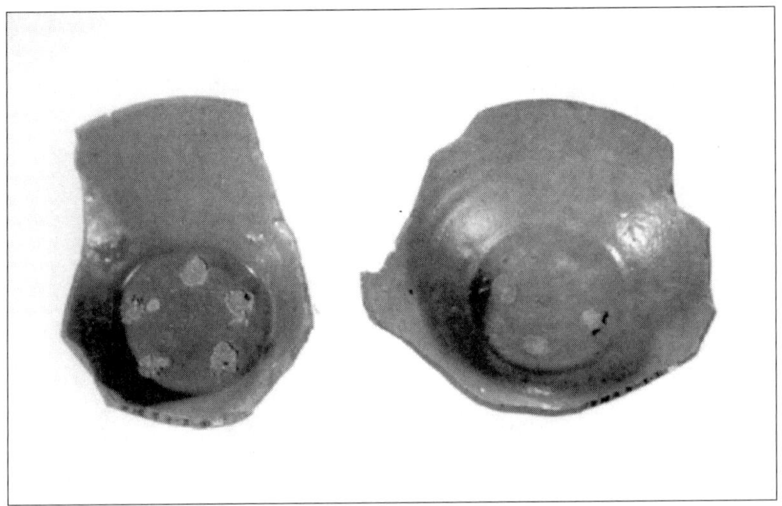

〈사진 9〉 효자리 1호

〈사진 10〉 효자리 1호

〈사진 11〉 백련리 1호

〈사진 12〉 백련리 1호

〈사진 13〉 방목리 1호

〈사진 14〉 방목리 1호

〈사진 15〉 효자리 2호

〈사진 16〉 효자리 2호

〈사진 17〉 운리 1호

〈사진 18〉 운리 1호

16세기에는 白蓮里 1호·2호·3호가마에서 발견되는 회청사기에서 모두 廣圓刻內彎대접이 발견된다. 대접의 높이가 조금씩 낮아져서 좀 더 벌어지는 형태이고 廣幅의 內底圓刻도 좀 더 넓어지는 것도 있고, 시대가 앞서는 孝子里 1호와 같은 것도 있다. 외측면의 굴곡은 거의 같으나 굽 바로 위 외측면을 대접의 측면 사선보다는 수평에 가깝게 깎았는데 깎은 각도와 넓이가 조금씩 차이가 난다. 다음 放牧里 1호·5호 가마에서는 역시 회청사기 廣圓刻內彎대접이 발견된다. 이 대접들은 內底圓刻은 조금 더 넓어진 것 같으며 굽 바로 위의 대접 외측면을 대접 측사면 경사보다는 수평에 가깝게 깎아냈지만 외측면의 굴곡은 훨씬 완만해져서 약간의 굴곡변화가 남아 있을 뿐이다. 16세기 중엽이라고 생각되는 孝子里 2호 가마에 이르면 연질백자만 발견되는데, 바로 이 연질백자로써 廣圓刻內彎대접이 발견된다. 이 대접의 기본 형태는 廣圓刻內彎대접의 형식을 따르고 있으나 放牧里 1호·5호에 비해 대접 형태의 굴곡이 거의 사라지고, 白蓮里 3호 가마로부터는 일부에 梯形굽이 나타나기 시작하여 굽을 깎는 수법이 放牧里 1호·5호에 이르러서는 죽절굽이 일부 단순화되고 孝子里 2호 가마에 이르면 죽절굽이 아닌 전형적인 연질백자의 약간 높은 梯形굽으로 변한다.

16세기 후반 경으로 추정되는 放牧里 4호·6호에서는 廣圓刻內彎대접이 발견되지 않고 16~17세기에 이르면 山淸 丹誠面 雲里 1호 가마에서 역시 연질백자 廣圓刻內彎대접이 발견된다. 이 대접은 內底圓刻은 넓고 굽 바로 위 외측면을 대접의 측사면보다는 수평으로 가깝게 깎아냈지만 거기서부터 구연까지 축사면의 변화가 거의 없고 구연부 끝도 거의 내만되지 않고 곧게 뻗은 채로 마감되어 있다. 廣圓刻內彎대접은 서부경남에서 조사된 가마에 따르면 15세기 초경의 말기청자 內底圓刻內彎대접으로부터 그 형태가 조금씩 廣圓刻內

彎대접으로 바뀌며 孝子里 3호 가마에서는 분명한 廣圓刻內彎대접의 형태를 갖추게 된다. 그리고 孝子里 1호, 白雲里 1·2·3호, 放牧里 1호 가마까지는 회청사기로 內底圓刻대접의 형태를 거의 그대로 이어가고 있다. 그러나 다음 孝子里 2호 가마부터는 회청사기가 사라지고 연질백자로 대체되는데 內底에 넓은 圓刻은 그대로 남아 있고 굽 바로 위 측면을 대접의 측사면 보다 수평으로 깎는 것 등은 그대로이나 측사면의 굴곡이 거의 없어지고 굽도 연질백자의 특징대로 죽절굽이 아닌 梯形굽으로 깎아 내었다. 특히 雲里 1호 최후의 廣圓刻內彎대접에서는 도린굽으로 廣圓刻. 내저원각 전성기의 대접과는 차이가 분명하다.

廣圓刻內彎대접은 일본에서는 소위 '소바다완(蕎麥茶碗)'[2]이라는 명칭으로 불리며 차의 세계에서 매우 소중하게 여기는 대접이다. 본인은 이미 오래 전부터 소위 소바다완이 고려 중기에 연원을 두고 15·16세기에 廣圓刻內彎대접의 특수한 형태로 발전한 것으로 파악하고 있었으며, 이번 기회에 서부경남에서 廣圓刻內彎대접의 확실한 연원과 형태의 완성과 퇴화되는 과정을 분명히 할 수 있었다. 소위 소바다완이라고 불리는 廣圓刻內彎대접에 관하여 여기서는 서부경남 일원의 제한된 가마의 자료를 대상으로 하였지만 앞으로 나머지 서부경남지역과 영호남 지역의 널리 분포된 15·16세기 가마에서 자료를 널리 수집하여 정리하면 같은 廣圓刻內彎대접의 양식이라도 매우 다양한 형태와 재미있는 변화를 찾아 볼 수 있을 것이다.

---

2) 茶道資料館, 「高麗茶碗」 <도 35> (1989).

심포지엄 주제발표 논문

강 경 숙 : 조선도자와 임진왜란 – 분청사기
中 野 等 : 豊臣秀吉의 大陸侵攻과 朝鮮人 陶工
윤 용 이 : 15·16세기 조선백자의 양상
赤沼多佳 : 高麗茶碗의 歷史的 觀點
방 병 선 : 임란 이후 조선도자 – 대일 관계를 중심으로 –
片山まび : 豊臣秀吉의 조선침략과 肥前陶磁
       – 「陶器」를 중심으로 –

조선도자와 임진왜란 - 분청사기

강 경 숙

충북대학교 고고미술사학과 교수

Ⅰ. 머리말

조선시대 도자기와 임진왜란은 한국과 일본의 도자문화에서 중요한 의미를 갖는다. 임진왜란은 일본의 전국시대를 수습한 도요또미 히데요시(豊臣秀吉)가 대륙 침공에 뜻을 품고 1592년 조선을 침공했던 전쟁이다. 이때의 전쟁은 일단 화의를 맺은 후 왜군은 경남 해안 일대로 물러났다. 1597년 정유년에 다시 침공하였을 때는 유학자를 비롯하여 많은 분야의 기술자를 포로로 데려 갔는데, 그 중에 상당수는 도자기 장인이었다. 이들은 일본 백자제작의 원동력이 되었고 중국을 대신하여 세계도자기 수출국으로 성장하는데 이바지하였다. 1592~1597년에 활동한 조선의 도자기 장인들은 분청사기가 아닌 백자를 제작했던 관계로, 한국의 분청사기의 종말은 임진왜란 발발 이전인 16세기 전반에 이미 끝났다.

본고에서는 분청사기와 백자의 관계, 분청사기의 가마구조, 분청사기의 편년 등을 짚으면서 한국과 일본의 도자교류의 일단을 살펴보고자 한다.

II. 분청사기와 백자의 관계

1. 15세기 전반

조선시대 분청사기와 백자는 16세기 전반까지 공존한다. 분청사기의 태토는 이차점토이고 백자는 산에 백띠를 이루고 있는 일차점토이다. 분청사기는 고려 상감청자의 후손이므로 그 당시 특별한 명칭이 없이 자기 혹은 사기라고 불렀다. 조선백자는 15세기 초 중국 명나라 백자의 기형과 문양의 영향을 받아 처음에는 분청사기가마에서 함께 구워졌다.

분청사기라는 이름은 1930년대 고유섭 선생이 미시마(三島)라는 의미 불명의 일본식 표현은 적절치 못하다고 생각하여 '분장회청사기'라고 명명한 데서부터 유래했다. 따라서 백토로 분장된 회청색의 사기이므로 분청사기의 특징은 백토분장기법에 있다. 그런데 14세기 말~15세기 초의 상감분청사기는 고려 상감청자와 구별하기 어려운 것이 있어 백토분장이라는 측면에서 보면 분청사기로 구분하기에는 애매한 종류이다. 1420년대에 이르면 촘촘히 도장을 찍고 백토를 감입한 인화분청사기가 늘어나 표면이 상감분청사기보다 훨씬 백자화된다. 한편, 1425년에 경기도 광주에서는 명 인종에게 보낼 정도로 고급 백자를 제작하고 있었지만 양산단계는 아니었다.[1]

『세종실록』「지리지」에는 8도의 토산물이 조사되어 있는데, 이 가운데 자기소 139개소, 도기소 185개소 도합 324개소가 기록되어 있다. 이들 324개소에서는 토산 공물(貢物)인 자기와 도기를 구워

---

1) 『世宗實錄』 권27, 世宗 7년 2월 을묘조.

국가에 현물세로 상납하였다. 오늘날 도기소의 가마터는 전혀 확인하지 못하고 있는데 비해, 자기소는 상당히 많은 지명이 확인되었다. 확인된 가마터는 대부분 분청사기 가마터다. 따라서 「지리지」 자료를 조사 수집했던 1424~1432년 사이에 활동한 자기가마는 분청사기를 제작하고 있었다는 것을 알 수 있다. 그런데 전국 139개소의 자기소 가운데 4곳만이 상품으로 평가되었고, 나머지 135개소는 중품 아니면 하품으로 구분되었다. 당시의 상·중·하품의 기준이 무엇인지 지금까지 연구되지 않아 확언할 수 없으나, 상품으로 평가된 4곳은 백자를 생산했던 곳이 아닌가 한다.[2] 4지역은 경기도 광주의 伐乙川(현 번천리), 상주의 已未隈里와 楸縣里, 고령의 曳峴里 등으로 이들의 백자는 어기로 사용된 듯 싶다. 成俔(1439~1504)의 『慵齋叢話』에는 "세종조 어기는 백자만을 사용했다"고 기록되어 있기 때문이다.[3] 이러한 기록을 볼 때, 15세기 전반에는 국가가 필요한 일반의 기명은 분청사기고 백자는 임금의 어기로만 사용했음을 시사한다.

『세종실록』「지리지」에 수록된 자기소가 발굴된 곳은 공주 학봉리, 광주 충효동, 연기 송정리, 곡성 구성리, 영동 사부리 등이다. 공주 학봉리와 광주 충효동 가마는 각각 100여 년이 넘게 생산 활동하였다. 연기 송정리와 곡성 구성리 가마 출토 도편에는 集團連圈文이라는 세련된 도안은 사용되지 않은 반면 상감기법의 연당초문과 성기게 도장을 찍은 꽃 문양이 많다. 연기 송정리에서는 '司膳'명도편이, 그리고 곡성 구성리에서는 '長興庫'명도편이 출토되었다. 이 두 가마는 1420년대 가마의 특징을 보인다. 영동 사부리 가마의 출토

---

2) 姜敬淑, 「15세기 경기도 廣州 백자의 성립과 발전」『美術史學硏究』237 (한국미술사학회, 2003), pp.75~101.

3) 成俔, 『慵齋叢話』 권10 (『大東野乘』 1-국역총서 49-, 민족문화추진회, 1971).

도편에는 1430~1440년대의 전형적인 특징인 집단연권문이 새겨진 사발에 '金山長興庫' '金山仁壽府' 등의 명문이 있어 제작시기 추정이 가능하다.

유교를 국가의 이념으로 삼은 조선왕조는 오례의 행사에 규격화된 기명을 사용하였다. 1451년에 간행된『五禮儀』, 1474년에 간행된『國朝五禮儀』의 기명 도해에는 도자 제기가 있어 국가는 직접 백자를 만들었음을 알 수 있다. 그러나 세종(1418~1450) 때는 청화백자를 제작하려는 국가의 의지가 별로 나타나지 않는데 반해, 세조(1455~1468) 때는 여러 기록에서 청화백자 안료를 구하고 있다. 청화백자의 안료인 회회청은 중국에서 수입했기 때문에 국내산 회회청을 구하고자 노력한 것이다. 예컨대 세조 9년(1464)과 세조 10년(1465)에 전라도 경차관 丘致峒은 강진에서 그리고 경상도 경차관 柳緩은 밀양에서 각각 회회청 상사석을 구해 바쳤다는 기록이 있다.4) 이러한 배경에서 1469년에는 국가가 직영하는 백자공장, 즉 '分院'을 경기도 광주에 공식으로 세움에 따라 분청사기는 토산공물의 대상에서 벗어나 점차로 지역화 되어갔다.

2. 15세기 후반

15세기 후반 분청사기와 백자의 생산 양상은 확연히 달라진다.『經國大典』工典은 1469년 9월에 반포되는데, 공전 司饗院조에는 전국의 사기장 380명이 등록되어 있다. 따라서 관영체제의 백자공장이 사옹원의 分院으로서 정식으로 운영되었고 중앙의 관리가 이

---

4)『世祖實錄』권30, 世祖 9년 5월 임자 ; 권31, 9년 7월 경신 ; 권34, 10년 8월 무자.

곳에 파견되었다. 사옹원은 왕의 식사와 궁궐 내 연회에 관한 일을 맡은 관청으로 백자제작의 임무가 법전에 성문화되어 있지 않지만 광주 관요에서 일하는 사기장을 다루고 있었음을 알 수 있다. 그러므로 예종(1468~1469)은 회회청 안료를 구해 바치는 사람에게는 관직으로 상을 주어 계급을 뛰어 등용하기도 하고 포 50필로 상을 주기도 하겠다는 언급을 공식으로 하고 있다.5) 또한 성종 24년(1494) 기록에 사옹원의 제조 柳子光이 광주에서 운영되는 가마구조의 개선을 요구하는 내용도 있다.6) 또 사옹원 관리는 도화서 소속의 畵員을 데리고, 어용의 그릇을 만드는 일을 감독했다는 기록 등에서 15세기 후반의 백자 제작의 상황을 엿볼 수 있다.7)

　이처럼 1469년 이후는 국가가 소용으로 하는 그릇은 왕의 어기뿐만 아니라 관청에서 쓸 그릇들도 광주 관요(분원)에서 제작되었기 때문에 각 지방에서 토산공물로 도자기를 더 이상 거둘 필요가 없었다. 따라서 분청사기 가마는 폐요하든지 아니면 백자로 전환했다. 실제로 세종 당시 324개소의 전국의 도자기 가마의 수는 50년 후인 성종 17년(1486)에 편찬된 『東國輿地勝覽』에는 49개소 밖에 없다. 『동국여지승람』은 후에 새 자료가 추가되어 1531년에 『新增東國輿地勝覽』으로 간행되었다. 가마에 관한 내용은 신증된 것이 없어 1486년 이전에 이미 49개소로 줄었음을 알 수 있다. 따라서 15세기 후반의 조업활동을 한 분청사기 가마터에서 수습되는 인화분청사기는 도장문이 얕고 백토분장도 흐트러진 양상을 보이는 반면, 귀얄분청사기가 증가하며 백자도 상당수 수습된다.

　이러한 15세기 후반의 분청사기에서 백자로 이행해 가는 양상을

---

5) 『睿宗實錄』 권8, 睿宗 원년 10월 을묘.
6) 『成宗實錄』 권277, 成宗 24년 5월 신사.
7) 『新增東國輿地勝覽』 京畿道 廣州 土産條.

보여주는 곳이 광주 충효동 분청사기 가마터의 퇴적층위다. 1450년 대의 층위에서 이미 백자가 보이기 시작하고 1470년대의 층위에서 는 백자와 분청사기에 '丁閏二'라는 명문이 동시에 새겨 있어 1477 년으로 비정된다. 여하튼 충효동 분청사기의 퇴적층은 15세기 후반 의 양상을 파악하는데 기준이 된다.『세종실록』「지리지」광주목 토산조에는 梨岾에 자기소가 있다고 조사되어 있는데 왠지 품질표 시는 없다. 지금도 가마터 바로 옆의 언덕을 '배재'로 부르고 있어 7기의 가마터가 발굴된 곳이 세종~성종년 간 활동하던 가마들임을 알 수 있다. 그렇다면 충효동에서는 적어도 100여 년 동안 작업을 했고 분청사기에서 백자로 이행해 간 가마로 주목된다. 이러한 양상 의 가마터로는 충효동만큼 제작시기는 길지 않지만 고창 용산리 가 마터와 고흥 운대리 가마터가 주목된다. 용산리 가마터에서는 '禮 賓' '內贍' 등이 새겨진 분청사기와 백자가 출토되어 충효동의 예와 같이 한 가마에서 분청사기와 백자가 동시에 제작되었음을 뜻하며 활동시기는 15세기 중·후반이다. 고흥 운대리 가마터는「지리지」 에 기록이 없고 관청명문이 있는 도편도 수습되지 않았으나 최근에 15세기 전반~중반에 활동한 가마 2기가 발굴되었다.

 지역적인 개성이 뚜렷한 곳은 단연 공주 학봉리의 철화분청사기 가마터들이다. 학봉리 가마가 주목받은 것은 일제강점기였고 1927 년에 발굴되었다.[8] 발굴에서 수습된 도편에는 백토 분장 위에 철사 로 쓴 묘지편이 여러점 수습되었는데, 成化 23년명묘지편(1487), 弘 治 3년명묘지편(1490), 嘉靖 33년명묘지편(1536)들이다. 이들 묘지편 들에 의해 학봉리 철화분청사기는 15세기 후반~16세기 전반으로 편년된다.『세종실록』「지리지」공주목 토산조에 "州東 東鶴洞 中 品"으로 조사되어 있어 1420~1432년 사이에 활동하고 있었음을 알

---

8) 野守健,『鷄龍山麓陶窯址調査報告』(總督府博物館, 1929).

수 있다. 그러므로 학봉리의 요업은 상한 1420년대부터 하한 1536년 경까지로 약 120여 년이나 계속되었으므로 광주 충효동 가마터와 더불어 많은 정보를 제공한다. 불행히도 1927년 발굴은 보물찾기식 의 발굴이었기 때문에 도편의 성격은 물론이고 가마구조 파악도 제 대로 이루어지지 않은 채 폐허로 방치되어 온지 수십 년이 경과하 였기에 여러 가지 아쉬움이 있다.

광주 관요가 설치된 1469년 이후의 관요 백자가마터로는 퇴촌면 도마리 가마터와 퇴촌면 우산리 9-3호 가마를 주목하고 있다. 도마 리 가마터에는 5~6기의 가마가 있을 것으로 보았으나 워낙 훼손이 심해 1965년 당시의 발굴에서는 1호로 명명한 가마터의 도편만이 층위 없이 수습되었고 발굴보고서가 간행되었을 뿐이다.[9] 도마리에 서는 '乙丑八月'이 새겨진 사각봉이 수습되어 1505년 을축해 전후로 활동시기를 추정할 수 있고, 우산리 9-3호 가마에서는 '壬寅'명 간지 가 있는 도편이 수습되어 1482년 임인해 전후로 운영 시기를 추정 할 수 있어 도마리와 우산리가 대체로 15세기 후반에 관요로 운영 된 곳이 아닌가 한다. 이 두 가마 도편의 특징은 '天·地·玄·黃' 의 문자가 사발의 굽 속에 음각으로 새겨 있고 청화백자의 양상도 서로 유사한 점이 있어 앞으로 면밀한 관찰이 필요한 부분이다.

3. 15세기 후반~16세기 전반

15세기 후반~16세기 전반에는 분청사기 가마는 거의 백자로 이 행해 갔다고 생각한다. 광주 충효동 분청사기 가마터의 퇴적 상층을 1510년대로 보고 있기 때문이다. 백자로 이행해 간 양상은 퇴적층에

---

9) 國立中央博物館, 『廣州郡 道馬里 白磁窯址 發掘調査 報告書』 (1995).

서 확인할 수 있다. 이 시기의 도편은 얕게 인화된 인화분청사기와 귀얄분청사기가 대부분이고 백자가 약간 섞여 있다. 이 시기에 귀얄 분청사기를 제작한 가마는 칠곡 다부동, 천안 양곡리, 서산 무장리, 진해 두동리 등인데, 문양을 면밀히 비교하면 이들의 선후 관계도 밝힐 수 있을 것이다. 이들과는 달리 분청사기의 기형, 문양, 굽 형태 등의 특징이 남아 있는 백자가마터가 있다. 즉 군포 산본동, 경산 음양리, 안동 신양리, 산청 방목리, 하동 백련리, 고창 선운리 등으로 이들의 공통점 중의 하나는 태토의 질이 연질과 경질이 있고 기형은 이배, 마상배, 제기 등이 출토된다는 점이다. 이러한 특징은 15세기 후반~16세기 전반에 분청사기와 백자 모두에서 보이는 공통점이다. 분청사기 생산이 끝난 직후의 백자가마로는 대전 정생동, 장성 대도리 등이 있다.

III. 분청사기의 가마구조

지금까지 발굴 조사된 분청사기 가마터는 23곳이다. 발굴의 역사는 일제강점기인 1927년 공주 학봉리에서 시작되었고, 그 후 한국 학자들로 구성된 순수 학술발굴은 1963년 광주 충효동 분청사기 가마터이며 나머지의 가마터들은 대부분 1990년대 이후 발굴되었다. 지금까지 발굴된 분청사기 가마터를 전라도, 충청도, 경상도로 나누어 대표되는 곳만을 간략히 살펴보기로 한다.

1. 전라도

1) 광주광역시 북구 충효동 분청사기 가마터

가장 대표되는 가마터다. 이곳에서는 모두 7기의 가마와 교란되지 않은 약 3m에 달하는 퇴적층이 완전히 남아있었고 현재는 2호가마와 퇴적층이 보호각 안에 보존되어 있어 누구나 관람할 수 있다. 충효동가마의 분청사기 제작은 적어도 세종시대부터 1510년대까지 이어졌고 학술자료들은 교란되지 않은 채 많은 정보를 퇴적층이 가지고 있다. 특히 광주 관요가 1469년 이후 본격적으로 백자를 제작함에 따라 충효동 가마에서도 백자 제작으로 옮겨갔다. 앞에서도 말했듯이 이 증거는 1477년에 제작된 「'成化丁酉'銘묘지편」이 출토된 층위에서 '丁閏二' 명분청사기와 백자편이 출토된 사실이다. 따라서 지방에서 분청사기가 언제 어떻게 백자로 이행했는가를 말해 주는 기준이 된다. 퇴적층은 상층으로 갈수록 귀얄분청사기가 늘어나고 무늬와 기형의 품격은 떨어지면서 상대적으로 백자의 양이 늘어남을 알 수 있다.

2호가마의 구조는 전체 길이 20.6m, 너비 1.3m로 아궁이에서 바라보았을 때 오른쪽에 6개의 측면출입구 시설이 있으며 13도의 경사를 가진 '단실요'이다. 아궁이는 1.7×1.6m의 원형이고 번조실로 올라가는 불턱은 80~90㎝의 깊은 웅덩이 모습이며 굴뚝은 돌로 축조한 것으로 판단되는데, 그 뒤로 얕은 둥근 웅덩이가 있고 너비 40㎝의 골이 이어있다. 출토도편은 제작시기, 관청, 제작지, 공물표시, 사기장, 기타 명문편 그리고 제기 종류에서 특징을 보인다. 제작시기 추정에는 '成化丁酉' '丁閏二' 등이 있고 관청 이름에는 '茂珍內贍' '內贍' 등이 있으며 공물표시로는 '光上' '光公' '光別' 등이고 품질표시에는 '甲' '上' '中' '下' 등이 있다. 사기장 이름으로는 '朴德只' '得夫' '閑生' 등 다수가 있다. 특히 제기는 금속의 보(簠), 궤(簋), 준(尊)을 도자기로 번안하고 있어 주목되는데, 세종12년(1430)에 금속의 부족으로 도자 제기를 만들고 있는 기록을 뒷받침하고 있다. 이처럼 충효동 분청사기 가마터 발굴은 한국 15세기 도자사 연구에 기초 자료를 제공했다는 점에서 그 의의가 매우 크다.[10]

2) 고흥군 두원면 운대리 분청사기 가마터

2기가 발굴되었는데, 2지구 1호가마는 길이 20.28m, 너비 1.32m의 진흙가마로 15도의 기울기를 가지고 있는 '단실요'이다. 아궁이는 2기 모두 깊은 웅덩이 형태이고 연기는 거의 직상하는 구조이다. 2지구 1호가마는 번조실에서 불창 시설이 확인되지 않는데 비해, 1지구 1호가마는 중앙에 화강석 기둥이 하나 남아 있는 것으로 보아 불기둥 시설이 칸마다 하나씩 있었던 것으로 판단되며 '단실불기둥요' 임을 알 수 있다. 1지구 1호가마의 출토도편은 상감과 성긴 인화문의 사발, 접시, 항아리, 마상배, 벼루, 제기 등으로 15세기 전반의 특징을 보인다. 이에 비해 2지구 1호가마는 굽다리까지 분장한 덤벙분청사기편과 백자편들이 출토되어 15세기 중반에 활동한 가마로 판단된다. 이곳에서는 관청명 분청사기는 수습되지 않았다.[11]

3) 고창군 부안면 용산리 분청사기 가마터

4기의 분청사기 가마와 퇴적층이 확인되었는데, 이 가운데 1호 가마는 아궁이, 굴뚝부 그리고 넷째칸 천정의 일부가 남아있어 전체

---

10) 국립중앙박물관, 『光州 忠孝洞窯址 - 粉靑沙器 · 白磁가마 퇴적층 조사 -』(1992) ; 국립광주박물관, 『무등산 충효동 가마터』(1993).

11) 國立光州博物館, 『高興 雲垈里 粉靑沙器 陶窯址』(2002).

모습을 유추할 수 있게 되었다. 가마의 전체 길이 24.5m, 너비 1.5~
1.6m로 다섯 칸으로 설계된 '단실불기둥계단식요'이다. 가마의 특징
은 계단식으로서 번조실 경계에는 약 20㎝ 높이의 단을 두고 3개의
불기둥을 단 높이보다 높게 설치한 후, 다시 35~40㎝ 높이의 수직
불턱이 있어 곁불로 상승된 불꽃은 불턱을 넘어 번조실로 퍼지게
된 구조이다. 그리고 환원 조절을 할 수 있는 직경 20㎝되는 둥근
구멍을 바깥에서 막았던 흔적이 천정 바깥 면에서 확인되었다. 넷째
칸과 마지막 다섯째 칸 사이는 불기둥 시설을 하지 않고 약 50㎝의
높은 진흙벽을 만든 특이한 구조이다. 다섯째 칸은 너비가 2.2m로
넓어지고 초벌편이 분포되어 있어 마지막칸은 초벌칸으로 사용했음
을 알 수 있다. 굴뚝부는 마지막칸 뒷벽이 2단 형태를 이루는데, 1단
은 번조실 바닥에서 약 30㎝ 높이, 그리고 2단은 약 100㎝ 높이로
계단을 이루고 그 상부에서 연기는 비스듬이 지상으로 빠지게 되어
있다. 아궁이는 깊이가 95㎝의 웅덩이 형태이고 작은 돌이 섞인 진흙
을 발라 내벽을 축소시켜 한 차례 보수한 흔적이 있다.

　출토도편은 조화기법에서 특징을 이루는데 모란, 모란당초, 물고
기 등의 활달한 선의 율동감은 용산리 분청사기를 대표한다. 인화기
법은 사발이나 접시의 내면에만 베풀어지고 안바닥에는 '內贍' '禮
賓' '禮' 등의 관사명이 있고 백자에도 같은 도장의 관사명이 찍혀
있어 분청사기와 백자가 동시에 제작되었음을 시사한다. 따라서 분
청사기에서 백자로 이행하고 있는 가마임을 알 수 있다. 광주 충효
동 분청사기 퇴적층에서는 1470년대에 분청사기에서 백자로 이행하
고 있는 증거에 의해, 용산리 가마에서도 대체로 이 시기에 백자로
전환하고 있었다고 본다. 또한 번조실의 불기둥의 수가 3개로 늘어
나고 계단상을 이루고 있는 등 상당히 발달된 구조라는 점에서 조
업 시기는 15세기 중·후반임을 알 수 있다.[12)]

4) 곡성군 오곡면 구성리 분청사기 가마터

이 곳 가마터는『세종실록』「지리지」곡성현조에 "자기소가 하나 있는데 현 남쪽 우곡에 있고 도기소가 하나 있는데 현 서쪽 묘현에 있으며 모두 하품이다.(磁器所一在縣牛谷 陶器所一在縣西猫縣皆下品)"라는 기록이 있는 곳이다. 가마터는 곡성군 오곡(梧谷)면 구성리 쌍구마을 사기등에 위치하는데 우곡(牛谷)이라는 지명이 지금은 없지만 오곡면은 1914년 당시, 마을이 통폐합될 때 오지(梧枝)면의 '梧'자와 우곡면의 '谷'자가 합쳐져 생긴 면이름이다. 가마는 10도 경사에 구축되었고 너비 130~150㎝에 현재 길이 18m 정도의 번조실이 확인되었으며 아궁이는 깊이 90㎝의 웅덩이 형태로 훼손이 심하다.

출토유물의 성격은 흑백상감, 성긴 인화문 그리고 전면을 메꾼 인화문 등의 기법을 보이는데, 특히 상감문에는 연당초문, 초문, 생략된 수금문(水禽文)이 있어 14세기 후반의 전통을 많이 지니고 있고 집단연권문의 인화기법이 없는 것으로 보아 조업시기는 14세기 말부터 1432년을 크게 넘지 않을 것으로 본다. 따라서 가마구조는 불기둥이 없었을 가능성이 높다. 구성리 가마 외에도 학술 발굴된 중품의 가마로는 공주 학봉리, 연기 송정리, 영동 사부리 가마 등이 있고, 지표조사된 중품의 가마로는 부안 우동리, 상주 우하리가 있고, 하품의 가마로는 충주 연하리 등이 있다. 그러므로 이들을 모두 종합해서 비교 연구한다면 세종 당시 등급을 메긴 상·중·하품의 성격이 규명되리라고 본다.[13]

---

12) 湖南文化財研究院,『高敞 龍山里 窯址』(2004).

13) 國立中央博物館·湖巖美術館,「鷄龍山 鶴峰里窯址 發掘調査略報」(1992) ; 國立中央博物館,「鷄龍山 鶴峰里 二次 發掘調査 略報」(1993) ; 高麗大學校 考古美術史學科·公州大學校博物館·忠南 燕岐郡,『松亭里陶窯址』(1991) ; 강경숙,「扶安 牛東里 粉靑沙器窯」『粉靑沙器』, 이화여자대

2. 충청도

1) 공주시 반포면 학봉리 분청사기 가마터

총독부박물관 주관 아래 1927년 노모리다케시(野守健)는 학봉리에서 10여 일만에 여러 기의 가마를 발굴하였다. 이 가운데 제1도요지로 명명한 곳에서는 나란히 축조된 3기의 가마를 발굴하고 보고서에 기록을 남기고 있으나 현재는 금수산장이 자리하고 있는 곳으로 모두 유실되어 흔적이 없다. 제5도요지로 명명한 가마터는 다행히 1992~1993년에 국립중앙박물관이 재발굴함으로써 잘못 발굴했던 전모가 드러났고, 제1도요지의 상황과 같이 바로 옆에서 새로운 가마 2기를 더 찾는 성과도 거두었다. 재발굴한 제5도요지의 가마구조는 한번 개축되었고 개축된 규모는 길이 49.5m, 너비 1.3m에 번조실 중앙에 불기둥을 하나씩 둔 19개의 칸이 운영된 '단실불기둥요'이다. 아궁이는 깊이 70cm나 되는 웅덩이 형태이다.[14]

광주 충효동 가마와 비교하면 가마의 너비와 웅덩이형 아궁이 구조는 유사하지만 가마 길이는 학봉리 가마가 약 2배 가량 길고 중앙에 불기둥을 칸마다 하나씩 설치한 것이 차이점이다. 이와 같은 차이점은 시기적인 차이라고 본다. 광주 충효동 2호가마는 번조실 바닥에서 노출된 최후의 도편이 15세기 전반의 특징을 보이는데 비해 공주 학봉리 가마는 출토도편의 성격을 층위별로 파악할 수 없었지

학교박물관특별전도록 13 (1984) ; 「『世宗實錄』 地理志 기록에 있는 磁器所 陶片의 특징 - 경기도와 충청도의 5곳 가마터를 중심으로 - 」『考古美術史論』 5 (忠北大學校 考古美術史學科, 1997). 전남문화재연구원·곡성군, 「谷城 龜城里 靑磁窯址 發掘調査」지도위원회 현장설명회자료 (2003, 8·21).

14) 주 13) 참조

만 한 개의 불기둥을 설치한 점이나 주변에 분청사기와 백자가 산포되어 있는 양상 등으로 보아 15세기 후반 경이 아닐까 한다. 따라서 불기둥의 유무는 제조기술의 발전을 의미할 뿐만 아니라 시기추정의 한 근거가 된다.

출토도편의 특징은 상감, 인화, 조화, 철화, 귀얄, 덤벙 등 모든 기법이 다 제작되었고 이 가운데서 철화분청사기가 대표다. 조업시기는『世宗實錄』「地理志」中品 자기소 시기부터 1536년경까지 대략 120여 년 계속되었음을 알 수 있다.

2) 연기군 전동면 송정리 분청사기 가마터

이 가마터는 긴급 구제 발굴이어서 가마유구확인은 미완성이었으나 그 당시 수습 도편을 보면, 상감기법의 흑백연당초문, 인화기법의 성긴 인화문 그리고 '司膳'명도편 등으로 14세기 말~15세기 초에 활동한 가마임을 알 수 있다. 또한『세종실록』「지리지」충청도 전의현 토산공물조에 "현남쪽 송현리에서 중품의 자기를 제작한다"는 기록이 있다. 松峴里는 지금의 松亭里로 고증된 바 있어 1424~1432년 사이에 조업활동을 하고 있었음을 알 수 있다.15)

3) 보령시 미산면 용수리와 평라리 분청사기 가마터

보령시에서는 용수리에서 2기 그리고 평라리에서 2기의 분청사기 가마터가 발굴되었다. 용수리의 두 가마는 5m 간격으로 축조되었는데 1호 가마는 길이 31m, 너비 1.1~1.2m의 규모에 불기둥 시설이 없는 '단실요'이고, 2호가마는 번조실 중앙 바닥에 직경 20㎝ 정

---

15) 姜敬淑,「燕岐 松亭里 粉靑沙器 대접 − 문양분석과 제작시기 시도」『美術史學研究』197 (한국미술사학회, 1993), pp.5~53.

도의 불기둥 흔적이 있어 '단실불기둥요'임을 알 수 있다. 두 가마 모두 1m가 넘는 깊은 웅덩이형 아궁이를 가지고 있다. 1호가마의 출토도편은 연당초문, 초화문 등의 14세기 상감청자의 전통이 있는데 비해, 2호가마는 '長' '興' 등의 명문편과 함께 마상배, 합, 잔 등의 도편이 수습되어 1호 가마 조업 후 2호가마로 옮겨간 것으로 판단된다. 평라리의 2기의 가마도 구조나 도편 등이 용수리와 대동소이하며 '長' '興' '庫' 등의 명문편들이 수습되어 용수리와 평라리에서 15세기 전반의 분청사기 가마들이 활발한 조업을 했음을 알 수 있다.16)

4) 대전광역시 중구 구완동 분청사기 가마터

2기의 가마중 1호가마는 길이 25m, 너비 1.1～1.4m로 20도의 경사에 축조된 아궁이가 깊은 '단실요'이다. 폐기물 퇴적층에서 수습된 도편은 하층으로부터는 14세기 말의 특징인 진록색조를 띤 상감기법의 흑백연당초문편이 있는데 비해 상층으로부터는 회청색조를 띤 인화문계열의 '內' '資' '執' '用' 등의 명문편들이 수습되었다. 가마구조와 도편의 양상으로 보아 15세기 전반의 가마임을 알 수 있다.17)

5) 영동군 추풍령면 사부리 분청사기 가마터

사부리 분청사기 가마터는『세종실록』「지리지」금산군 토산조에 중품 자기소가 黃金所 普賢里에 한 곳 있다고 기록되어 있는 곳과 동일한 지역으로 추정된다. '金山長興庫' '金山仁壽府' '金' 등의

---

16) 한국수자원공사·이화여자대학교박물관,『보령댐 수몰지역 발굴조사보고③ 도요지발굴조사보고』(1996).
17) 해강도자미술관·호암미술관,「구완동 분청사기 가마 지도위원회」(1996).

명문이 있는 대접과 접시가 출토되었기 때문이다. 가마유구는 훼손이 심하여 현재 길이 15m이고 10도 경사면에 축조되었으며 비교적 얕은 둥근 타원의 아궁이가 확인되었다. 출토유물은 대접, 접시가 주종을 이루고 기타 마상배, 병, 항아리, 갑발, 가마도구 등이 수습되었으며 무늬는 상감기법의 초문이 있기는 하나 주로 집단연권문, 소국문, 국화문, 중권문(重圈文) 등으로 조업시기는 15세기 전반에서 중반 경이다.[18]

이 외에도 충청도에서는 15세기 후반에 활동한 천안 양곡리, 서산 무장리, 보은 적암리 등의 분청사기 가마터가 발굴된 바 있다.[19]

3. 경상도

1) 칠곡군 가산면 다부동 분청사기 가마터

칠곡 다부동 가마는 전체 길이 19m, 너비 1.3m로 19도의 경사면에 축조된 '단실요'이다. 아궁이는 1.6m로 매우 깊은 웅덩이형이고 굴뚝부는 4개의 방형연통을 만들어 연기가 빠지도록 하였다. 가마는 돌과 진흙으로 지었고 번조실 바닥은 약간의 단이 있어 6개의 칸이 확인되었으며 불기둥 시설은 없는 '단실요'이다. 출토도편은 귀얄분청과 덤벙분청이 주류를 이루고 무문의 청자와 백자편이 소량 있고 모래빚음받침으로 포개어 구운 것으로 보아 대략 15세기 후반의 가마이다. 가마의 구조는 충청도와 전라도 가마의 구조와 거의 같은 모습임을 알 수 있다.[20]

---

18) 中央文化財研究院·韓國道路公社,『永同 沙夫里·老斤里 陶窯址』(2003).
19) 公州大學校博物館,『天安陽谷里 粉靑沙器窯址』(1997) ; (財)忠淸埋藏文化財研究院,『瑞山 舞將里 窯址』(2000) ; 中央文化財研究院,『報恩 赤岩里 粉靑沙器窯址』(2004).

2) 울산광역시 언양읍 고지평 분청사기 가마터

고지평 분청사기 가마터는 울산의 대곡댐건설에 의해 발굴되었고 심하게 훼손되었으나 발굴결과, 현재 길이 12m이고 19도의 경사면에 축조되었다. 특히 수습된 도편 가운데 집단연권문의 '慶州府長興庫'명사발, '癸巳'명접시편(1473년 추정) 등을 통해 15세기 전반부터 후반에 걸쳐 공납자기를 생산했던 가마임을 알 수 있다. 국립경주문화재연구소가 경주시 서부동 관아지에서 발굴한 유물 가운데 '경주부장흥고' 명사발이 수 점 있어 이들이 고지평에서 제작되었음이 밝혀져 생산지와 소비지와의 관계가 주목된다.[21]

3) 진해시 웅동면 두동리 분청사기 가마터

두동리 분청사기 가마터는 일본에서 국보로 지정되어 있는 소위 이도자왕(井戸茶碗)의 생산지가 아닐까하여 일제강점기부터 도굴이 심했던 곳으로 남해안 관광 벨트화 사업의 일환으로 2002년 발굴되었다. 발굴 결과, 6기의 가마가 확인되었고 폐기물 퇴적층은 대부분 교란되어 학술적인 자료는 기대할 수 없었다. 2호 가마는 길이 24.5m, 너비 1.3m로 10도의 경사면에 축조하였고 번조실은 약간의 흐름을 타고 있으며 중앙에는 한 개씩의 불기둥 흔적이 등간격으로 있어 공주 학봉리 분청사기 가마와 유사한 '단실불기둥요' 구조라는 것을 알 수 있다. 출토도편의 특징은 말기 분청사기가 주류이고 일부 연질백자류와 회청사기가 있으며 기형은 대접, 접시가 대부분이다. 그 외 15세기 후반의 특징을 보이는 양이배, 마상배, 향로, 제

---

20) 경북대학교박물관, 「漆谷 多富洞 磁器窯址」『춘천 - 대구간 고속도로 건설예정지역내 문화유적 발굴조사보고서(大邱 - 軍威間)』(1991).
21) 韓國文化財保護財團, 『蔚山 芳里遺蹟(Ⅱ)』(2004) ; 慶州文化財研究所, 『慶州 西部洞 19番地 遺蹟』(2003).

기, 흑유자기 등이 주목된다. 특히 분청사기의 장식은 얕은 인화문 위에 백토분장을 슬쩍한다든지 혹은 사발 외면에 백토의 붓자국만 한번 획 돌아갔다든지 하여 15세기 후반~16세기 초반 경의 양상을 보인다.

이상에서 간단히 살펴본 12곳의 분청사기가마의 특징을 종합하면, 가마 길이는 대략 20~40m이고 너비는 1.2~1.6m인데 15세기 전반 가마는 대체로 길이와 너비의 치수가 작은데 비해 15세기 후기로 갈수록 길어지고 넓어지는 경향을 보인다. 모두 측면출입구 시설이 있어 보조불을 넣을 수 있었고 이에 따라 번조실 안 불기둥 시설의 유무는 중요하다. 광주 충효동 가마는 불기둥 시설이 없으나 공주 학봉리 가마, 고창 용산리 가마, 진해 두동리 가마, 고흥 운대리 가마 등에서는 하나 혹은 세 개의 불기둥이 확인되었다. 불기둥이 없는 가마는 '단실요'이고 불기둥 시설이 있는 경우는 '단실불기둥요'로 구분된다. 불기둥은 천정에 닿지 않았으며 불을 잡아 두는 기능을 하여 가마안의 불의 온도를 일정하게 유지할 수 있어 기물은 깨지지 않고 서서히 익음으로 보다 진전된 구조임을 알 수 있다. 출토도편의 양상은 15세기 전반에는 고려의 전통이 남아 있는 상감기법과 성긴 인화문이 등장하며, 15세기 후반에는 귀얄, 덤벙이 늘면서 백자화하는 경향을 많이 띠고 한편으로는 백자를 제작하였다. 이와 같은 15세기 후반의 경향은 16세기 초반까지 이어지면서 16세기 전반 어느 때 가서는 분청사기의 모습은 사라진다.

IV. 분청사기의 편년

분청사기의 편년은 1360년경부터 1600년경까지를 전기, 중기, 후기로 구분하여 1986년에 발표한 바 있었고, 그 후 조금 더 구체적으로 구분하여 1365~1550년경까지를 태동기, 발생기, 발전기, 변화기, 쇠퇴기로 다섯 시기구분의 편년안을 제시하였다.22) 새로 시도한 편년안은 다음과 같다.

• 태동기(1365~1400년)
상감청자문양의 해체 변모, 매병의 곡선 변화, 암록색.
*강진 자기소 해체로 가마터 전국 확산(1372년 전후).

• 발생기(1400~1432년)
14세기 고려상감청자의 전통을 지닌 상감기법의 연당초문 지속, 성긴 인화문 발생 정착, 1417년 이후 官司명 새김, 집단연권문 발생.
*『世宗實錄』「地理志」 磁器所·陶器所, 1425년 明 인종에게 정교번조한 백자 보냄.

• 발전기(1432~1469년)
분청사기의 7가지 기법이 모두 제작됨, 박지·조화기법에서 분청사기 특징 발휘, 인화기법의 절정, 관사명과 함께 지방명 새김.
*1469년 광주 官窯의 성립.

• 변화기(1469~1510년경)
발전기의 여운 위에서 지방색이 뚜렷해짐, 귀얄과 덤벙기법 증가하면서 백자로 이행.

---

22) 강경숙,「분청사기의 특징과 변천」『湖林博物館 所藏 粉靑沙器名品展』 (호림박물관, 2004), pp.279~294.

*『經國大典』工典 司饔院 380명 匠人 등재, 광주 관요(分院)로 활동한 백자가마터는 퇴촌면 도마리·우산리 등으로 추정됨.

- 쇠퇴기(1510년경~1550년경)
  백토귀얄문만이 희미하게 남으면서 백자화함.

V. 맺음말

지금까지 분청사기와 백자의 관계, 분청사기의 가마구조와 편년 등을 말해 왔다. 분청사기는 16세기 전반에 제작이 끝났기 때문에 임진왜란과 직접적인 관련은 없다. 또 일본의 국보가 된 교토 孤蓬庵 소장의 이도자왕(井戶茶碗)은 16세기의 연질백자류[23]로 생각되므로 조선 16세기 백자와 연관이 깊을 것으로 본다. 머리말에서 잠깐 언급한 바와 같이 조선의 자기 장인이 17세기 일본 백자 제작에 중요한 역할을 하였다는 점에서 양국간의 문화사적 의의를 찾을 수 있다.

일본 茶道계에서는 16세기 조선의 연질백자류의 사발뿐만 아니라, 분청사기 사발도 매우 좋아한다. 1927년 조선총독부에서 공주 학봉리의 분청사기 가마를 발굴한 것도 이러한 맥락에서가 아닌가 싶다. 그러면 왜 일본의 다인들은 15세기 말~16세기 조선의 분청사기와 백자 사발을 이토록 선호하는가? 국립진주박물관에서 12월 1일부터 2개월 간 「조선, 지방사기의 흔적」이라는 특별기획전이 개

---

23) 연질백자류란 백자질의 치밀도가 떨어져 깨진 단면을 보면 석고 같고 비교적 가벼우며 표면색상이 약간 누런기를 띠는 종류이다. 대체로 경상남도 일대에서 제작된 16세기 백자에 많다.

최된다. 특별전 도록에 실은 필자의 論考 일부를 여기에 그대로 다시 소개함으로써 일본 다기와 한국 사발의 관계에 대한 생각 몇 가지를 제시하며 이 글을 맺고자 한다.

16세기의 분청사기사발과 백자사발은 일본에서 여러 가지 일본식 이름이 붙여져서 다기로 높이 평가받고 있다. 이중에서 이도자왕이 가장 유명하다. 분청사기를 일본인들은 의미불명의 미시마라고 불렀던 것과 같이 이도(井戶) 또한 의미불명의 이름이다. 소위 이도 내지 이도계 사발과 완은 다름 아닌 15세기 말~16세기에 경남 일원에서 제작된 밥사발과 국대접인 조선사람들의 생활 반상기의 하나다. 그렇다고 아무렇게 만든 것은 물론 아니다. 노련한 장인이 숙련된 기술로 제작한 작품이다. 평생동안 수 천개 수 만개의 사발을 만든 솜씨인지라 이는 神技로 만들어 낸 그릇이다. 이것이야말로 일본에서 국보가 될 수 있었던 비결이 아니겠는가.

우리는 여기서 잠깐 생각해 보자.

이도자왕을 재현하고자 하는 한국 도예가들의 뜨거운 열기는 과연 무엇을 말하는가? 일본에서 국보가 된 이도자왕과 어찌 똑같이 만들 수 있겠는가? 똑같이 만들려고 하는 의도가 진정 무엇인가? 똑같이 만들었다고 해서 무엇이 달라지는가?

일본 국보 이도자왕은 400년 전 일본에 입양간 그릇으로 생각해 보자. 일본의 무사정신과 그들의 정치성에 의해서 일본식의 의미가 부여되어 왔고 일본 특유의 철학성이 가미되어 400여 년 동안 잘 자라서 20세기에 국보가 된 것이 아닌가. 1945년 세계대전에서 폐망한 일본은 茶文化에서 새로운 바람이 일어났는데, 여기에는 상업성, 정치성, 20세기에 맞게 조절된 전통적인 철학성 등이 가미되어 새로운 문화형태로 자리잡게 되었다. 여기에 편승된 것이 소위 이도자왕이

다. 이는 조선의 16세기 백자사발인지라 1980년대 이후 이 바람은
역으로 한국까지 상륙하여 한국인은 감격하면서 국적 불명의 제
다·행다·음다를 즐겨하고 있다. 이러한 바람을 하나의 사회현상
으로 받아들이면 그만이지만, 조선시대 백자의 정체성을 세워야 하
므로 도자사 학자는 한국의 입장에 서서 15세기 말~16세기의 지방
백자의 진실된 내용을 연구해야만 한다.

도요토미 히데요시(豊臣秀吉)의 다도 스승이었던 센 리큐(千 利
休, 1522~1591)는 독특한 심미주의자로서 리큐 이전에는 송의 천목
(天目)다완이 일본 다인들의 비장품이었다. 와비(侘)차가 지향되면서
와비차의 理想境인 초암 다실에서 다기로는 조선 16세기의 분청사
기 혹은 조선 지방 백자가 극상으로 귀히 여기게 된 것은 센 리큐
시대부터가 아닐까 한다. 16세기에 일본에 건너간 조선의 사발과 완
에는 무수한 일본의 역사와 역대 다인들의 철학과 심미 정신이 스
며있고 400년간 일본 다인들이 그들만의 철학성을 가지고 일본식으
로 가꾸어 왔다.

이제, 이도자왕의 연구자들과 이를 재현하고자 하는 도예가들은
조용히 그 진실을 생각해 보기를 바란다. 16세기 神技를 지닌 우리
의 조상들이 만들어 낸 사발·완과 같이 현대의 도예가들은 우리의
정서에 맞는 우리 전통차를 마시기에 알맞은 차 사발·차 완을 만
들어 내야 할 민족적인 임무가 있다. 한국인의 정신세계와 차의 세
계가 어떻게 설명되어야 하나? 한국의 전통차란 어떤 것인가? 한국
의 차와 차 사발은 어떻게 상호관계를 가져야 하나?

그러자면 한국도자의 흐름에서 이도자왕의 위치를 논해야 하며,
제다·행다·음다를 우리 전통 문화에서 찾아 정립하는 길이 우선
되어야 할 것이다. 그래야만 한국의 차 문화와 차 사발의 위상이 올
바르게 자리매김 할 수 있고 한국 도예가들의 한국적인 예술성이

발휘될 것이다. 이렇게 될 때만이 한국과 일본의 도자교류사 연구는 건전하게 제자리를 찾을 수 있을 것이다.

豊臣秀吉의 大陸侵攻과 朝鮮人 陶工

中 野 等

九州大學大學院比較社會文化研究院

Ⅰ. 머리말

豊臣秀吉의 대륙 침공에 의해 일본에 억류된 조선인 도공들이 근세 일본의 도예·도업 발전에 커다란 발자취를 남겼다는 전승은 오늘날에도 잘 알려져 있다. 예를 들어 長門(山口縣)의 萩燒, 筑前(福岡縣)의 高取燒, 豊前(福岡縣)의 上野燒, 肥前(佐賀縣·長崎縣)의 有田燒와 平戶燒, 肥後(熊本縣)의 八代燒, 薩摩(鹿兒島縣) 苗代川의 薩摩燒 등은 모두 그들 조선인 도공들이 시작하였다고 한다. 이 외에도 豊後(大分縣) 府內에는 波鄕燒가 있었다고 하는데, 이것은 豊後 日田·玖珠의 영주인 毛利高政이 關ヶ原合戰 후에 府內로 옮긴 후, 조선인 도공들에게 제작시킨 것이라고 한다. 薩摩燒에 비슷하다고 하나, 현재는 폐절된 상태이다. 자주 간과해 버리는 점인데, 우선 그 지역적인 분포를 보면 그 지역들이 九州와 中國地方에 집중하고 있다는 점에 유의해야 한다. 그러나 다음에 서술하는 바와 같이 많은 경우 이들의 유서는 전승에 의거하기 때문에, 그것을 구체적으로 증명할 수 있는 확실한 사료는 찾기 어렵다. 이와 같은 점도 특징의 하나로써 생각할 수도 있다. 이번 보고에 있어서도 특히 새로운 사료가 발견되었다는 것은 아니지만, 오히려 朝鮮系라고 불리는 가마의 대부분이 西日本에 偏在하고 그 유서도 전승에만 의거하고, 동시에 그러한 전승조차 적지 않은 혼란을 일으키고 있다는 사실에야말로 일본 근세사회 속의 조선인 도공과 조선계 도업에 모습을 모색하는 수단이 존재하지 않을까 생각한다.

명확한 사료에 의거하지 못하는 이상, 여기서 나오는 결론도 완전히 '추론'의 영역을 빠져나가지 못하지만, 우선 內藤雋輔氏·丸茂武重氏·鶴園裕氏 등의 연구에 의거하면서 각지에 남아 있는 전승을 정리하여 문제점을 찾는 작업부터 시작해 보고자 한다.

II. 각지의 전승

1. 長門(山口縣)의 萩燒

長門(山口縣)의 萩燒가 豊臣政權의 대륙 침공에 인한 조선 被虜人에 의해 시작되었다는 것은 틀림없다고 생각되는데, 그 創始에 대해 內藤雋輔氏는 다음 네 가지 설을 소개하였다.

1) 임진왜란에 있어서 毛利輝元이 데리고 간 李敬이 中ノ倉에서 시작하였다.

2) 中ノ倉을 개척한 사람은 李敬의 형인 李勺光이다.

3) 형제는 동시에 왔고, 형인 李勺光은 深川에서, 동생인 李敬은 中ノ倉에서 開窯하였다.

4) 형인 李勺光이 임진왜란 때에 잡혀 大坂에 왔다. 秀吉은 이를

輝元에게 주었다.

"李勺光은 製陶에 능하였다. 따라서 椿鄕松本에 宅地를 주고, 鼓山獄의 수목을 요신으로 충당시켜 도기를 만들게 하였다. 이에 의하여 鼓山獄을 唐人山이라고 고쳤다. 이어서 輝元의 명을 받아 李敬을 본국에서 불렀다. 李敬은 이름을 助八로 고쳤다. 寬永 2년 11월 12일부터는 秀就에게서 高麗左衛門의 이름을 받았다. 이를 萩燒의 祖로 하였다."

2. 筑前(福岡縣)의 高取燒

文祿연간에 黑田長政이 도공 八山을 데리고 돌아와, 후에 鞍手郡 高取山에 개요시켜 高取라는 성을 주었던 것이 기원이라고 하나, 조선명은 분명하지 않다고도 한다. 開窯者에 대해서는 高取八藏重貞와 그 아버지며 加藤淸正의 피로인이었던 新九郎이라고도 한다.

3. 豊前(福岡縣)의 上野燒

加藤淸正이 억류시킨 피로인 중에 尊階이라는 인물이 있었다. 尊階는 肥前 唐津에서 製陶業에 종사하였으나, 한번 조선에 돌아가 고려의 기술을 배운 후 다시 일본에 건너와 豊前 細川家에 고용되어, 豊前國 田川郡 上野鄕에서 開窯, 改名하여 上野喜藏이라고 칭하였다. 한편 어떤 설에 따르면 尊階는 泗川縣 十時 사람이며, 침공 때에 豊前 企救郡·田川郡의 영주였던 小倉城主 毛利勝信에게 잡혀 일본명을 十時(토토키)라고 칭하였다고도 한다.

4. 肥前(佐賀縣)의 有田燒

有田燒의 창시를 둘러싸고 현재에도 여러 설이 있지만, 일반적으로는 李參平이 元和 2년에 有田 泉山에서 白磁鉱을 발견한 데 시작되었다고 한다. 李參平은 鍋島家의 家老 多久安順이 데리고 간 피로인이었으며, 처음에 小城郡 多久에 거주하였다가 조선의 故地인 金江에 의하여 金江參平라고 칭하였다. 그 후 有田鄕 亂橋에 옮겼다고 한다. 또한 비슷한 시기에 家老 後藤家信을 따라온 조선 深海의 도공 宗伝은 귀화하여 深海新太郎이라고 칭하여 杵島郡 武雄의 內田 皿山에서 개요하였다. 나아가 深海新太郎은 有田의 稗古場, 이어서 泉山 근처의 年木谷으로 옮겼다고 한다. 또한 구류 시기에 대해서는 深海新太郎은 임진왜란 때, 李參平은 정유왜란 때였다고 한다.

5. 肥前(長崎縣)의 平戶燒

조선에 종군하였던 松浦鎭信이 慶長 3년의 귀국에 즈음하여 도공을 포함한 조선인 남녀 백 여명을 데리고 돌아와, 城下의 한 구석에 거주시켜 '高麗町'이라고 칭하였다. 억류시킨 피로인 중에서 熊川의 도공 巨關이라는 인물이 있었는데, 그가 平戶 中野村에서 개요하였다. 일본인 처를 얻어, 그 아들은 今村三之丞이라고 칭하였다. 三之丞의 아들 如猿에 일러서 백자기 제조에 성공하였고, 이것이 平戶燒의 기원이 되었다. 松浦靜山의 「甲子夜話」에는 陶匠 今村氏의 저택 내에 '熊川明神'이라는 사당이 있었다는 등 기술이 남아 있다.

6. 肥後(熊本縣)의 八代燒

여기는 豊前 上野燒 계통에 속한다. 즉 豊前 小倉에 있던 細川氏가 寬永 9년에 肥後 熊本으로 轉封함에 따라 上野喜藏은 三男인 孫左衛門을 上野鄉에 남기고, 스스로는 長子인 忠兵衛, 次子 藤四郎과 함께 肥後로 옮겨 八代郡 奈良木에서 개요하였다.

7. 薩摩(鹿兒島縣)의 薩摩燒

薩摩의 경우는 임진왜란 후 島津義弘에게 잡힌 조선 星山의 도공 金海가 慶長 원년에 帖佐燒를 개요, 이어서 慶長 12년에는 加治木에, 元和 6년에는 竪野으로 옮겨서 竪野燒를 열었다고 한다. 그 동안 藩主의 'お庭燒'로써 발달하였고, 金海는 귀화하여 일본명을 星山仲次라고 칭하였다. 또한 정유왜란 후에도 島津義弘은 각종 공예에 정통한 조선인 수 십명을 데리고 돌아와 鹿兒島城下의 高麗町 및 串木野에 集住시켰다. 그들 중에서 도예에 뛰어난 자에게 영국 내 각지의 陶土를 조사시킨 후 日置郡 伊集院 苗代川에 개요했는데, 그것이 薩摩燒의 시작이었다고 한다. 이것이 慶長 8년의 일이라고 하며, 이듬해 9년에는 구류된 조선인 朴某에게 清右衛門이라는 이름을 주고 庄屋으로 삼아, 도업을 통괄시켰다. 清右衛門은 후에 이름을 平意라고 고쳤다.

여기까지 8건에 걸쳐서 조선계라고 하는 그릇들의 유래에 대해 간단하게 정리해 보았다. 머리말에서도 언급했듯이 대부분의 경우가 '전승'에 의거한 것이기 때문에, 창업 전후의 과정에 대해 여러 설이 존재하는 것 같다. 그리고 여기서 소개하면서도 혼란을 피하기 위해 여러 군데 생략한 부분이 있는데, 그러한 전승에는 약간 어색한 느낌을 주는 것이 적지 않다. 예를 들어 구류 당하여 일본에 이른 후 조선에 돌아가면서 도업을 닦아 다시 일본에 돌아갔다고 하는 上野喜藏 등은 그 전형이다. 그에 대해서는 어느 大名의 피로가 되었는지 그 설조차 두 가지나 있다. 또한 개요하는 경위도 여러 설이 존재한다는 점과도 관련이 있는데, 도공들이 일본에 연행되어 간 시기에 대해서는 반드시 확실한 것은 아니다. 문제는 이와 같은 '전승의 혼란'이라는 사태가 어떤 요인으로 생겼는가 하는 점이다. 원래부터 다양한 요인이 겹쳐져서 생긴 형상이겠지만, 감히 卑見을 말하자면 그들이 처음부터 '도공'이라고 인식되어서 끌려간 경우는 아주 드물었다고 생각된다. 일본측에 구류당한 조선인은 남녀노소, 양반부터 하층민까지 폭넓은 계층의 다양한 직업을 가진 자에 미쳤다. 의논을 '도공' 사냥과 같은 식으로, 그 부분에만 特化시키는 것은 실태를 반영한 것이 아니다. 더구나 중요한 점은 개요 시기에 대한 문제이다. 帖佐燒와 같은 경우를 제외하고 일반적으로는 한반도에서의 전쟁이 종결된 慶長 3년보다 훨씬 시기가 내려가는 점이다. 명시하지 않아도 a.萩燒의 경우는 安芸 廣島로 본거지를 소유했던 毛利家가 關ヶ原合戰에 의해 長門 萩로 減轉封된 후의 일이고, b. 高取燒나 c.上野燒도 마찬가지로 黑田家, 細川家가 영지를 각각 筑前과 豊前으로 옮긴 慶長 5년 이후의 일이다. 원래 개요 시기는 이보다 더 내려가게 될 것이다. 여기서 창시 시기를 문제삼은 것은 조선계 가마가 열려가는 시기가 피로인들의 刷還이 추진된 시기 이후가 되기 때문이다. 이상, 각지의 전승을 정리하여 당분의 문제점을 두 가지로 좁혀 보았다.

Ⅲ. 朝鮮人의 日本 連行

1. 침공 당초기의 상황

　전승의 정리에서 얻은 두 가지 문제점에 대해 고찰해 나가기로 하는데, 우선 조선인 일반에 대한 일본 연행을 검토하기로 한다. 앞서 언급했듯이 구류·연행이 '陶工' 기타 특수한 기능을 가지는 자만을 대상으로 하였다고는 생각할 수 없기 때문이다. 조선인의 일본 연행은 임진왜란 후반부터로 시작한다. 적어도 침공 당초단계에 있어서는 체제적 혹은 조직적인 조선인 연행은 없지 않았을까 한다. 즉 天正 20(文祿 원)년 4월 26일차로 秀吉은 다음과 같은 '禁制' 및 '掟'을 발령하였다.

　　禁制　　　　　　　　　　　高麗國
一, 軍勢甲乙人等, 濫妨狼藉の事,
一, 放火の事, 付り人取事,
一, 地下人幷に百姓に對し, 臨時の課役其の外非分の儀, 申し懸ける事, 右條々堅く之を停止さられ候い訖んぬ, 若し違犯の輩これあるに於いては, 忽ち嚴科に處せらるべき者なり,
　　天正廿年四月廿六日　（秀吉朱印）

<table>
<tr><td>

　　　掟　　　　　　　　　　　　高麗國中
一, 御法度, 一書の如く, 各判形を仕り, 在々へ之を遣わし, 地下人
　　召し直すべき事,
一, 兵粮改めの事, 公方米分は悉く相改め, 藏へ入れ置くべき事,
一, 百姓・町人還住仕り候てこれ有る者どもに, 米錢金銀を相懸け,
　　これを取るべからず事, 但し捨て置き立ち歸らざるに於いては
　　改め置くべき事,
一, 高麗へ越し候人數, 兵粮これ無き者にハ, 切手次第扶持方相渡
　　すべき事,
一, かつえ候百姓これ有るにおいては, かつえざるやうに分別せし
　　め, 申し付くべく候,
一, 在々所々放火仕るまじき事, 付り, 今度亂入の刻, 人取り仕り候
　　はば, 男女に寄らず, 其の在所々々に返し付くべく候,
一, 法度以下, 猥にこれ在るにおいては, 有様ニ申し上ぐべきの旨,
　　誓紙を仕る通り, 各ニ申し聞くべく候,
一, 高麗渡り口より都までの路次通り, 御泊まり所城々ニこれ有り
　　て, 各隙明き次第ニ御座所の普請仕るべきの旨, 申し渡すべく
　　候, 付り, 在番仕り候城・近所の者, 法度以下申し付け, 知行方
　　糺明仕るべく候, 右の趣, よくよく相守り, 諸事由斷無く, 申し
　　付くべく候なり,
　　天正廿年四月廿六日　　(秀吉朱印)
　　　　　　　　　　羽柴安芸宰相とのへ
　　右條々, 御奉行ニ仰せ付けられ差し遣わされ候といえども, 各
　　へ法度の儀知らすべき爲, 此の如くに候

</td></tr>
</table>

　　상세한 배경 설명은 여기서 다루지 않겠지만, 점령지 지배에 관한 내용임은 알 수 있다. 秀吉의 대륙 파병은 '唐入り'라고도 하여, 명나라를 정복하는 것을 목적으로 하였다. 한반도에 대한 침공은 그 제1단계를 이루는 것으로, 적어도 당초의 계획하에서는 한반도를 명 공략의 後方基地로 삼을 필요가 있었다. 조선에서의 점령정책도 그러한 의도에 의거하여 전개되었다.

즉 이 전후에 각 대명에게 주어진 朱印狀에도 공통되는데, 秀吉은 조선인 사민의 還住를 자꾸 추진하고 있다. 여기서 지시한 내용도 그러한 입장에 입각한 것이다. 秀吉은 침공에 따른 '人取り' 즉 조선인을 납치한 경우에도 종래 거처로 돌려보내도록 말하고 있다. '掟' 제3조와 제6조는 '禁制'와 거의 겹치는 내용인데, 그 제1조에 「御法度, 一書の如く」라고 나와 있는 것이 바로 '禁制' 그 자체를 가리키고 있다. 이 규정에 따르면 '禁制'의 내용을 '各'이 判形과 함께 在地로 下達하여 조선사민들의 환주를 촉진하게 하였다. 따라서 '掟'은 '禁制' 실시를 위해 현지 대명들에게 내려진 시행 및 補足 細則이었다고 할 수 있다. '禁制'와 직접 관련이 없는 듯한 제2조와 제4조, 제5조에 관해서도 현지에서의 군량관리의 적정을 지시하고 있는 것이며, '公方分'의 군량이 어느 정도 확보되면 그 이외에 대해서는 '切手次第'로 軍勢에게 대여하는 것을 인정하고 있고, 또한 飢渴에 직면한 (조선의) 백성에 대한 구제에도 언급하고 있다. 이와 같은 조치를 강구함으로 결과적으로 일본에 의한 '濫妨狼藉'을 방지하고 조선인의 환주를 추진하려고 한 것이다. 또한 '掟' 마지막 조는 이 '禁制'가 적용되는 지역·범위에 대한 규정이라고 볼 수 있다. 이 단계에 있어서의 秀吉의 의도는 어디까지나 '征明'이었고, 조선인에 대해서는 그 영역 내 통과를 구했을 뿐이었다. 즉 일본측의 당면 과제는 명으로 이르는 통로를 확보하고, 요소 요소에 秀吉의 御座所를 設營하는 일이었다. 다시 말하면 바다를 건너간 여러 장수들에게 과한 軍務도 꽤한 점령지 확대가 아니라, 명으로 침공하기 위한 경로 확보와 沿道 제압이었다는 것이다. '掟' 마지막 조는 그러한 내용을 전해주고 있고, 이 단계에서의 '禁制' 발급도 御座所를 설치하는 거점을 확보하고, 그들을 연결하는 경로와 그 연도를 원활하게 지배하기 위한 것이었다.

이와 같은 상황 속에서 조선의 민중이 어떤 대응을 나타냈는지 확인해 둘 필요가 있다. 이 부분에 관해서는 이미 貫井正之氏에 의한 흥미로운 연구가 존재한다.『朝鮮王朝實錄』이외에『征蠻錄』등을 인용하면서 貫井氏는 압도적인 병력의 일본군 침공을 눈앞에 두고 조선 민중은 다양한 움직임을 나타냈다고 하면서 가장 이른 시기에 공격 대상이 된 경상도의 사례를 소개하였다. 그에 따르면 오랫동안 지배자로서 군림해 온 관리들과 양반의 대부분은 재빨리 안전한 지역으로 도망하였고, 남겨진 민중들은 그 때까지의 지배계층에 대해 공연한 반항을 개시, 각지 군단에서 병사의 탈주가 잇달았고, 群盜가 횡행하였다. 그리고 이와 같은 상황 속에서 새로운 지배자인 일본의 여러 大名들에게 투항하는 자도 많이 발생하였는데, 그들의 계층은 농민·상인·장인·노비는 물론 관리와 양반까지 있었다. 그 중에서는 더 적극적으로 일본에 협력하는 자도 있었는데, 그들은 수로·육로의 길 안내를 하면서 일본 병장들과 함께 官倉·官物의 약탈을 거듭해 갔다. 이와 아울러 일본의 여러 장수들은 조선사민에 대해 宣撫工作을 추진하였으나, 그것은 일본에서는 병역도 요역도 없고 따르는 자는 죽이지 않고 미곡을 베풀어준다는 내용이었다. 이리하여 종래의 압정에 시달려 왔던 민심을 끌어, 투항한 사람들 즉 '順倭'를 침공의 부하로서 이용하였던 것이다.

그런데 당초 예정되어 있었던 秀吉 스스로의 조선 도항은 6월 상순에 들어가서 일단 연기하게 되었다. 도항 연기가 결정된 六月三日 슈 가운데 다음과 같은 朱印狀을 찾아볼 수 있다. 秀吉은 먼저 보낸 장수들에게 명을 공략시킬 한편에서 다른 근신들에게는 조선 각도의 지배를 맡기려고 하였다. 각각의 직책을 다하기 위해 그들에게는 한반도 내부에 '代官所' 설치를 인정하였는데, 다음의 '覺'은 그러한 代官所 지배에 대해 정한 것이다.

　　　　覺
一, 手前請取代官所之內ニ御座所於有之者, 其代官留守申付, 其郡之
　　物成納可入置事、
一, 扶持方事, 手前代官所之內を以可下行, 遠路相越候間,下々中食
　　是又可被遣事,　付,　代官不仕衆にも,　其手前／＼兵粮可相渡,
　　組々衆不相替可爲一陣事,
一, 高麗都＊大明國境迄, つなきの城々普請, 爲先衆申付, その代官
　　／＼として在番 可仕事,
一, 其地罷越, 物主共つかひ女持可申候, 卽女之ふちかた可被遣由,
　　被仰付候事,
　　　　以上
天正廿年六月三日　　　（豊臣秀吉朱印）
　　　　　　　　　　　加藤主計頭とのへ
　　　　　　　　　　　鍋嶋加賀守とのへ

　무엇보다 마지막 부분이 여기서 의논전개에 관계하는데, 秀吉은 장수들이 여성들을 가까이에 둘 것을 인정하고 있다. 이와 같이 신변의 일을 하는 여성들이 본인의 의지와는 관계없이 몸을 구속당해 간 것은 쉽게 상상할 수 있다.

2. 임진왜란기(文祿의 役) 후반의 상황

　그러나 그 후의 전황은 조선수군의 활약과 각지에서의 의병 봉기에 의해 일본의 군세는 곤경에 빠져갔다. 이에 명군의 지원이 가세함으로 일본군은 더욱 열세에 서게 되었다. 文祿 2년 1월, 평양에서 패한 일본의 장병들은 군량의 문제도 있어서 4월 중순에는 한성도 포기하여 남하를 개시하였다. 6월 말에는 진주성을 함락시켰으나, 그 후 일본의 여러 장수들은 경상도 연안부에 거점을 정하여 주둔을 개시하였다. 주둔거점, 이른바 '倭城' 구축에 있어서 조선의 사민을 일정규모로 동원했다는 것은 쉽게 추측할 수 있으나, 이와 같은 상황이 조선인의 일본연행으로 이어졌는지 확실하지 않다. 단 다음에 제시한 바와 같이 사료도 남아 있기 때문에 적어도 체제로써는 당초 단계를 이어 조선인의 구류·연행을 금지했던 것은 확실하다.

態と申し入れ候，さるみ日本へ遣わされ候儀，御法度の儀に候，遊擊通事相添えられ候，そこもと城の廻り，さるみ・てるま・かくせいの數を改めさせ，この者にまいらせ候，奉行仰せ付けられ，さるみ請け取り置かるべく候，日本より來在の町人以下が買い候て置き候も，同前の事に候條，よくよく仰せ付けらるべく候，恐々謹言

七月四日　　　　　　　　　　　　　寺志摩　正成(花押)
　　　　　　　　　　　　　　　　　小攝津　行長

　　相良宮內少輔殿　　御陣所

　'さるみ'를 인간 즉 조선인으로 해석할 것인지, 혹은 앞서 살펴본 '順倭'와 같이 일본에 협력한 자로 해석할 것인지에 따라 상당히 인상이 달라지는 사료이지만, 어쨌든 앞서 언급한 바와 같이 일본으로 데리고 가는 것은 엄금되어 있었다. 이것은 일본에서 온 상인들이 조선인을 사들인 경우에도 마찬가지로 금지되어 있었음을 알 수 있다.

　단 유의해야 하는 점은 이와 같은 서장이 발령된 배경을 어떻게 파악하느냐 이다. 이 서장은 강화교섭을 앞둔 시기의 사료로 볼 수 있고, 강화 성립을 기한 일본측이 다시 군령 철저를 시도하였다고도 해석할 수 있다. 즉 그 동안에 일본측의 규율이 해이해져 있었고, 조선인들이 어떤 방법에 의해, 어느 정도 규모로 일본에 건너가게 된 가능성이 높다.

즉 文祿 5년(慶長 원년)에 일본에 간 明使節 沈惟敬에 수반한 조선사절 黃愼의 『交隣紀行 日本往還日記』에는 이미 일본에 있던 조선인들의 상황이 서술되고 있다. 황신의 기록에 따르면 울산 출신인 '피로자'가 秀吉이 조선사절 살해를 꾀하고 있다는 정보를 은밀히 같은 울산 출신인 軍官에게 누설하였다는 기사(9월 8일조)와, 堺에 도착한 사절에게 '被虜男婦'들이 다투어 방문하였다는 것, 宇喜多秀家와 安國寺 惠瓊 등의 장수들이 '所虜兒童輩'를 데리고 방문하였음을 알 수 있다. 그들은 강화가 성립되면 사절과 함께 조선으로 돌아갈 수 있었으나, 강화가 성립되지 않았기 때문에 그것도 이루어지지 않게 되었고, 사절이 배로 출발할 때에는 셀 수 없을 정도로 엄청난 수의 '我國男婦'들이 號泣하면서 追送해 온 모양(9월 9일조) 등을 기술하였다. 또한 귀로에 있어서도 對馬島에서 寺澤正成이 사절을 찾아와 '晋州士人'의 아들이 고향으로 돌아가고 싶어서 고민하고 있기 때문에 지금 돌려보내 주고 싶다고 사절에게 송환을 위촉하였다(12월 8일조). 內藤雋輔氏는 이들 기술을 바탕으로 (Ⅰ)임진왜란에 인한 피로인이 상당수 있었다는 점, (Ⅱ)당시는 아직 강화가 성립되면 많은 피로인들이 귀국할 수 있었다고 생각하여, (Ⅲ)일본측의 주된 장수들(主倭)도 역시 이들 피로인은 放還해야 한다고 생각하여, (Ⅳ)일반적으로 피로인에 대한 감각은 결코 나쁘지 않았다고 보인다 라고 하였다. 그 외에 이 단계서도 대명들이 아이들을 데리고 돌아왔음을 부언할 수 있다. 또한 (Ⅰ)에 대해 부언하자면 정유왜란에서 阿波(德島縣)蜂須賀家政에게 잡힌 鄭希得의 『月峯海上錄』에 따르면 '정유왜란에 있어서의 三南 지방의 피로인은 임진왜란의 10배가 된다'고 한다. 원래가 감각적인 수치이긴 하지만 정유왜란기의 납치와 비교하면 그 규모는 아직 10분의 1정도였다는 것이다. 또한 이 사료를 보는 한 그들은 비교적 행동의 자유가 보장되고 있던 모양이며, 혹은 일본의 선무공작에 호응하여 일본에 건너간 사람들이 아니었을까 한다. 이른바 '강제연행'의 결과로 보기에는 그들이 취급된 상황이 너무 느긋한 것 같은 인상을 받는다. 어쨌든 정유왜란에 있어서의 피로인과는 크게 성격이 다르다고 보아도 될 것이다.

3. 정유왜란(慶長의 役)기의 상황

그 다음으로 정유왜란기의 상황에 대해서 살펴본다. 정유왜란은 명나라 정복을 목표로 시작된 임진왜란과는 달리 강화조건이었던 조선 南半의 할양을 기도한 것이었다. 즉 豊臣政權은 경상도·전라도·충청도·강원도의 南四道 점령을 꾀하여 다시 파병하였는데, 여기에는 왕자를 인질로서 일본에 인도한다는 화목조건의 하나를 거절한 조선에 대한 '制裁'라는 의미도 있었을 것이다. 豊臣政權의 대륙 침공은 어떤 의미에서는 일본 국내에서의 전쟁을 국외로 연장시킨 것인데, '배신'에 대한 보복은 극도로 치열했다. 어디까지나 秀吉의, 豊臣政權의 논리이긴 하지만 정유왜란은 이와 같은 '보복전'의 색깔이 강하였기 때문에 일본 장병들은 조선사민에 대해 살육·약탈·폭행 등을 가차없이 가하였다. 그러므로 일본 국내전에서도 그랬듯이 敵地에서의 '人取り'는 아주 당연한 일이었고, 일상적으로 반복되었다고 볼 수 있다.

잘 알려져 있는 사료인데, 豊後(大分縣) 臼杵의 太田飛驒守一吉에 따라간 승려 慶念이 남긴 『朝鮮日日記』 중에서 관계부분을 인용해 보자. 慶念은 慶長 2년 10월 상순에 경상도 울산으로 들어갔다. 그곳에서 그가 본 것은 사람 매입에 분주하는 일본상인들의 모습이었다. 즉『日日記』에는 다음과 같이 나와 있다.

(慶長二年十一月)同十九日に，　日本よりもよろつ(よろず)のあき人 (商人)も，きたりしなかに，人あきないせるもの物來たり，奧陣より あとにつきあるき男女老若かい　取りて，なわ(縄)にてくひ(首)をく くりあつめ，さきへおひたて，あゆひ(歩み)候はねば，あとよりつ へ(杖)にておつたて，うちはしらかすの有様は，さながらあほうら せつ(阿防羅刹)の罪人をせめけるも，かくやとおもひ侍る，(中略)か くのごとくにかいあつめ，たとへばさる(猿)をくくりてあるくごと くに，牛馬をひかせ荷物もたせなどして，せむるていは，見るめい たはしくてありつる事なり，

이와 같이 일본에서 오는 상인 중에는 '사람 장사'를 전문으로 하 는 자도 있었고, 그들은 군세 뒤를 따라 조선의 남녀노소를 사들였 다. 뒤의 사료에서 알 수 있듯이 약탈을 하는 장병이 생포한 인간을 산 것이다. 상인들은 그들의 목을 밧줄로 묶어 뒤에서 지팡이로 다 그치면서 이동해 갔다.

또한 역시 太田一吉의 가신이며 慶念과 같은 陣中에 따라간 大河 內秀元이라는 인물의 『朝鮮記』에는 "下々山谷に亂れ入り，男女僧 俗生け捕り，余多取り來る", "爰(清州)に五日逗留す，少知の士下々 等，處々山間に分け入って，濫妨し，生け捕り余多連れ來るによって, 帝都のよう(様子)を尋ね聞けば …"라고 나와 있어서 자꾸 '濫妨' 즉 '人取り'가 행해지고 있었음을 알 수 있다. 이 기록에는 이 외에도 피로인에게 首實檢을 돕게 하거나, 길을 힐문하거나, 여러 곳에 '생 포'에 대한 언급이 보인다. 원래 '濫妨', '人取り'는 太田一吉 군에서 만 행해진 것이 아니었다. 예를 들어 備前 岡山의 宇喜多秀家에게 소속한 戶川達安(肥後守, 正利라고도 함)에 따르면 남원성의 전투에 서 "小西行長勇猛を震い，本所乘り破り，生け捕り千余，此の內女多 し"라는 상황이었다.

그런데 『朝鮮記』에는 다양한 물품 약탈에 관한 기사도 나와 있다. 구체적으로 보면 "奧國中, 押し働きの道筋にて, 諸人大いに亂暴す, 秀元も, 日本歸朝の土産と思いて, 綾錦·金襴·八糸·無綾·純子, 樣々の卷物, 日々選びて, 今日取りて又明日よきを見ては, 前に取りたるとも, 惡しきは燒き捨て, 類なきばかりをよりすぐり三百七十卷取りたり, (중략) 秀元母玄妙院へみやげにとこころざし, 印子の釋迦, 紺紙金泥の類なき能筆の法華経, 其の外弓·矢尻·籠·茶碗·硯已下色々樣々の朝鮮道具をより取りて, 牛二匹につけて, 蔚山の小屋まで恙なく持ち來たりしに …"라는 내용이다. 비싼 織物과 조선의 여러 도구에 대해 상세한 기재가 나와 있으나, 앞서 살펴본 바와 같이 '人取り'의 경우에는 이와 같은 구체적인 기술은 보이지 않기 때문에 역시 인간에 대해서는 직업과 신분에 관계없이, 즉 닥치는 대로 拘引이 행해졌다고 보아도 될 것이다.

이전에 中村榮孝氏는 조선의 포로가 된 福田勘介라는 인물의 공술을 소개하면서, 이와 같은 조선인 납치는 일본에서의 노동력 보충이 목적이었다는 가능성을 지적하였다. 즉 慶長 2년 10월 조선군에 잡힌 福田은 다음과 같이 공술하였다.

> 全羅道も亦, 留住の意無く, 老少男女を論ぜず, よく歩く者は虜え去り, 步くあたわざる者は盡く殺す, 朝鮮で虜えた所の人を以て, 日本に送り, 代わりて耕作を爲させ, 日本の耕作人を以て, 換替して兵となし, 年々侵犯して, 仍って上國(明國)に向かう,

일본의 耕作人 즉 백성을 병사로서 한반도에 투입하고, 나아가서는 명나라를 치는 예정이므로 그 빠짐을 보충하기 위해 조선 피로인을 일본에 보내고 있다는 내용이다. 단 福田에 대해서는 일본 내에서의 지위도 명확하지 않고, 또한 공술 내용에도 의문점이 있다. 조선에서 연행해 간 상당수의 사람들이 밑바닥, 하층의 노동력으로써 일본사회의 여러 국면에서 사역된 일은 수긍할 수 있으나, 당초부터 납치·구인 목적이 그것이었는지에 대해서는 유의할 필요가 있다. 즉, 앞에서도 잠시 언급하였으나 당시 일본에서는 국내전에 있어서도 '濫妨', '人取り'가 극히 당연한 일이었다는 것을 간과할 수는 없다. 이 부분에 관해서는 耶蘇會 선교사 루이스 후로이스의 증언이 참고가 된다. 이미 藤木久志氏에 의하여 자세히 소개된 바가 있는데, 임진왜란의 겨우 수년 전에 후로이스는 豊臣政權의 九州平定에 앞선 薩摩(鹿兒島) 嶋津軍의 豊後(大分縣) 공략에 관하여 다음과 같은 기술을 남겼다.

> (薩摩軍이 豊後 南郡을 통과했을 때) 최고로 통탄스럽게 여긴 것은 (薩摩勢가) 실로 엄청난 수의 인질, 특히 부인, 소년, 소녀들을 납치, (중략) 이들 인질에 대해 그들은 이상할 정도의 잔학행위를 (감히) 가하였다.
>
> 薩摩軍이 豊後에서 피로로 한 사람들은 肥後國(熊本縣)으로 연행되어 매각되었다. (중략) 肥後 주민들은 … 그들을 마치 가축처럼 高來(長崎縣 島原地方)로 데리고 가 (그곳에서) 매각하였다. (중략) 그들은 豊後의 부인이나 남녀 아이들을 (빈곤에서) 벗어나기 위해 二束三文(극히 염가)으로 매각하였다. (팔린) 사람들의 수는 엄청났다.
>
> 이 지방에 도래한 포르투갈인, 시암인, 캄보디아인들이 많은 일본인을 구입하였고, 그들에게서 그 조국·부모·아이·친구를 박탈하여 노예로서 그들의 제국(동남아시아 등)으로 연행해 간다.

이상 약간의 예를 들어 보았다. 전쟁터에 있어서 적지의 민중은 약탈·폭행의 대상인 동시에 그 자체가 중요한 '상품'이었다. 후로이스는 자신의 입장에 비추어 보아 동남아시아 해역이 매개하는

‘노예’ 무역에 강한 관심을 가지고 있는 것 같으나, 물론 이들 ‘노예’의 국내적인 수요도 컸다는 것은 쉽게 상상할 수 있다. ‘상품’으로서의 ‘노예’가 賣得·轉賣된 결과가 밑바닥 혹은 하층 노동력이었다고 보아야 할 것이다.

　여기서 도공 납치에 관해서 인용되는 豊臣秀吉의 유명한 朱印狀을 살펴보자.

　態と仰せ出され候，今度朝鮮人捕らえ置き候內に，細工仕り候ものならびにぬいかん，　手の聞き候女これ有るに於いては，これを進上すべく候，御用に召しつかわるべく候，家中をも改め，相越すべく候なり，

十一月廿九日(秀吉朱印)

中川修理大夫とのへ

　같은 내용이 西日本 여러 大名家에 몇 가지 전해지고 있다. 이 문서는 어떡하면 文祿 원년, 혹은 2년이라는 침공 초기에 年紀比定될 경향이 있었으나, 일단 결론을 먼저 말하자면 3년 이후의 문서이어야 한다. 예사한 『中川家文書』가 그 증거가 되는데, 中川家의 당시 당주였던 右衛門大夫秀政은 文祿 원년 겨울에 조선에서 전사하였고, 그 뒤를 동생인 小兵衛秀成이 이어받았다. 이 小兵衛가 文祿 3년 정월에 從五位下修理大夫로 임관하게 된다. 따라서 中川修理大夫 앞으로 보내진 이 문서는 그 이전의 보내진 것이 아니므로, 다른 대명들에게 보내진 같은 내용의 朱印狀도 文祿 3년 이후의 것으로 알 수 있다. 그런데 이 中川秀成은 文祿 2년 가을경에는 일본에 귀환하였고(따라서 당시는 아직 ‘小兵衛’이라는 이름이었다), 그가 다시 조선에 건너온 것은 정유왜란 때였다. 확실히 강화휴전기의 것으

로 볼 수도 있으나(그럴 경우에는 文祿3·4 및 慶長 원년 중의 하나가 그 年紀이다), 「さるみ日本へ遣わされ候儀, 御法度の儀に候」라고 하는 더구나 慶長 3년 8월에는 秀吉이 사망했으므로, 필연적으로 이 문서는 慶長 2년의 것으로 알 수 있다. 이상 약간 세세한 작업과정을 서술해 왔으나, 이 朱印狀의 연기가 확정되는 것으로 중요한 논점 제시가 가능하게 되었다. 즉 서두 부분의 기술에서 「朝鮮人捕らえ置き」라는 寺澤正成·小西行長의 連署狀이 있다는 것을 감안하면 中川秀成(修理大夫)이 다시 도항한 후의 문서로 보는 것이 타당할 것이다. 그 후 慶長 3년 8월에는 秀吉이 사망하기 때문에 필연적으로 이 문서는 慶長 2년의 문서라고 할 수 있다. 이상 약간 상세한 작업과정을 서술해 왔으나, 이 주인장의 연기가 확정되는 것으로 중요한 논점의 제시가 가능하게 되었다. 즉 앞부분의 기술 「朝鮮人捕らえ置き」를 秀吉이 알고 있었다는 것이다. 다시 말하면 조선인 납치·구인을 체제로써 승인, 혹은 묵인하고 있었다는 것이다. 임진 왜란 때에는 적어도 「さるみ日本へ遣わされ候儀, 御法度の儀に候」라는 입장을 취하고 있었는데, 정유왜란에 이르면 체제로써의 방침이 크게 전환되었다는 것이다. 체제의 승인 혹은 묵인을 전제로, 한반도 각지에 있어서의 '노예상인'들의 활동도 노골적인 것으로 전환되었던 것이다. 그리고 이 秀吉의 명령도 「細工仕り候ものならびにぬいかん, 手のきき候女」를 납치·연행하라는 것이 아니라, 어디까지나 대명들 혹은 그 가신들이 잡은 조선인 중에 해당하는 자가 있으면 찾아서 보고·진상하라고 말하고 있다. 역시 '人取り', '濫妨'은 무작위로 이루어진 것이었고, 결코 선택적인 행위가 아니었던 것이다.

　豊臣政權 파병에 따라 조선에서 일본에 연행된 조선 사민에게는 각각의 경위와 이유가 있었다고 보아야 하고, 일반론으로써의 스토

리를 서술하기 어려운 것은 사실이다. 따라서 그들 중에 '도공'임을 이유로 납치되어 일본에 연행된 인물이 없었다고 주장할 생각은 전혀 없지만, 여기서의 견해를 정리해 보면 일단 다음과 같다. 우선 豊臣政權의 입장에서는 임진왜란과 정유왜란에서는 한반도에 군세를 파견한 의미에 차이가 있었고, 체제적으로 조선인 납치·구인이 이루어진 것은 정유왜란 때였다는 점. 그 다음으로 납치·구인이라는 행위는 일본 국내전에서도 전쟁의 승리자가 敵地에 있어서 당연하게 실행한 행위였다는 점, 따라서 특별하게 이민족간 전쟁임을 강조해서는 안 될 것이다. 이 부분은 귀자르기·코베기 문제와 조선 피로인 문제와는 별도로 생각해야 한다. 국내전에서의 납치·구인의 목적은 인신매매였고, 조선인의 경우도 제일의적으로는 '노예'로써 매각함을 의도하여 구류하였다고 보아야 할 것이다. 물론 대명들이 자신의 영지에서 노동력으로써 직접 보낸 일도 많았겠지만, 예를 들어 일본상인들에 의하여 운반되는 군량물자의 대가로써 전쟁노예가 이용되었다는 구조를 생각하는 것은 비교적 쉬울 것이다. 또한 노예시장의 전개를 생각할 때, 그것이 일본국내에서 그치지 않고 동남아시아 해역까지 확산되고 있었다는 사실을 간과할 수 없다.

IV. 쇄환이 가지는 의미

조선인의 연행 자체에 있어서 대상자의 職種과 신분에 그다지 선택성이 없었다면 '陶工'들이 주목받게 되는 계기로써 쇄환문제를 살펴볼 필요가 있다.

慶長 3년 8월, 豊臣秀吉이 사망하자 德川家康·前田利家에 의하여 조선에 있던 군세 철병이 개시되었고, 동년 11월의 노량진 해전을 마지막으로 일본의 군세는 한반도에서 철퇴하였다. 豊臣政權을 계승할 입장에 있던 德川家康은 조선과의 국교회복을 시도하여 慶長 4년부터 對馬 宗氏를 통한 화의교섭을 개시하였다. 이 화의교섭에 있어서 주요한 조건은 조선 피로인의 송환, 이른바 쇄환문제였다. 피로인 송환의 처음은 慶長 4년 6월이라고 하나, 조선과의 교역으로 생계를 이루던 對馬 宗氏에게 국교 재개 여부는 바로 사활문제였고, 慶長 5년 2월에 160명, 4월에는 300여명의 피로인을 송환하여 화평교섭을 시작하였다. 6월에는 전달에 귀환한 피로인 姜沆이 秀吉 사후의 일본 국정을 아뢰었고, 9월에는 조선측에서 피로인을 모두 고국으로 쇄환하면 강화에 응하겠다는 뜻을 宗氏 사자에게 고하였다. 일본에서는 9월 15일에 關ヶ原合戰이 있었고, 德川家康의 파권이 실질적으로 확정되었다. 이후 寬永 20년에 將軍家 継嗣 家綱 (후에 4대 장군)의 탄생을 축하하는 통신사가 일본에 파견되어 그 귀환에 피로인 14인을 동반할 때까지, 그 동안 약 40년간에 걸쳐서 피로인 송환은 계속되었다. 실록에 기재된 숫자만이라도 쇄환자 총수는 약 7,500명에 달하나, 물론 그 외에 조선에 송환되기를 기피한 자와 일본사회에 동화한 자가 상당한 수로 존재한 것으로 보인다.

內藤儁輔氏도 정리한 바와 같이, 주체적이었는지 아니었는지는 일단 두고, 전쟁 중에 일본에 협력한 자나 일본에서 처를 얻은 경우에는 그대로 머물지 않을 수밖에 없었다고 생각된다. 나아가서는 이와 같은 '돌아가지 못하는' 사람들, 혹은 '돌아가지 않는' 사람들과는 또 별도로, 피로인 쇄환에 있어서 대명들이 어떤 선별, 즉 '돌려 보내 주지 않는' 사람들을 선출한 것이 아닐까 한다. 이와 같은 검증은 아주 어려운 일인데, 그러한 가능성을 제시하는 것이 본 보고에서의 입장이다. 즉 일본 국내의 정치문제로써 關ヶ原合戰에서 德川氏가 승리한 이상, 대명들로서도 조선과의 국교회복을 시도하는 막부·德川氏의 의향을 받아들여 피로인 송환에 힘쓰기는 하였으나, 모든 피로인이 송환 대상이 된 것은 아닌 것 같다. 대명 및 가신들(피로인을 '소유'하고 그들의 몸을 구속하는 사람들은 이 외의 계층에도 있었다고 생각되나 일단 이와 같이 표현한다)은 일부 피로인을 의도적으로 '移匿', '隱匿'하였었고, 그들에 관해서는 송환 대상에서 제외하려고 하였다.

즉 일반적으로 말해서 피로인의 몸은 각 대명·영주(主倭)들에 의하여 구속되어 있었고, 피로인의 去就는 그들의 재량에 맡겨져 있었다. 慶長 12년에 피로인 송환을 목적으로 파견된 회답사 呂裕吉을 따라 일본을 방문한 慶暹(七松)의 『海槎錄』에는 풍부한 피로인 관련의 기사가 나와 있으나, 그 중에서 다음과 같은 흥미로운 기술이 있다.

二十六日丁亥晴, 留對馬島, 大坂代官片桐主膳, 追送俘人二十四名, 甲斐守長正, 又送俘人六十四名, 使堂譯等, 送帖以謝之, 馬島人等, 跟隨一行, 多有糜費, 以用余銀子一千二百余兩給之, 点籍俘還男婦, 僅一千四百十八名, 仍放十日養, 大槪被虜之人, 散在 日本內地者, 不知其幾万, 關白雖有願歸者, 許歸之令, 而其主等, 爭相隱匿, 使不得自由, 且被虜之人, 亦安於土着, 思歸者少, 今玆刷還之數, 不啻九牛之拔一毛, 可勝痛也,

이 기사는 사절의 귀로 對馬에서 기록된 것인데(윤6월 26일조), 인용한 문장 중에 있는 「僅一千四百十八名」이 이번의 송환자수이다. 이 날에는 片桐主膳과 함께 黑田長政(甲斐守)도 자신의 아래에 있던 피로인을 추송하였는데, 그러한 일련의 결과가 이 인원수이다. 숫자 앞에 붙여진 「僅」이라는 글자에 사절 일행의 무념함, 실망감

이 드러나 있는데, 이와 같은 현상을 목격한 慶暹의 감개를 정리하면 다음과 같다. 일본 국내에 있는 피로인은 수만에 이르나 그 수는 정확하게 파악할 수 없다. '關白'(장군 秀忠 혹은 大御所 家康을 나타냄)이 희망자에게는 조선으로 귀환함을 허락한다는 명령을 내렸으나, 그들의 주인은 피로인의 존재를 숨기고 그들의 자유를 인정하지 않는다. 또한 피로인 중에는 일본에서의 생활을 감수하여 돌아가지 않으려고 하는 자도 있다. 이번의 귀환자는 九牛의 一毛이며, 한탄스러움이 짝이 없다. 현실의 일본사회를 직접 본 사람의 감개이며, 기록으로서도 일정한 신뢰성을 가질만한 내용이 아닐까. 어쨌든 간에 慶暹은 피로인 가운데 '돌아가지 못하는' 혹은 '돌아가지 않는' 사람들, 혹은 그들을 구속해 온 편인 '돌려보내 주지 않는' 사람들이 있었음을 간결하게 나타내고 있다.

각각 대명·영주들이 어떤 사람들을 '隱匿'해서 조선에 보내려고 하지 않았는지를 구체적으로 밝힐 수는 없다. 그러나 모처럼 확보한 조선인 중에 자신들에게 쓸모가 있는 자가 있으면 그들을 쇄환의 대상에서 제외하였다는 것은 쉽게 추측할 수 있다. 반대로 대명들이 허락만 해주면 '도공'이라도 조선으로의 귀환을 인정한 경우도 있었다. 그러한 사례 중의 하나를 다음에 소개한다.

態申聞候, やき物燒之唐人高麗へ戻し候間, 舟申付候て, 今津迄乘候而差越, 此方へ可申越候, 書狀相添名護屋迄候間, 得其意, 急度舟可申候也,

六月廿日　　　　長政

馬杉喜右衛門殿

  연대는 미상이지만『黑田御用記』에 수록된 馬杉喜右衛門 앞으로 보내진 黑田長政의 書狀의 필사본이다(『福岡縣史 近世史料編 福岡藩初期』수록). 黑田長政은 조선인 도공을 송환하기 위해 가신인 馬杉喜右衛門에게 배 조달을 명하였다. 배는 영토 내의 今津까지 回航시켜 그 곳에서「やき物燒之唐人」을 名護屋까지 이송한다고 한다. 이와 같은 기술에서 關ヶ原合戰 후의 肥前 名護屋의 역할을 어느 정도 밝힐 수 있다. 실제로 자주 인용해 온『海槎錄』에도 조선사절이 博多를 겪고 肥前 名護屋으로 이른다는 기사가 보여 일행은 여기서 영주인 寺澤正成(사료에서는「肥前太守政成」)이 파견한 사자의 伺候를 받아 피로인 140명을 인도되었다. 사절 일행은 이 곳에서 壹岐를 경유해서 對馬로 들어간 모양이며, 침력전쟁(왜란) 후 얼마 동안은 名護屋이 조선 피로인 송환의 거점으로써 기능하였음을 알 수 있다.

  그것은 어쨌든 간에 위의 사례는 '도공'임이 억류 계속의 절대조건이 아니었음을 전해주고 있어서 흥미를 끈다. 하여튼 이 단계에서 피로인 송환에 대한 호응 여부는 실질적으로 각각 주인의 재량에 맡겨져 있던 것이다. 쇄환이 '도공'을 선별하는 계기였음을 명확하게 증명할 사료를 찾아낼 수 있었던 것은 아니지만, 억류 계속이냐 조선 송환이냐에 관해서는 여러 대명들 즉 억류주체의 판단에 의거하는 바가 컸다는 것은 밝힐 수 있었다. 조선 피로인 송환이라는 장군권력 내지 그것을 받아들인 상부 권력에서의 요청은 억류주체들에게 피로인 선별의 계기가 되었던 것이다. 이 부분에 대해서 더 감고해야 하는 것은 당시의 국내적인 정치상황이다. 즉 關ヶ原合戰에 의하여 德川家康의 파권은 실질적으로 확립되었으나, 德川家와 外樣大名과의 힘의 관계는 아직 미묘한 상황에 있었다. 단적으로 말하자면 막부측에서 피로인의 완전 송환을 대명들에게 요구할 수 있는 정치환경을 확립하지 못했다는 것이며, 이와 같은 요소가 일부 피로인(그렇다 해도 숫자적으로는 상당한 규모에 이를 가능성이 있다)의 '移匿', '隱匿'을 가능하게 한 것이다.

　조일간의 국교회복의 전제로서 조선 피로인의 쇄환이 추진하게 되나, 그 과정에서 조선에 '돌아가지 못하는' 혹은 '돌아가지 않는' 사람들과 아울러 '돌려보내 주지 않는' 사람들이 존재하였다는 것이 밝혀졌다. 주제인 '도공'에 특화한 의논에 이르지 못하였으나, 이들 '돌려보내 주지 않는' 사람들 중에 일본측에서 필요로 하는 유용한 사람들이 포함되어 있었음은 상상하기에 어렵지 않다.

V. 맺음말

　豊臣秀吉의 대륙 침공은 당초 征明을 목적으로 하는 것이었으나, 결과적으로는 주된 전쟁터가 한반도에 고정되어 이곳에 극히 심대한 인적·물적 피해를 주는 결과가 되었다. 또한 전쟁의 성격도 점차 노예전쟁적인 색깔을 띠어 갔다는 점은 중요하다. 그런데 당초 보고자에게 주어진 주제는 이 전쟁에 있어서의 조선인 '도공' 납치에 대해서였으나, 본론에서도 여러 번 언급한 바와 같이 일본측이 당초단계 납치과정에서 개개별의 '도공'을 선택한 가능성은 아주 적다고 생각하였기 때문에 감히 '도공'에 특화시킨 논술은 하지 않았다. 특히 정유왜란에 있어서 조선인 구류·납치가 격심하게 실행되었는데, 이와 같은 동향은 동남아시아에서 퍼져 있던 노예시장의 존재를 무시해서 의논할 수 없다. 결과적으로 일본 근세사에 '도공'으로서 이름을 남긴 사람들도 원래는 이와 같은 피로인들의 일부가 아니었는가 하였기 때문이다.

일본 혹은 일본상인을 매개로 하여 동남아시아 여러 지역에 전매되어 간 피로인들이 상당수 있었다는 것은 쉽게 짐작할 수 있다. 한편에서 일본 내부에 머무르게 된 피로인들은 그들의 '소유자'에 의해 말 그대로 生殺與奪의 권리를 붙잡힌 상태였다. 豊臣政權을 이어받은 德川幕府는 조선왕조와의 국교회복을 의도하여 조선 피로인 쇄환을 추진하였으나, 여러 大名들을 비롯한 피로인 '소유자'들은 이와 같은 요청을 온순하게 따른 것은 아니었다. 표면적으로는 막부의 지시를 따라 피로인 송환을 추진하면서도 특정 부분에 있어서는 '移匿', '隱匿'이라는 조치를 강구하여 피로인의 일부를 은폐하였던 것이다. 어떠한 사람들이 은폐 대상이 됐는지 구체적인 작업은 앞으로 과제로 삼아야 하는데, 그들 가운데 일본측에 유용한 인재들이 포함되어 있었던 가능성은 높다. 어쨌든 간에 쇄환은 피로인 선별의 계기가 되었던 것이다. 그리고 원래 대명들에게 유용한 인물이란 도공만에 한정되는 것이 아니다. 유학자와 의술에 능한 자, 또한 미모와 재능을 인정받은 여자와 아동들도 이에 해당될 것이다. 하여튼 여기서 주장하고자 하는 점은 이들 결과적으로 일본에 머무르게 된 사람들이 납치·구인 단계서부터 선별되어 있었던 것이 아니라, 오히려 많은 피로인을 조선에 송환해야 하는 정치상환 속에서 대명들이 자신의 영국 내에 유치해 둘 소수들을 선출한 것이 아닐까 한다. 이미 서술한 바와 같이 조선계 개요 시기가 세키가하라 합전 이후에 본격화되는 것은 이와 같은 사정에 의거하는 것으로 생각된다. 그러한 경우 억류의 사실이 막부에 발각되는 것을 두려워해서 의도적으로 그들의 존재를 은폐하는 경우도 있었을 것이다. 幕藩體制가 안정되고 피로인 쇄환도 진전되어 조일관계가 양호하게 이행해 가는 단계를 지나면 각지 조선계 가마에서 스스로의 유서와 조상에 대해서 말하기 시작하게 되었지만, 그 때에는 이미 많은 사실이 잊

어진 상태였고, 이른바 '역산'과 같은 형식으로 '전승'이 창작되어
갔다. 이와 같은 요소들이 겹쳐져서 결과적으로는 유서의 말소와 혼
란이 생겼다고 생각된다.

참고 문헌

Ⅰ. 史料

- 大日本古文書『相良家文書』
- 大日本古文書『毛利家文書』
- 續群書類從『朝鮮記』
- 『中國·朝鮮の史籍における日本史料集成·李朝實錄之部』
- ルイス·フロイス『日本史』
- 神戸大學文學部日本史研究室編『中川家文書』
- 慶暹『海槎錄』(朝鮮群書大系『海行摠載』二)
- 『福岡縣史 近世史料編　福岡藩初期』

Ⅱ. 著書·論文

- 中村榮孝『日鮮關係史の研究』中卷·吉川弘文館·1969年
- 藤木久志『日本の歴史⑮織田·豊臣政權』小學館·1975年
- 內藤雋輔『文祿·慶長役における被虜人の研究』東京大學出版會·1976年
- 北島万次『豊臣政權の對外認識と朝鮮侵略』校倉書房·1990年
- 鶴園　裕『日本近世初期における渡來朝鮮人の研究』科研費成果報告書·1991年
- 貫井正之『豊臣政權の海外侵略と朝鮮義兵研究』靑木書店·1996年
- 中野　等『豊臣政權の對外侵略と太閤檢地』校倉書房·1996年
- 朝鮮日々記研究會編『朝鮮日々記を讀む』法藏館·2000年
- 藤木久志『飢餓と戰爭の戰國を行く』朝日新聞社·2001年
- 中村榮孝「黃愼著交隣紀行 日本往還日記」『靑丘學叢』第10号·1933年
- 丸茂武重「文祿·慶長の役に於ける朝鮮人抑留に關する資料」『國史學』61号·1953年
- 中村榮孝「朝鮮軍の捕虜になった福田勘介の供述」『日本史の研究』61輯·1968年
- 李元淳「壬辰·丁酉倭亂時の朝鮮俘虜奴隷問題－倭亂性格の參考－」

(『ア ジア公論』十月号・一九八六年, 初出は「壬辰・丁酉倭亂時의 朝鮮
俘虜奴隸問題—倭亂性格一貌—」, 邊太燮博士華甲紀念史學論叢刊行委
員會編著『史學論叢』・三英社・1986年)

15·16세기 조선백자의 양상

윤 용 이

명지대학교 미술사학과 교수

현존하는 朝鮮時代 白瓷 중 제작연대가 확실한 15세기 경의 자료로는 최근 알려진 청화백자지석과 西三陵 胎室 出土의 白瓷胎缸이 있다.

1456년의 청화백자지석(고려대박물관 소장)은 최초의 확실한 청화백자의 작품으로 양질의 태토 위에 붓에다 밝은 청료를 묻혀 해서체로 쓴 작품의 예이다.

1458년(天順二年)의 成宗大王白瓷胎缸은 내항으로 짙은 灰白色釉가 시유된 長身의 몸체에 四耳가 어깨에 부착되었고 뚜껑에는 연봉형의 꼭지에 구멍이 나 있다. 이후 백자태항아리의 규범이 된다. 이와 함께 1462년(天順六年)의 仁城大君白瓷胎缸은 內缸으로서 長身의 홀쭉한 몸체와 어깨 위에 四耳가 달렸고 뚜껑도 연봉형으로 구멍이 뚫렸다. 엷은 灰色의 백자유가 시유된 胎缸이다.

1466년(成化丙戌) 鄭氏銘白瓷象嵌墓誌와 白瓷象嵌草花文扁瓶, 白瓷托盞의 자료가 있다. 아백색의 연질 白瓷象嵌墓誌로 위패형이며 灰白色의 扁瓶과 밝은 雪白色의 白瓷盞과 灰白色의 접시형 托이 함께 出土되었다. 1467년의 白瓷象嵌尹壇誌石은 짙은 灰白色의 白瓷

로 제작되었다. 1468년의 白瓷鐵畵鄭善銘誌石도 짙은 灰白色의 백
자유가 시유되었으며, 鐵畵로 誌石의 내용이 쓰여 있다.

〈도판 1〉白瓷象嵌鄭氏墓誌, 조선 1466년, 長 20.4×38.6cm, 호암미술관 소장.

〈도판 2〉白瓷托盞, 조선 1466년, 盞高 4.0cm, 托高 2.0cm,
잔입지름 6.6cm, 탁입지름 11.0cm, 호암미술관 소장.

　　1476(成化三十年)의　白瓷胎缸(內, 外缸)으로　外缸은　57.7cm, 內缸은 36.5cm 크기로 짙은 灰色의 白瓷로 어깨에 四耳가 있으며 뚜껑에는 透孔이 나 있다. 이들 1458년 白瓷胎缸(內缸)과 1462년의 白瓷胎缸, 1466년의 白瓷象嵌誌石과 扁瓶, 白瓷托盞, 1467년의 白瓷象嵌誌石, 1468년의 白瓷鐵畵誌石, 1476년의 白瓷胎缸(內, 外缸)의 자료들은 1450년, 60년, 70년대의 백자 자료들인 것이다.

　　광주일대 요지 중에서 이들과 같은 회색, 회백색의 백자에 象嵌技法과 胎土비짐눈받침의 백자 요지로는 우산리1호·2호요지, 우산리 4호·5호요지, 번천리1호·2호·3호요지, 내곡요지, 목현리 1호·2호요지, 건업리 1호요지 등을 들 수 있다.

　　白瓷黑象嵌의　草紋, 蓮花紋, 牡丹紋片과 「內局」, 「內用」, 「仁」銘이 출토되며, 우산리2호와 4호요지에서는 원통형의 匣鉢과 台片이 청자편과 함께 수습되고 있다. 아직 「天」·「地」·「玄」·「黃」銘이 출토되지 않으며 회색, 회청색, 회백색의 백자유가 시유된 것으로 위의 명문자료와 비교하면 이들 가마가 1450년대, 1460년대, 1470년대의 백자요지로서, 광주일대에 본격적인 관영사기공장이 들어서기 전후의 窯로 추정해볼 수 있다. 우산리 2호요지를 발굴 조사하였던 해강도자박물관의 보고에서도 15세기 중반 경을 알려주는 가마로 추정하고 있어 이를 뒷받침하고 있다.

　　象嵌白瓷片은 「天」·「地」·「玄」·「黃」銘이 출토되는 양질의 白瓷窯址인 관음리 21호요지, 도마리 1호요지, 무갑리 2호요지, 번천리 11호요지 등에서도 출토되고 있어 16세기 전반경까지 계속 제작되었던 것으로 보인다.

〈도판 3〉 광주 관음리 21호 요지 출토 자기편들, 조선 15세기 후반,
국립중앙박물관 소장.

〈도판 4〉 白瓷靑畵菊花紋「天·地·玄·黃」銘 사발, 조선 15세기 후반,
입지름 18.5cm, 일본 개인 소장.

따라서 현존하는 1456년·1458년·1462년·1466년·1467년·1476년의 백자자료들과 비교하여 유사한 백자를 제작하였던 광주일대의 우산리 2호·4호·5호, 번천리 1호·2호·3호, 목현리 1호·2호, 건업리 1호요지의 백자와 象嵌白瓷片들이 1450년·1460년·1470년대의 광주 분원이 성립되는 시기 전후의 가마로 추정되며 특히 우산리 2호·4호요지 출토의 원통형 匣鉢片과 조선청자의 존재로 보아 1460년·70년대의 분원의 성립과 관련 있는 1467년의 가마로 추정된다.

아울러 관음리 21호요지와 귀여리 11호요지, 오전리 2호요지 등이 1470년, 1480년, 1490년대의 요지로 추정된다. 관음리 21호요지에서도 양질의 白瓷와 匣鉢片, 印花紋白瓷, 象嵌白瓷, 朝鮮靑瓷, 靑畵白瓷盞片이 출토되며, 귀여리 11호요지에서도 양질의 雪白色白瓷片과 함께 봉황의 꼬리가 그려진 청화백자편, 白胎靑瓷,「地」·「黃」銘이 음각된 백자편이 갑발편과 함께 발견되고 있다.

또한 오전리 2호·3호요지에서도 무수한 갑발편과 함께 양질의 설백색의 백자편과「天」·「玄」銘이 음각된 백자편이 白胎靑瓷片과 함께 발견되고 있어 같은 성격의 가마였음을 알려주고 있다.

현존하는 白瓷資料 중에 1481년(成化十七年) 白瓷태항아리(內, 外缸)와 胎誌, 1482년 王子壽長의 白瓷태항아리(外缸), 1484년의 安陽君의 白瓷태항아리(內, 外缸), 完原君의 白瓷태항아리(內, 外缸), 1485년의 白瓷태항아리, 1486년 甄城君의 白瓷태항아리(內, 外缸), 1487년 白瓷鐵畵誌石, 1488년 白瓷靑畵弘治元年銘日時什, 1489년의 白瓷靑畵松竹紋弘治二年銘壺, 1490년 白瓷鐵畵朴成梁誌石, 1494년 寧山君 백자태항아리의 자료가 남아 있다.

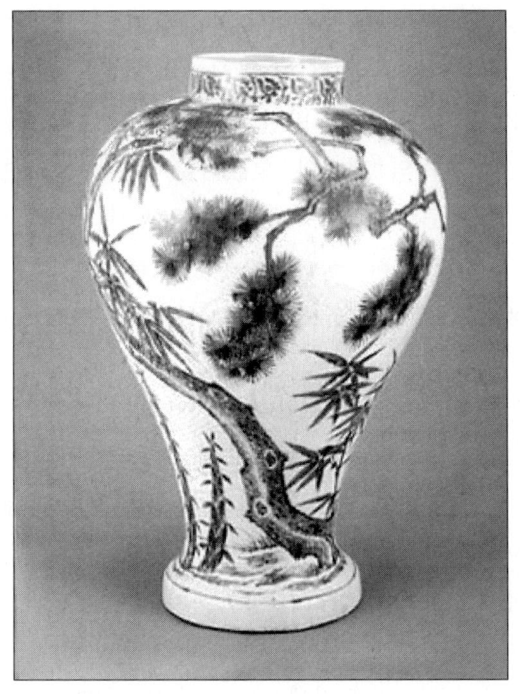

〈도판 5〉 白瓷靑畵松竹紋弘治二年銘壺, 조선 1489년, 높이 48.7cm,
입지름 13.1cm, 동국대학교박물관 소장.

이들 백자태항아리들은 화색의 짙은 백자로 장신의 몸체에 內,
外缸까지 갖추었으며, 1484년 安養君의 백자태항아리의 뚜껑부터
점차 밝아지고 있다. 1489년 白瓷靑畵松竹紋弘治二年銘壺의 경우
雪白色의 밝아진 백자유색과 수입된 靑料로 그림을 그린 松竹紋이
시문된 새로운 장식형의 白瓷壺이며 목부분에 연화당초문대가 돌려
있다. 이 白瓷靑畵松竹紋弘治二年銘壺와 같은 설백색의 백자유색은
이전의 어느 예에서도 없는 것으로 관음리 21호와 귀여리 11호요지
출토의 설백색 백자편과 비슷하다.

이와 닮은 설백색의 백자유색에 청화가 그려진 호암미술관 소장

의 白瓷青畵梅竹紋壺도 1487년 명의 호와 비교해 보면 1489년과 가까운 1480년대의 작품으로 추정된다. 일본에 소장되어 있는 白瓷青畵寶相唐草紋壺와 白瓷青畵寶相唐草紋전접시도 이시기 전후의 것으로 추정된다.

이것은 1463년·1464년 토청에 의한 青畵白磁의 제작이 시도되어 1469년에 강진에서 나는 青料로 青畵白瓷의 제작이 이루어졌으나 그 후 土青에 관한 기록이 없다. 그리고 1472년·1475년·1477년 기록에 청화백자를 중국에서 은밀히 가져와서 大臣, 巨商, 豪富에 이르기까지 사용하여 그 위법의 폐해가 크므로 금지할 것을 간했다는 기록과 1478년 尙衣院에서 쓰는 回回青의 소비량이 매우 크다는 지적이 있었음이 기록되어 있다.

그러므로 1480년대에 들어 중국에서 수입해 온 청료로 청화백자를 제작하였으며, 1486년『동국여지승람』광주요에 '사옹원의 관리가 화원을 이끌고 가 御用之器를 감조한다.'는 기록이 보이고 있다. 1489년을 전후해 明初에 청화백자에 보이는 화려한 蓮瓣紋帶와 寶相唐草紋·松竹紋·梅花紋 등이 당시의 청화백자에 그대로 보이고 있으며 당시 성현의『용재총화』의 기록에 중국의 청화백자와 다름이 없었다는 내용과 부합된다고 생각된다.

현존하는 초기의 청화백자의 작품들은 1467년 分院이 성립된 후 1480년, 1490년대의 광주의 관음리, 귀여리, 오전리窯에서 제작되었던·작품으로 추정된다.

조선시대 백자 및 청화백자의 발달은 국가가 필요로 하는 도자를 국가가 직접 燔造하는 관영사기공장으로서 분원을 광주일대에 설치하는 1467년부터 급속히 발달하였다고 보여진다.

이러한 官營沙器工場은 후에 司饔院의『分院』이라고 불려졌으며, 이러한 사옹원의 사기제조공장으로서 분원 설치 당초부터 사옹원에서 직접 관장하였으며, 사기제조장의 규모가 점차 커지고 御用 및 宮中에서의 사기 수요량이 증가됨에 따라 제조 작업자체가 중요시됨으로써 직접 현지에서 제조 작업을 관할하는 관청이 설치되었으며 이를 사용원의 분원이라고 부르게 된 것 같다.

현존하는 기록 중 中宗(1506~1544) 때의 문집『訥齋集』의 시에「分院」이 보이며, 明宗·宣祖 때의 李魯(1544~1598)의 『松岩先生文集』書記條에 '隆慶4년(1570) 여름 舅監察文公이 瓷器의 땅 광주의 司饔院監官이 되어 龍罇을 만들기 위해 畵工 두 사람을 禮部에 파견하였다.'라는 기록이 있어 분원 이름이 처음 등장하는 것은 16세기 전반부터였음을 알 수 있다.

관영사기제작장으로서 분원은 약 10년을 주기로 燔木의 조달을 위해 樹木이 무성한 곳을 찾아 이동하였으며 분원이 설치된 당초부터 사용원은 분원 사기제조에 필요한 번목의 조달을 위해 일정한 山地를 지급 받았으니 그것이 소위 分院柴場所受處였다.

分院柴場은 경기도 광주지방을 중심으로 지급되었으니 그것은 분원이 광주지방을 중심으로 설치되었기 때문이다. 광주지방의 분원 시장을 대개 6개면에 걸쳐 있었으며 그것은 퇴촌면·실촌면·초월면·도척면·경안면·오포면 등이었는데 이들 6개면은 조선 말까지 변동 없이 계속 분원에 소속되어 있었고 분원도 광주지방 내에서 이동하였던 것이다.

원래 분원은 약 10년에 1회씩 柴場내의 수목이 무성한 곳을 따라 이동하였으며 한번 분원이 설치되어 수목을 채취한 곳은 수목이 다시 무성해질 때까지 비워두었다가 다음에 다시 그곳에 분원을 설치하여 수목을 재취하는 것이 원칙이다.

그러나 한번 분원이 설치되어 수목을 채취한 곳은 곧 火田으로 개간되었기 때문에 다시 수목을 養成하지 못하게 되었으며, 그러므

로 분원이 이동을 계속 할수록 樹木이 우거진 시장이 점차 줄어들
고 대신 화전이 늘어나서 이런 상태가 계속되면 장차 광주지방의
分院柴場은 모두 火田化하고 분원은 연료의 단절로 사기번조를 계
속할 수 없게 될 실정이었다.

　이와 같은 실정 하에서 분원을 교통이 편리한 곳에 고정해두고
반대로 번목을 분원으로 운반하여 사용하고, 시장 내의 화전민들에
게서 稅를 거두어 번목 조달에 이용하자는 分院固定論이 대두되었
던 것이다.

　이러한 분원을 일정한 장소에 고정시키자는 의견은 17세기 후반
경에 대두되었으나 곧 실현되지 못하고 18세기 초에야 교통이 편리
한 慶安川(牛川) 강변으로 옮김으로써 지금의 금사리·분원리 근처
에 고정되었다고 보여진다.

　16세기 초의 광주의 관영사기공장으로 도마리窯址를 들 수 있다.
도마리요지에서는 松·菊·寶相唐草紋·詩文 등이 쓰여진 청화의
전접시, 잔, 호편과 양질의 백자사발, 접시, 전접시, 호, 병, 합, 잔 등
의 다양한 기형이 출토되고 유약과 태토가 정선되며, 정교하게 제작
되었다. 象嵌白瓷, 白胎靑瓷, 象嵌靑瓷片이 발견되며, 이들은 가는
모래받침으로 번조된 굽을 지니며, 대접이나 사발의 경우 口部가 넓
게 외반 되었고 內底에 넓은 圓刻이 깎여 있으며, 器形은 풍부한 양
감을 지니며 당당하고 정제되어 있다. 대접, 사발, 접시의 굽안바닥
에 대칼로 器面과 釉面을 陰刻하여 「天」·「地」·「玄」·「黃」銘이
쓰여 있어 주목된다. 이들의 의미는 명확하지 않으나 한 요지에서
함께 섞여서 출토되고 있어 가마내에 번조되기 전에 구분을 위해
監造된 기호로 보인다.

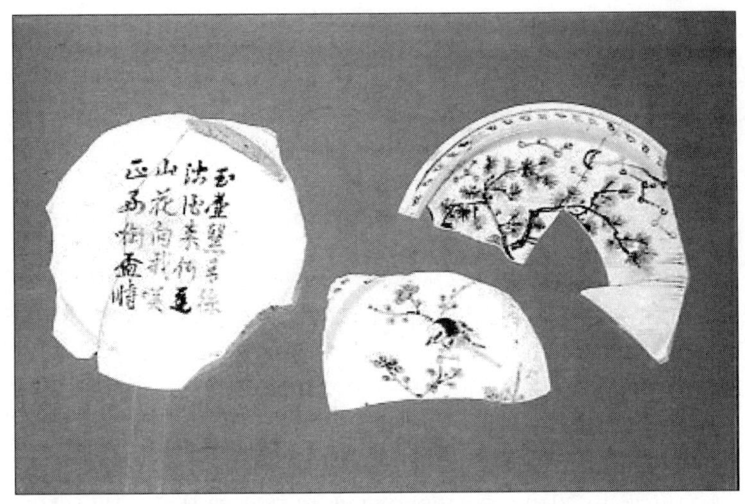

〈도판 6〉 광주 도마리 요지 출토 청화백자편들, 조선 16세기 초,
국립중앙박물관 소장.

〈도판 7〉 白瓷沙鉢, 조선 16세기 전반, 높이 11.2cm, 입지름 21.0cm,
호림박물관 소장.

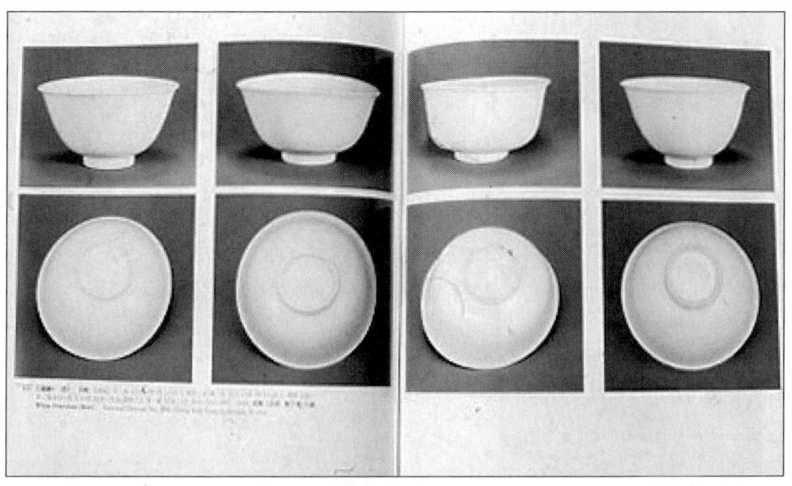

〈도판 8〉「天」·「地」·「玄」·「黃」銘이 있는 白瓷沙鉢, 조선 16세기 전반,
높이 12.0cm, 입지름 21.0cm, 서울 정갑봉 소장.

 1486년 편찬된 『東國與地勝覽』의 廣州牧條에 '광주에 사옹원의
관리가 매년 畵員을 데리고 가 御器를 제작하였다.'는 기록과 1500
년경의 기록인 성현의 『용재총화』에는 '매년 사옹원 관원이 左右邊
으로 나뉘어 각기 書史를 인솔하고 봄부터 가을까지 사기를 감조하
여 어부에 수납하여 그 공로에 따라 하사품을 내리기도 한다.'라고
하여 「天」·「地」·「玄」·「黃」銘이 御府인 「天字庫」·「地字庫」·
「玄字庫」·「黃字庫」用에 수납되기 위해 구분된 명문으로 추정된다.
 도마리요지에서는 白瓷陶片 중에 「乙丑八月」銘이 있어 1505년
전후의 10여 년간의 가마로 추정되고 있다. 아울러 기벽이 얇고 투
명한 유에 蓮花唐草紋이 시문된 청화백자편이 출토되고 있으며 이
들의 굽은 안으로 숙여지고 釉를 깎아낸 자국이 있어 조선백자와는
다르며 대체로 中國産으로 正德연간의 靑畵白瓷로 추정되고 있다.

〈도판 9〉 광주 우산리 요지 출토 자기편들, 조선 16세기 전반,
이화여대박물관 소장.

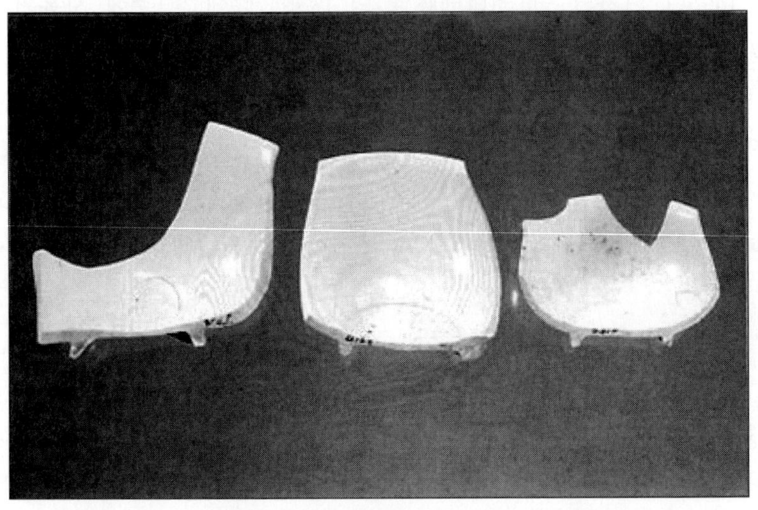

〈도판 10〉 광주 우산리 요지 출토 백자사발편들, 조선 16세기 전반,
이화여대박물관 소장.

    도마리요를 이어 관영사기공장으로서 분원은 광주의 무갑리와 학동리, 열미리요를 거쳐 우산리 9호, 번천리 9호로 이동해 간 것으로 보인다.

    16세기 전반경의 白瓷編年資料로는 1501년의 仁壽大君白瓷태항아리(內, 外缸)와 王女輻合白瓷태항아리(外缸), 1505년의 貞壽阿只白瓷태항아리(內, 外缸), 1508년의 白瓷靑畵淑儀文氏墓誌, 1512년 仁宗大王白瓷태항아리(內, 外缸), 1516년의 白瓷陰刻李瀨墓誌와 明器들, 1523년의 懿惠公主白瓷태항아리(內, 外缸), 1527년 白瓷陰刻丁壽崗墓誌, 1528년의 白瓷崇壽阿只氏태항아리(內, 外缸), 1530년 德興大院君白瓷태항아리(內, 外缸), 1532년의 白瓷陰刻崔世忠墓誌, 1538년 明宗大王白瓷태항아리(內, 外缸), 白瓷陰刻朴成樑墓誌, 1549년 白瓷陰刻丁玉亭墓誌, 1553년의 白瓷陰刻閔季會墓誌 등의 白瓷태항아리와 明器, 墓誌의 자료들이 남아 있다.

    1501년·1505년·1508년의 백자태항아리와 白瓷靑畵誌石은 도마리요지 출토의 백자와 청화백자편과 비교되며 서로 비슷하다. 1512년·1528년·1530년·1538년의 백자태항아리(내, 외항)는 풍만한 몸체와 밝은 白瓷釉色으로 가장 뛰어난 백자의 모습을 보여주고 있어 주목되었다. 1516년·1527년·1532년·1549년·1553년의 白瓷陰刻墓誌들과 明器, 역시 이 시기가 靑畵나 鐵畵의 안료 없이, 백자에 음각된 음각백자의 誌石들이 주로 제작되었음을 보여주고 있다.

    1510년대·1520년대·1530년대의 분원의 요지로서 비견되는 것은 광주 무갑리 2호·13호·17와 학동리 14호·15호, 그리고 열미리 5호요지로 추정되고 있다. 이들 窯址에서는 「天」·「地」·「玄」·「黃」銘과 함께 양질의 白瓷·靑畵白瓷·象嵌白瓷·白胎靑瓷의 사발·대접·호·병·전접시편이 출토되며, 백자는 釉藥과 胎土가 정선되고 정교하게 제작되어 광주일대에서 가장 우수한 백자를 만들었던 곳임을 알려주고 있다.

이 시기의 백자태항아리들이 1512년 · 1528년 · 1538년경의 백자의 모습을 그대로 보여주고 있어 이를 뒷받침해 주고 있다 하겠다. 분원의 가마도 퇴촌면 중심에서 초월면으로 중심이 옮기고 있음을 보여준다 하겠다.

우산리 9호요지는 1992년 이화여대박물관에서 발굴 조사하여 모두 3기의 窯와 퇴적층을 확인하였다. 출토유물은 양질의 백자와 청화백자편, 백태청자의 호 · 사발 · 전접시 · 잔 · 병 · 합 · 장군 · 편병 · 제기 등과 함께 청화의 雲龍紋이 그려진 호편과 「天」 · 「地」 · 「玄」 · 「黃」銘과 壬寅銘의 白瓷陰刻墓誌片이 발견되었다. 이들은 1552년 중심의 번천리 9호요지 출토 백자편과 비슷하며 무갑리 2호요지 계열로 음각백자요지편이 발견되었다. 현존하는 백자음각의 예들은 1516년 · 1527년 · 1532년 · 1549년 · 1553년 · 1559년의 예로 1510년대에서 1550년대에 집중적으로 남아 있어 임인명음각백자묘지가 16세기 전반의 1542년경임을 알려주고 있다 하겠다. 또한 白瓷陰刻墓誌片에 보이는 壬寅七月은 中宗37년 梁誠之의 손인 梁淵이 죽어 왕이 3일간 애도하고 있으며, 그의 무덤이 광주에 있어 神道碑가 있다고 전하고 있다.

광주 번천리 9호요지는 1998~1999년 이화여자대학교박물관에 의해 발굴 조사되었다. 조사결과 가마의 확인과 함께 많은 양의 백자편이 수습되었다. 양질의 백자편에 「天」 · 「地」 · 「玄」 · 「黃」銘이 음각되어 있으며, 백태청자와 청화백자편이 함께 출토되었다. 백자음각묘지편이 발견되었는데 嘉靖31년(1552) 白瓷誌石으로 번천리 9호요지가 1552년을 중심으로 하는 가마였음을 알려주었다. 특히 白瓷靑畵龜甲天馬紋뚜껑편은 국내에서 처음 발견된 것으로 주목되었으며 양질의 백자전접시·잔·호·발·접시편 등 다양하게 출토되었다. 「天」·「地」·「玄」·「黃」銘이 음각된 양질의 백자의 제작시기에 관하여는 이미 15세기에만 제작되었다는 견해가 있어 왔으나 현존하는 백자태항아리와 誌石, 明器들과 광주 도마리요(1505년 중심의 16세기 초)와 우산리 9호요(壬寅銘으로 1542년 전후의 시기), 번천리 9호요(嘉靖31년, 1552년 명문의 출토로 1552년 전후의 시기)로 보아 광주에 분원이 성립되고 1467년 이후부터 1550년대까지의 80여 년간의 제작시기로 추정된다.

광주의 가마는 1470년대의 관음리 21호요에서 귀여리 11호, 오전리 2호요로 시작되어 16세기 전반에는 도마리 1호요, 무갑리 2호·3호요, 학동리 14호·15호요, 열미리 5호요를 거쳐 우산리 9호요, 번천리 9호요로 이동되었음을 알 수 있었다. 이들 가마에서는 광주일대에서 뛰어난 양질의 백자를 비롯하여 靑畵白瓷·陰刻白瓷·白胎靑瓷·象嵌靑瓷·象嵌白瓷의 다양한 형태가 제작되었으며 가는 모래받침의 정교한 백자가 갑발에 의해 제작되었음을 보여주고 있었다.

아울러 종래 15세기 후반경으로 추정되었던 수많은 양질의 백자와 청화백자·백태청자 등이 16세기 전반에 제작되었음을 알 수 있어 현존하는 수많은 작품들의 시기 조정이 필요함을 보여준다 하겠다.

현존하는 白瓷靑畵梅鳥竹紋壺와 白瓷靑畵時銘전접시, 白瓷靑畵「忘憂臺」銘草蟲紋전접시, 白瓷靑畵草花紋壺, 白瓷靑畵松梅紋硯滴, 白瓷靑畵梅花紋壺, 白瓷靑畵菊唐草紋耳附盞, 白瓷靑畵梅花紋圓形盒, 白瓷靑畵松梅鳥紋壺, 白瓷靑畵梅鳥紋壺 등이 종래의 15세기의 추정에서 16세기 전반경으로 재추정하는 것이 필요하다고 생각된다.

　이들 청화백자의 문양은 더욱 공간을 확대하여 회화적인 세계를 그리고 있으며 16세기 후반에 이를수록 더욱 확대되어가고 있다. 도식화된 문양, 기면을 꽉 채우던 면에서 공간을 확대하여 회화적인 문양으로 바뀌어가며 중국적인 기형에서 조금씩 변모하고 있음을 알 수 있다. 16세기 후반경 광주의 요지로는 대쌍령리 1호요지, 곤지암리 1호·3호요지, 무갑리 11호·12호·15호요지, 관음리 4호·5호·10호·11호요지, 정지리 3호요지 등을 들 수 있다.

〈도판 11〉 白瓷靑畫 「忘憂臺」銘草蟲紋전접시, 조선 16세기 전반, 높이 1.9cm, 입지름 16.0cm, 서울 개인소장.

〈도판 12〉 白瓷靑畵明器들, 조선 16세기 후반, 높이 4.2cm∼7.2cm,
호암미술관 소장.

 이들 요지에서는 공통적으로 「左」·「右」·「別」銘이 출토되어 사발의 경우 胴體는 S字 곡선을 이루고 內底에 넓은 圓刻이 깎여있고 가는 모래받침으로 번조하였다. 대체로 16세기 전반과 비슷하나 釉色이 회백색을 띠는 예가 많아지며 주변요지에서는 비짐돌 받침의 백자보다 모래받침의 수직굽 백자요지가 대부분을 차지해가고 있다.
 靑畵白瓷가 출토되는 窯址는 드물며 대쌍령리 1호에서 선과 樹鳥紋이 그려진 예가 출토되었다. 무갑리 10호에서는 鐵畵의 梅花紋片이, 관음리 11호에서는 철화의 誌石片이 발견되고 있어 점차 철화가 많아지고 있음을 알 수 있다. 함께 출토되는 白胎靑瓷의 유색이 綠色으로 짙어지고 있다. 그리고 1590년대로 추정되는 정지리 요지에서는 주변 요에서 오목굽의 백자가 제작되었고 비짐돌 받침에서 굵은 모래로 고여 받치거나 비짐돌 받침이 작아지는 양상을 보여주고 있다.

  현존하는 16세기 후반의 백자자료로는 1553년의 白瓷鐵畵墓誌, 1556년의 白瓷陰刻具氏墓誌, 1559년의 白瓷陰刻韓紀墓誌, 1563년의 白瓷靑畵尹思翼墓誌, 1565년의 白瓷靑畵許溫妻墓誌, 1568년의 白瓷靑畵俶儀尹氏墓誌, 1569년 白瓷靑畵全城君墓誌와 白瓷壺, 1570년 宣祖大王白瓷태항아리(內缸), 1577년의 白瓷鐵畵宗室女李氏墓誌, 1578년의 白胎鐵畵鄭大年墓誌, 1583년의 白瓷鐵畵甲世霖墓誌, 1586년 白瓷靑畵尙宮金氏墓誌, 1587년 白瓷靑畵廣川君墓誌, 白瓷壺, 明器, 1589년 仁城君白瓷태항아리(內, 外缸), 1591년 白瓷靑畵韓宗冑墓誌 등을 들 수 있다.

  이들 자료와 함께 이 시기의 청화백자, 철화백자, 백자의 작품들을 추정해 보면 白瓷靑畵梅鳥紋壺, 白瓷靑畵梅花紋硯滴, 白瓷靑畵草花紋八角硯滴, 白瓷靑畵草花七寶紋明器一括, 白瓷靑畵「太和盃」銘花形杯, 白瓷靑畵時銘전접시, 白瓷靑畵松下人物紋壺, 白瓷靑畵葡萄紋전접시, 白瓷鐵畵竹紋甁, 白瓷鐵畵彩人物紋明器, 白瓷壺, 白瓷鐵彩壺 등을 들 수 있다.

  16세기 후반경에는 점차 철화백자의 예가 많아지고 있으며, 明器류들로서 男女人物像, 馬, 가마 등의 예와 소형의 壺·甁·盌·香爐·硯滴·주전자·대야 등의 다양한 기형이 발견되고 있다.

  백자의 유색이 회백색이 짙어지고 기벽이 얇아졌으며 청화나 철화백자의 경우 문양의 공간이 확대되어 여백이 있으며 浙派畵風에서 보여 지는 松下人物紋 등과 草花紋, 七寶紋, 葡萄紋 등이 새로이 만들어지고 있다. 「左」·「右」·「別」銘은 주로 백자의 사발, 접시, 합의 굽안바닥에 「左」·「右」銘이 큼직하게 음각으로 쓰여 있다. 「左」·「右」의 의미 역시 명확하지 않으나 成俔의 『慵齋叢話』에 '每歲遺司饔院官分左右邊, 各率書吏 從春至秋監造而輸納于府 錄其功勞而等第之 優者賜物'라고 기록되어 있어 어느 정도 추측해 볼 수 있다.

「左」·「右」는 左·右邊을 가리켰다고 생각된다. 실제 관음리 4호·5호요지에서 '左'銘이 출토되고 개울 건너 반대편 구릉에 있는 10호·11호요지에서는 '右'명이 출토되어 개울(川)을 사이에 두고 左右邊의 의미를 지녔으며 사옹원 관이 함께 데리고 간 서리가 좌우변의 2반으로 나누어 감조했을 때 보이는 銘文으로 해석된다.

「別」銘은 백자의 수요가 생겨 특별히 구워 바쳤다는 別燔의 「別」銘으로 특별히 잔치나 제사 등의 필요로 해서 만든 것으로 보인다.

이러한 「左」·「右」·「別」銘이 출토되는 요지의 제작시기를 16세기 전후반에 걸쳐 이루어졌을 것으로 추정하기도 하나 도마리, 우산리, 번천리요가 16세기 전반경으로 1505년·1542년·1552년경을 중심으로 하여 「天」·「地」·「玄」·「黃」銘이 발견되고 있어 「左」·「右」·「別」銘은 1550년대 말에서 1590년대 40년간 사용, 제작되었다고 보여 진다. 17세기에 들어서서는 「干支」銘이 출현하여 「干支左」·「干支右」·「干支別」銘으로 기록되어 정지리요를 이어 탄벌리, 학동리, 상림리, 선동리, 송정리, 유수리, 신대리, 지월리요로 이어져 분원의 운영이 계속되어 간다.

참고 문헌

° 鄭良謨, 「司饔院과 分院」, 『韓國의 陶磁器』, 文藝出版社, 1991. pp.479~489.
° 李相起, 『朝鮮前期의 靑畵白瓷』, 弘益大學校 大學院論文, 1984.
° 尹龍二, 「朝鮮時代 分院의 成立과 變遷 硏究」, 『韓國陶瓷史硏究』, 문예출판사, 1993.
° 호암미술관, 『朝鮮白磁展』 Ⅱ, 三省美術文化財團, 1985.
° 國立中央博物館, 『廣州郡 道馬里 白瓷窯址 發掘調査 報告書』－道馬里1號窯址－, 1995.
° 梨花女大博物館·韓國道路公社, 『廣州朝鮮白磁窯址 發掘調査 報告書』－樊川里5號, 仙東里2·3號－, 1986.
° 梨花女大博物館, 『朝鮮白磁窯址 發掘調査 報告展』, 1993.
° 韓國精神文化硏究院, 『韓國白磁窯址』, 1986.
° 國立中央博物館·京畿道博物館, 『京畿道 廣州中央官窯』, 1998·2000.
° 國立文化財硏究所, 『西三陵胎室』, 1999.

高麗茶碗의 歷史的 觀點

赤沼多佳

茶道資料館 學藝部長

高麗茶碗이라는 것은 한반도에서 구워져 일본에서는 찻잔으로 이용되어져 왔던 茶碗의 총칭이다. 그 대부분은 朝鮮王朝時代에 구워진 것으로 高麗時代에까지 거슬러 올라가는 작품은 보이지 않는다. 그러나 일본에서는 예부터 한반도에서 전해진 문화 문물을「高麗」라는 문자로서 표현하는 습관이 있었으며, 中國製의 차도구를 唐物이라고 부르는 바와 같이 高麗茶碗이라는 이름이 사용되어 왔던 것이다.

高麗茶碗이라는 명칭이 茶會記 등, 차와 관련된 문헌자료에 처음으로 보이는 것은 天文6年(1537)으로『마츠야카이키(松屋會記)』에 기재되어 있는 쥬시야소우고(十四屋宗伍)의 會에 등장한다. 茶會記라는 것은 날마다의 茶會에 사용되어 온 茶道具를 기록한 다도의 일기로, 차 관련 미술 연구에 관련하는 사람들에게는 16세기 다도의 모습과 미술을 파악하기 위해서 없어서는 안 될 자료로서 중시되고 있다. 참고로 茶會記중에서도 가장 빠른 것이『松屋會記』로 天文２年(1533)부터 시작된다.

高麗茶碗이 처음으로 보여지는 天文年間은 15세기 말엽부터 싹

트기 시작한 와비노차풍(侘の茶風)이 점차적으로 형태를 갖추기 시작한 무렵인데, 당시의 현실적인 면에서는 중국제의 茶道具를 많이 이용하고 있던 시대로 茶會記에 기재되어 있는 高麗茶碗은 그렇게 많지는 않다. 다음으로 永祿年間(1558~1569) 무렵에는 확실하게 다도가 폭넓게 유행하여 茶會記에 기재된 茶會의 횟수도 증가하고 있으며, 高麗茶碗의 기재도 꽤 증가하고 있지만, 역시 주종의 茶碗은 唐物이었다. 이러한 시대에 이용되어진 高麗茶碗이 어떠한 것이었는가 구체적으로 파악할 수는 없지만, 『天王寺屋會記』의 永祿 8 年 6月 22日의 會에 「みしま茶埦」이라는 기록이 보이고 있다. 아마도 이 茶碗은 미시마차왕(三島茶碗)이라고 추측되는데, 茶會記에 처음으로 보여지는 高麗茶碗의 한 종류의 명칭이다. 그 외 기록은 대부분 高麗茶碗이라고 되어 있으며, 극히 적은 부분이지만, 「平カウライ茶碗」「少キカウライ茶碗」「色アカキ高ライ茶ワン」 등으로 기록되어 있으며, 茶碗의 형태 등을 파악할 수 있는 정도이다. 더욱이 이 시대에 고이차(濃茶)는 天目 등의 唐物茶碗이 주종이었으며, 濃茶에 이어서 우수차(薄茶)에는 高麗茶碗에 사용되어지고 있던 모습을 볼 수 있다. 이러한 상황은 어느 정도는 계속되고 있었으며, 高麗茶碗이 적극적으로 선호되어져 유행하는 것은 모모야마(桃山)시대의 天正年間(1573~1591) 초엽 경부터이다.

그런데 이미 하카다(博多) 유적 등에서 볼 수 있는 바와 같이 한반도의 도자기는 12·13세기 경부터 일본으로 전해지고 있었으며, 그 후 이러한 상황은 조선왕조시대에도 계속되고 있었다. 이러한 경위로 전래된 각종의 조선왕조의 도자가 畿內에 유입되었으며, 그 가운데에서 碗類가 다도에 적합한 茶碗으로서 선택되어진 것이다. 그러나 전래시기와 선택되어진 시기가 반드시 일치하지 않으며, 당연한 것이지만, 高麗茶碗이 가지고 있는 風情과도 일치하는 茶風이 유행되기까지를 기다리지 않으면 안되었다. 高麗茶碗을 선호하는 茶風은 말할 것도 없이 와비노차풍(侘の茶風)이며, 그 전조가 보여지는 시기가 앞에서도 언급한 天文6年 경이었을 것이다.

일찍이 高麗茶碗에 대한 연구는 伝世品을 대상으로 한 방법에 한정되어져 있었는데, 1980년대 후반부터 고고학적 조사가 추가로 실시되어지면서 일본 유적출토의 자료가 커다란 연구의 진척을 보았다. 그 계기가 된 것은 후쿠이현(福井縣)의 一條谷 朝倉氏유적으로부터 꽤 많은 양의 高麗茶碗이 출토되고 나서부터이다. 이 유적은 天正元年(1573), 織田信長 군에 의해 하루 밤 사이에 함락된 곳으로 그 때문에 출토자료는 방대한 것인데, 그 중에는 한반도의 도자기도 꽤 많이 포함되어 있다. 약간의 高麗靑磁도 있는데, 주로 15～16세기의 粉靑沙器類이며, 더욱이 이도(井戶)와 토도아(斗々屋), 소바(蕎麥), 카타데(堅手) 등의 高麗茶碗片도 다수 출토되고 있다. 즉 이러한 종류의 高麗茶碗은 늦어도 1573년에는 전래되고 있었다는 것이 실증되고 있다. 또한 이 유적이 학계에 보고됨에 따라 지금까지 거의 방치되고 있던 각지의 유적에서 출토된 한반도 도자가 새롭게 인식되어져 알려지게 되었다. 시가(滋賀), 교토(京都), 오사카(大阪), 사카이(堺) 등에서 각기의 유적 연대에 부합되는 각종의 高麗茶碗이 출토되고 있으며, 高麗茶碗의 연구에 커다란 역할을 다하고 있다. 게다가 같은 무렵, 한국에서는 民窯의 조사가 실시되어졌고, 근년에는 高麗茶碗이 구워졌던 古窯趾의 발굴조사도 실시되고 있어 금후 高麗茶碗의 연구는 더 더욱 발전할 것이라고 생각된다.

다시 茶會記로 되돌아가서 살펴보도록 하겠다. 모모야마(桃山) 시대의 天正年間이 되면 茶會記에 기록된 高麗茶碗은 급증한다. 그 중에서도 天正7～8年(1579～1580)에는 唐物茶碗과 高麗茶碗으로 이분

되는 상황이 되지만, 어떠한 高麗茶碗이었는지는 알 수가 없다. 이러한 가운데 天正2年(1574)부터 수년간 코유미차왕(こゆミ茶碗)이라는 기록이 보이고 있다. 코유미차왕이라는 茶碗 소장자가 각기 틀린 곳에서 종류의 명칭을 파악하여, 현 단계에서는 미시마(三島)의 코유미데차왕(曆手茶碗)이 아닌가라고 추측하고 있다. 또한 중요한 茶會記의 하나인 『天王寺屋會記』의 天正5年(1577), 야부노우치 소와(藪內宗和)會에 「井戶茶碗」이 기록되고 있으며, 이후 天正年間을 통하여 몇 번인가의 井戶茶碗의 기록이 보이고 있다. 참고로 井戶茶碗을 소장한 인물을 茶會記로부터 발췌해 본다면, 藪內宗和以外에 藪內道和, 道叱, 宗訥, 天王寺宗云, 千利休, 津田宗及, 豊臣秀吉 등이 있다. 또한 天正18年, 『天王寺屋會記』의 石田三成의 會에는 키야우켄노하카마노 茶椀(きやうけんのはかま丿茶椀)이라는 茶碗이 사용되고 있으며, 이 茶碗은 명확히 象嵌靑磁의 流에 속하는 쿄겐하카마茶碗(狂言袴茶碗)일 것이다.

『松屋會記』의 天正14年(1586) 10月 13日에 소에키가타노차왕(宗易形丿茶ワン)이라는 기록이 보이고 있다. 이 시점을 기준으로 茶會記 속에서 茶碗의 양상이 일변한다. 唐物茶碗이 거의 사용되지 않게 되었으며, 다도의 茶碗은 高麗茶碗과 와모노차왕(和物茶碗), 즉 일본의 茶碗이 주류를 이루게 된 것이다. 이러한 茶會記의 기록과 일치하여 天正16年(1588) 센노리큐(千利休)의 다도의 高弟였던 야마노우에 소우지(山上宗二)가 저술한 『山上宗二記』에도 "惣テ茶碗ハ唐茶盌スタリ 当世は高麗茶盌 今燒丿茶盌迄也 形サヘ能候ヘハ數奇道具也"라고 당시의 상황이 기록되어 있다. 다시 말하면 이 무렵 중국제 茶碗은 버려지고 있었으며, 당시 주된 茶碗은 高麗茶碗과 일본에서 구워진 이마야키 차왕(今燒茶碗)으로 다른 도구와 함께 茶室 안에서 잘·어울릴 수 있는 와비차(侘茶)의 茶碗이라는 것이다. 이 경우

의 今燒茶碗이라는 것은 리큐(利休)의 創意를 이어받아 교토(京都)의 陶工 長次郎이 만든 樂茶碗이다. 그러나 天正年間 후반의 後半和物茶碗이라는 것은 그렇게 커다란 발전을 이루지 못한 시기로 오히려 一碗마다 만들어진 것이 틀린 개성적인 高麗茶碗은 당시의 茶人들의 마음을 사로잡아 커다란 인기를 얻었다고 생각한다.

一條谷 朝倉氏 유적으로부터 출토된 미시마(三島), 하케메(刷毛目), 井戸, 斗々屋, 蕎麥 등의 高麗茶碗은 모두 무로마치(室町) 시대에 전래되고 있었다는 것은 앞에서도 언급한 것이지만, 天正年間에 高麗茶碗이 유행한 상황을 기준으로 아마도 모모야마(桃山) 시기에도 전래되고 있었다고 상상하는 것은 어렵지 않다. 또한 극히 감상적인 견해이기는 하지만, 일본에 전래된 高麗茶碗의 만들어짐을 보면, 井戸와 斗々屋, 蕎麥와는 시대차가 느껴지는 高麗茶碗이다. 예를 들면, 고키(吳器)와 코모가이(熊川) 등은 조선왕조 도자사의 형식편년 속에서도 16세기 말, 또는 17세기 초엽이라고 말해지고 있다. 더욱이 堅手에 이르러서는 명확하게 16세기부터 17세기까지의 것이 전래되고 있다. 아마도 금후 天正年間 후기의 꽤 많은 高麗茶碗이 전래되었을 가능성을 생각하지 않으면 안될 것이다. 또한 임진왜란 때에 西國大名들이 가지고 간 茶碗이 있었을 것이라는 추측도 할 수 있다. 예를 들면, 『松屋會記』의 慶長4年(1599) 6月에 후루타 오리베(古田織部)와 코보리 사쿠스케(小堀作介)가 각기 「今高ライ茶ワン」을 이용하고 있다. 이마코라이차왕(今高麗茶碗)이라는 것은 古作의 高麗茶碗과는 분명히 다른 표현으로 리큐(利休) 사후 慶長年間에 전래된 茶碗이라고 추측할 수 있다.

伝世品 속에서도 天正年間에 賞翫된 것이라고 볼 수 없는 茶碗이 있다. 예를 들면, 古田織部가 소장한 것으로 전해지는 와리코다이차왕(割高台茶碗)은 원래 제기로서 만들어진 것으로 그 異形의 형태는

마치 慶長 시기의 다도에서 선호된 것과 일치한다. 더욱이 刷毛目茶碗에 아미가사(編笠)라고 불리어지는 일그러진 茶碗(ゆがみ茶碗)이 있는데, 이러한 종류의 茶碗도 역시 天正 시기 이후에 전래된 것이라고 추측된다. 이렇게 이형의 高麗茶碗이 받아들여진 요인으로서 리큐(利休) 사후에 茶風이 변화된 것에 기인한다고 만은 할 수 없는 이유가 있다. 그 요인의 하나가 外國船의 내항에 의해 수입되어진 새로운 異文化가 일본문화에 영향을 주었고, 다도의 세계에도 이러한 영향이 미쳤다는 이유를 말할 수 있겠다. 아무튼 天正年間에 와비차의 茶碗으로서 유행한 高麗茶碗은 慶長年間에 더욱 폭 넓게 퍼져, 그러한 가운데에서 高麗茶碗을 주문하는 것으로 이행해 간 것이다.

　지금까지 茶會記에 나타나있는 高麗茶碗의 흐름에 대해 논했다. 다음은 어떻게 高麗茶碗이 일본에 전해지고, 세밀한 감상법에 의해 어떻게 종류가 나누어지게 되었는가를 참고 삼아 논하도록 하겠다. 高麗茶碗을 크게 나누면 보고 고르는 茶碗과 주문된 茶碗이 있는데 강호시대 말기에 정리되어, 오늘날까지 귀중한 茶碗으로 전해지고 있는 高麗茶碗의 종류와 명칭은 아래와 같다. (　)의 안은 동종의 가운데 더욱 세분화된 명칭이다.

雲鶴（うんかく）・狂言袴
三島・刷毛目・無地刷毛目
粉引（こひき）
堅手・雨漏堅手（あまもりかたで）
雨漏（あまもり）
井戸（大井戸　靑井戸　小井戸　小貫入（こがんにゅう））

　　井戸脇 （いどわき）

　　蕎麥

　　斗々屋

　　柿の蔕 （かきのへた）

　　玉子手 （たまごで）

　　熊川 （眞熊川　鬼熊川　紫熊川　後熊川）

　　吳器 （眞吳器　大德寺吳器　紅葉吳器　遊擊吳器　錐吳器）

　　割高台

雲鶴・狂言袴

　이 종류의 茶碗은 전부 고려시대의 象嵌靑磁의 기법을 이어받은 것으로 雲鶴은 구름과 학의 象嵌문양이 있기 때문에 붙은 명칭이다. 오래된 작품 중 전해지는 것은 극소수다. 그러나 古雲鶴을 17세기에 부산窯에서 모방한 茶碗, 즉 御本雲鶴이 있는데, 御本의 실태가 알 수 없게 된 시대에는 御本雲鶴이 古雲鶴처럼 취급되었다. 그러나 요즘 들어 가까스로 수정되었다. 狂言袴이라고 하는 명칭은 바깥쪽에 象嵌된 丸文이 쿄겐시(狂言袴)의 하카마(袴, 겉에 입는 아래옷)의 문양에 비슷하다고 하여 붙여진 명칭이다. 이 종류의 茶碗도 근세의 것은 적고 利休에서 호소가와 산사이(細川三齋)에게 선사된 茶碗이 가장 잘 알려져 있다. 드물게 雲鶴文과 丸文이 같이 장식된 茶碗도 있다.

三島・刷毛目・無地刷毛目

　전부 粉靑沙器이지만 三島는 안쪽바닥에 印刻文을 넣은 후에 刷毛로 白化粧을 한 것이다. 刷毛目는 내외측에 白泥를 刷毛塗한 것으로 刷毛目의 濃淡을 음미한다. 또 無地刷毛目란 刷毛目와 거의 같은 방법이지만 刷毛를 사용하지 않고 白化粧을 사용한 茶碗이다.

粉引

역시 粉青沙器에 속하는 것이지만 유약의 투명도가 높기 때문인
지 선명한 백색으로 구어져, 그 모양이 粉이 흘러내린 것처럼 보이
기 때문에 粉引라고 부른다.

堅手 · 雨漏堅手

白磁의 딱딱한 질감은 다도의 세계에서는 그다지 호평을 얻었던
것은 아니었던 것으로 보이는데, 중국의 白磁도 다도의 도구로서는
그다지 사용되지 않았다. 그러나 高麗茶碗의 경우는 지방窯에서 부
드럽게 구어진 것 등은 깊은 맛이 있다는 이유로 茶碗으로 호평을
얻었다. 堅手라는 명칭은 다른 茶碗에 비해서 딱딱하다는 의미이고,
또한 堅手 중에서 긴 시간에 걸쳐 우러나온 것을 보다 운치 있는 것
으로 雨漏堅手라 불러 음미해왔다.

雨漏

雨漏堅手와 똑같이 오랜 시간동안 전래되어 오는 가운데 우러나,
景色이 된 것이지만 이 종의 茶碗은 陶胎이다.

井戸

井戸茶碗은 만드는 방법에 따라서 오오이도(大井戸), 아오이도(靑
井戸), 小井戸(코이도), 코간뉴(小貫入)라고 분류된다. 大井戸는 안쪽
바닥이 깊고, 커다란 茶碗으로, 名物이 많은 이유로 메이부츠데(名
物手)라고도 한다. 靑井戸는 거의 허리가 없는 나팔꽃형의 모습이
특색으로, 유액색깔이 청색을 띤 것이 있기 때문에 불려진 명칭이라

고 생각된다. 게다가 大井戶, 靑井戶 이외의 井戶茶碗을 小井戶라고 부르는 것에서 器形은 가지각색이다. 또한 小井戶 가운데 유약칠이 엷기 때문에 貫入이 특히 세밀한 茶碗을 小貫入라고 부른다. 이러한 茶碗은 같은 窯에서 구어진 것으로 燒器形의 차이는 용도의 차이라고 생각되어진다.

井戶脇

井戶茶碗과 비슷한 釉調라는 점에서 井戶脇라고 불리우는데, 胎土와 釉質은 분명히 井戶와는 다르다. 井戶茶碗에 비하면, 素地와 유약이 다 엷다.

蕎麥

명칭의 유래는 불분명하지만, 釉質은 井戶에 가깝고, 또한 器形은 斗々屋와 비슷한 점이 있다. 얕게 열린 器形으로, 胴裾에 독특한 부풀림이 있다. 이 종의 茶碗은 窯 가운데서 유약색깔이 푸른빛과 붉은빛으로 변화한 것이 있는데, 각별히 景色으로서 포형을 얻고 있다.

斗々屋

斗々屋는 魚屋라고도 표기하는데, 명칭의 유래는 불분명하지만, 이미 江戶시대 초기부터 사용된 명칭이다. 見込み가 깊은 本手斗々屋와 얕은 平斗々屋가 있는데, 本手斗々屋의 경우, 만드는 방법이 다양하고, 胎土와 釉質도 한 가지가 아니다. 일반적으로 薄作으로 유약은 窯変하기 쉽고, 그 景色이 호평을 받는다. 안쪽바닥에 남는 目跡에 특색이 있고, 다른 高麗茶碗에 비해서 작고 수도 많다.

柿の蔕

高麗茶碗 가운데서는 만드는 방법이 특이한데, 바깥 면에 칠해진 釉은 마치 南蛮의 것처럼 보이는 운치가 있다. 그러나 안쪽바닥에는 황갈색의 유약이 두껍게 칠해져 景色도 된다. 또한 허리를 높게 한 독특한 모양으로, 명칭의 유래는 이 모양에 의한 것이라고 한다.

玉子手

유약이 매끈매끈하고 마치 계란 껍질과 같은 질감으로 인한 명칭이라고 불려진다. 이 종의 茶碗은 高麗茶碗에는 보기 드물게, 高台 주변이 유약을 바르지 않은 부분으로 되어있고, 철분이 많은 흑갈색의 胎土가 보인다. 근세에 만들어진 것은 아주 극소수다.

熊川

熊川란 원래 한국 경상남도의 지명인데, 이것이 茶碗의 명칭이 된 유래는 불분명하다. 근세에 만들어진 것은 꽤 많고 기법에 따라서 명칭이 분류되는데, 그 중에서도 대범하고 약간 큰 마고모가이(眞熊川)라고 불려져, 조금 적게 만드는데 변화가 있는 것이 오니코모가이(鬼熊川), 더욱이 딱딱하게 구어진 것은 시대가 오래된 것으로 노치코모가이(後熊川)라고 불려진다. 後熊川를 제외하고 이 종의 茶碗도 高台부분은 유약을 바르지 않은 부분이 된다.

吳器

五器라고도 쓰는데, 그 의미는 분명하지 않다. 이 종의 茶碗은 高麗茶碗의 가운데서도 더욱 더 기법에 변화가 있고, 燒造연대에도 폭이 있는 것으로 생각된다. 이 종의 茶碗에는 명확히 祭器로서 만들어진 異形이 많고 또한 부산에 가까운 街道 주위의 窯에서 구어진

것으로 古作의 茶碗은 별도로 하면, 임진왜란 때 가지고 돌아간 것
이 포함되어 있다고 생각된다.

割高台

高麗茶碗 가운데서 아주 특이한 기법의 茶碗이다. 명확히 祭器로
서 만들어진 것으로 원래 口端에 붙어있던 돌기를 없애고 茶碗으로
만들었다. 근세에 만들어진 것은 불과 몇 점 알려져 있을 뿐이다.

임란 이후 조선도자
― 대일 관계를 중심으로 ―

방 병 선

고려대학교 고고미술사학과 교수

I. 서 론

임진왜란과 정유왜란은 동아시아 삼국의 정치, 경제, 문화에 심대한 영향을 끼쳤다. 도자 분야의 경우도 전쟁으로 인해 많은 가마터의 파괴와 인적 손실이 뒤따랐다. 주로 큐슈 지역에서 파견된 무장들에 의해 피랍된 여러 장인들은 일본 도자의 새로운 주역이 되었지만 조선의 입장에서는 손실임에 틀림없었다. 더구나 얼마 안 있어 병자호란까지 겪게 되면서 조선은 이들 전란의 후유증을 극복하는데 엄청난 노력과 시간을 필요로 하게 되었다.

이런 가운데 일본이 和親을 청하고 조선으로서도 일본으로 납치된 조선인들의 刷還이라는 현실적인 문제를 해결하기 위해 광해군 1년(1609)에 일본과 다시 국교를 재개하게 되었다. 도자 무역도 재개되어 일본은 倭館을 통해 조선에 다량의 사기번조를 요청해왔다. 이에 조선은 시종 시혜적 입장으로 이에 응했으나 숙종 말기 여러 사정으로 일본과의 무역은 단절되었다.

이후 조선은 숙종이래 진행된 관요 체제정비를 바탕으로 18세기 영·정조기에 접어들면 중국의 명청대 도자 양식을 수용하고 조선 고유 양식과 왜래 양식을 적절히 소화해 내면서 다양한 그릇을 선보이게 되었다. 특히 정조 이후 북학파를 중심으로 일본의 공예전통과 그릇에 대해서도 현실적으로 인식하게 되는 새로운 상황을 맞이하게 되었다.

본 발표에서는 임란 이후 조선과 일본과의 관계를 조선도자의 흐름을 중심으로 일본과의 도자 교역과 일본 도자에 대한 인식 등을 17세기와 18세기로 나누어 살펴보고자 한다. 먼저 17세기는 각종 기록을 중심으로 조선 관요의 정비와 도자 양식 등에 대해 개관하면서 일본이 조선에 요청했던 다완 번조와 이에 조선이 어떻게 대응했는지 알아보고자 한다.

다음 18세기에는 체제 정비를 바탕으로 활짝 꽃을 피운 영·정조기의 다양한 양식을 살펴보고 정조 이후 북학파의 기록을 중심으로 변화된 일본도자에 대한 인식을 고찰함으로써 양국의 관계를 보다 객관적으로 검토해 볼 것이다.

참고적으로 본 발표에서는 조선도자의 양식 변천 등에 관한 세세한 부분은 다루지 않았다. 또한 조선도자에서도 가능한 한 일본과의 관계를 염두에 두고 서술하였으므로 일부 누락된 부분도 있음을 미리 밝히는 바이다.

Ⅱ. 제도정비와 사기번조요청

1. 관요 정비

임진왜란과 병자호란을 겪으면서 조선은 각 부분에 걸쳐 엄청난 변화를 맞이하게 되었다. 도자 부분도 예외는 아니어서 많은 가마터가 파괴되고 국가재정의 고갈로 분원경영이 순탄치 않았으며 경제적 어려움과 중국과의 불편한 관계로 안료의 수입이 곤란하여 靑畵白磁의 생산은 중단되었다. 그런 와중에서도 인조 이후 이러한 시련을 극복하기 위한 분원제도의 정비가 시행되면서 조선백자는 새로운 모습으로 탈바꿈하게 되었다.

1) 仁祖~顯宗 : 1623~1674

인조대(1623~1649)는 조선도자에 있어 많은 인적·물적 손실을 감수했던 시기였다. 임진왜란의 피해가 광해군 시기(1608~1622)에 약간 회복되는가 하더니 정묘호란과 병자호란으로 백자제작의 기술적 제반 요소는 일대 타격을 받았고 이에 조선도자의 생산체제가 잠시 퇴행하게 되었다.

이를 반영하듯 병자호란 직후인 인조 15년(1637)과 인조 24년(1646)의 司饔院 草記에 의하면 번조 중지의 기록이 있어 분원이 어기번조라는 소임을 다하지 못하는 경우가 생길 정도로 심각한 상황이었음을 알 수 있다.[1] 또한 인조 3년(1625)에[2] 이어 인조 16년

---

1)『承政院日記』58冊, 仁祖 15年 閏4月 11日條 ; 同 93冊, 仁祖 24年 1月 11日條.
2)『承政院日記』67冊, 仁祖 3年 2月 14日條.

(1638)년에는 大禮에 사용되는 청화백자 畵龍樽을 구하지 못하여 仮畵로 대신할 정도였다.[3]

한편 광주 사옹원 분원이 있던 가마터에서 발견되는 자료들을 보아도 전반적으로 원료수급과 정선이 불완전한 탓인지 일부 匣燔의 고급품을 제외하고는 색상은 순백보다는 약간 灰白색을 띤 것이 전대에 비해 증가하였다. 남아 있는 편년 자료의 대부분은 묘지와 태호 및 胎誌, 明器 등 특수한 용도의 것들인데 역시 제작 상태가 좋지 않다. 고급백자의 표상인 청화백자는 극히 일부분만 보일 뿐이고 大殿에서도 백자를 사용하였을 뿐 청화백자에 대한 사용 예는 찾기 힘들다.

이처럼 청화백자의 제작이 이전에 비해 부진했던 것은 전란 이후 아직 분원이 제대로 된 생산체제를 갖추지 못한 내부적 요인과 조선의 빈곤한 재정 탓에 청화에 사용되는 값비싼 안료를 중국으로부터 구하기 어려웠기 때문일 것으로 보인다. 또한 명·청 교체기의 와중에서 명이 멸망하고 청이 들어서자 청을 오랑캐의 나라로 여기던 조선으로서는 사상적으로 이를 인정할 수 없었던 탓에 원활한 무역을 통한 안료의 유입에 지장을 받았을 것이다. 물론 병자호란이 끝난 후 청과의 조공무역이 시작되고 꾸준히 지속되어서 외형적으로는 아무런 문제가 없었다.[4] 그러나 이 중에 도자기는 조공품에 포함되지 않았으며 이후 자유스러운 청 문물의 유입과 수용은 중국의 폐쇄주의와 조선의 北伐論과 對明義理論에 따른 정책 결정이 맞물려 어려움이 지속되었던 것으로 보인다.

---

3) 『承政院日記』 67冊, 仁祖 16年 10月 21日條.
4) 全海宗, 「朝貢關係研究」 『韓中關係史研究』 (일조각, 1970), pp.26～54.

2) 肅宗～景宗 : 1674～1724

양란의 후유증이 점차 가시면서 이를 보다 근본적으로 극복하려는 노력이 각 분야에 걸쳐 진행되었다. 도자의 경우 조선의 지배계층은 점차 분원제도의 정비를 통한 원활한 御器 제작에 눈을 돌리게 되었다. 인력의 경우 분원전속제를 통한 숙달된 장인의 고용을 추구하였고 이를 유지하기 위한 재원의 확보와 원료 및 연료의 원활한 조달, 과학적인 시험과 운반체계를 통한 분원제도의 정비를 실시하게 된 것이었다. 또한 분원이동의 근본원인인 연료 문제 해결을 위해 분원고정론이 대두되면서 점차 시행에 옮겨지게 되었다. 이와 같은 제도정비는 숙종 연간 뿐 아니라 영조대까지 이어지는데 그 대부분은 숙종 때에 기틀이 다져졌다.

먼저 분원 장인에 관해 살펴보면 숙종대 들어 아예 분원 주위에 마을을 형성하는 사실상 분원에 전속된 장인이 존재하게 되었다. 대개 이러한 전속장인이 구체적으로 등장하는 시기는 숙종 후반인 1700년대 전후로 여겨진다.5) 분원장인의 전속은 순번 입역에 따른 불편을 해소하고 고정적인 기술 습득과 유지를 위해 전속장인을 고용하는 것이 더 유리하다고 판단했기 때문에 시행했던 것으로 보인다. 즉 入役制에서 고용제로의 전환을 맞이한 셈으로 당시 대동법의 시행과 군역법의 변화로 등록제로 시행되던 장인 부역도 충분치는 않지만 임금을 받는 종신고용 체제로 전환된 것으로 추정된다. 이로써 관요는 수준 높은 전속장인을 거느리게 된 반면 出役하지 않는 지방장인들은 장포만을 바침으로써 의무를 다하게 되었다.

다음 태토의 수급을 보면 진주·경주·곤양·울산·김해·하

---

5)『承政院日記』370册, 肅宗 23年 閏3月 2日條.

동·서산·충주·양구·원주·이천·여주·廣州·가평·선천·봉산 등 전국의 산지에서 채취되었다.6) 굴취, 운반시에는 郎廳이나 邊首匠人을 파견하여 철저를 기하였으며 試燔을 거쳐 최고의 태토를 선별하였다.7) 굴취 방식도 지역민에게 부역을 가하는 방식에서 이에 대한 폐단이 증가하고 민원이 더하자 숙종 43년(1716)에는 雇軍掘土의 보다 합리적인 방식으로 바뀌게 되었다.8)

한편 분원에서 사용하는 번조용 땔감은 정확한 사용량은 추론하기 어렵지만 대략 십 년 정도 후에는 가마터를 다른 지역으로 옮기지 않으면 안 될 정도였다.9) 원래 분원의 땔감처는 숙종 23년(1697)까지의 기록에는 광주 6개면, 양근 3개면이었으나10) 이후 숙종 34년(1708)에는 양근의 경우 1개면으로 축소 지정하여 수급하였다.11)

그런 가운데 대부분의 시장은 시간이 갈수록 火田으로 변하였고 그나마 계속되는 벌목으로 경종 즉위년(1720)에는 더 이상 땔감을 구할 수 없는 지경에까지 이르게 되었다.12) 위와 같은 연료 시장의 문제점을 타개하기 위해 몇 년 전인 숙종 44년(1718)에 시장 내에서 거둬들이는 家戶米와 火田稅로 우천강변을 지나는 流木을 땔나무로 사도록 하게 하였지만13) 좀더 항구적인 대책이 절실히 요구되는 상황이었다.

그런가하면 숙종 들어서도 광주 관요는 거의 10년에 한 번 꼴로 柴場 내의 수목 번성처로 옮겨 다니게 되었다. 이전의 직접적 원인

---

6)『備邊司謄錄』44冊, 肅宗 16年 10月 28日條.
7)『承政院日記』367冊, 肅宗 22年 9月 6日條.
8)『備邊司謄錄』70冊, 肅宗 43年 12月 27日條.
9)『承政院日記』255冊, 肅宗 2年 8月 1日條.
10)『承政院日記』370冊, 肅宗 23年 閏3月 12日條.
11)『備邊司謄錄』59冊, 肅宗 34年 12月 30日條.
12)『承政院日記』525冊, 景宗 卽位年 8月 5日條.
13)『承政院日記』509冊, 肅宗 44年 8月 19日條.

은 물론 땔감의 확보였다. 그러나 화전으로 시장이 황폐화되어 땔감 처 부근으로 분원을 옮기는 것이 무의미해졌고 차라리 분원을 고정 시키고 땔감을 운반하는 쪽이 합리적인 방안으로 떠오르게 되었다. 또한 분원 전속장인이 커다란 마을을 형성하고 사번 등으로 생산량 이 비대해짐으로써 이전에 드는 물력도 만만치 않았다. 따라서 분원 을 운송이나 제작에 편리한 강변으로 옮겨 고정시키자는 분원고정 론이 대두되는데 이 때가 숙종 23년인 1697년이다.[14]

2. 국교재개와 사기번조요청

임진·정유 왜란 이후 조선은 전후 처리 즉 일본으로 피랍된 조 선인들의 송환과 양국간의 국교 재개를 위해 1607년 回答兼刷還使 를 파견하였다. 이로써 조일 양국은 국교를 재개하고 외부적으로는 정상적인 국교 관계를 수립하였다.

그러나 곧바로 조선은 인조반정과 병자호란 등 국내외의 엄청난 혼돈과 어려움에 봉착하였으며 일본 역시 德川家康이 새로이 정권 을 잡아 에도시대를 개창하는 등 양국은 내부의 새로운 체제정비와 체제 건설로 인해 상호 교섭에 눈을 돌리기에는 여유가 없어 보였 다. 특히 일본보다도 조선의 경우가 더욱 그러하였는데 병자호란은 양대 왜란으로 피폐해진 조선의 경제를 더욱 곤궁하게 만들었으며 도자 부분도 예외는 아니었다.

이후 양국의 정치 상황이 안정되자 조선과 일본은 왜관을 통해 무역을 재개하는데 무역의 주체는 釜山僉使와 東萊府使 그리고 對 馬島主였다. 무역품 중에는 자기도 포함되었는데 이는 전적으로 일

---

14) 『承政院日記』 370冊, 肅宗 23年 閏3月 12日條.

본이 조선에 요청한 것이었다.

일본의 사기번조 요청은 국교가 재개되자마자 시작되어 인조대를 거쳐 숙종대까지 이어지는데 각 왕조 별로 그 성격은 약간씩 다르다. 그럼 관계 문헌을 중심으로 시기 별로 조선과 일본의 사기 무역에 대해 살펴보기로 하자.

1) 光海君~仁祖(1608~1649)

국교 재개 후 조일 무역에서 도자가 제일 처음 등장하는 것은 광해군 3년(1611) 倭館의 동관과 서관을 신축하자마자 였다.[15] 이 때 왜인들이 요청한 것은 "茶器甫兒" 즉 茶碗이었다. 이에 동래부사는 金海의 장인들로 하여금 만들어주도록 계를 올리는데 '이 역시 선진 문물을 하루 빨리 유입하고자 하는 일본의 요청에 대해 관대하게 받아들인 조선의 태도를 보여주는 대목이다.[16]

이후 한 동안 일본의 사기 구청 기록은 보이지 않다가 다시 구청 기록이 나타나는 것은 인조 17년인 1639년으로 병자호란이 끝난 지 3년 후였다. 이전에는 조선으로서도 일본의 요청을 들어주기가 쉽지 않았을 것이고 특히 인조반정과 병자호란 등으로 조선 내의 사정이 여의치 않았기 때문이다. 관련 기록을 살펴보면 당시 일본이 역관 등을 통해 조선에 요청한 것은 역시 "茶碗"이었다. 일본은 頭倭 등이 각종 다완의 見樣을 가지고 와서 장인과 백토, 素木 등을 왜관 안으로 들여와 다완을 제작해 줄 것을 요청하였지만 조선은 晉州와 河東의 장인들을 불러 倭館 밖의 가마에서 제작하도록 하였

---

15) 『邊例集要』卷12, 求貿 辛亥. "三月 府使趙存性時 倭人持書契請陶鑄茶器甫兒瓦器等物 使金海匠人陶給緣由 馳啓"

16) 일본에서 金海로 불리는 백자 다완들은 구연부의 歪曲과 유약의 변색이 심한 것으로 1611년 당시 김해 장인들이 제작했는지는 불확실하다(『世界陶磁全集』19－李朝－ (小學館, 1993), p.269의 <도판 272> 참조.

다.17) 이처럼 일본이 다완을 요청한 것은 당시 에도 등 일본 도회지에서 쉽게 볼 수 있는 중국의 청화백자나 多彩磁器와 다른 색다른 양식의 그릇을 무역품으로 원했기 때문으로 추정된다.

다음 해인 인조 18년(1640)에도 일본은 다완 번조를 요청하였는데 이로 미루어 보면 조선다완은 당시로서는 꽤 인기를 끌었던 것으로 보인다.18) 그러나 조선의 입장에서는 다완 제작에 많은 경제적 부담과 이에 따른 폐단을 감수할 수밖에 없었고 당시 번조된 다완 중에는 "憑公營私"의 성격을 지닌 것도 있었던 듯 하다. 그럼에도 조선은 상당히 시혜적 입장에서 다완 번조 요청을 들어주었던 것으로 보인다.19) 또한 당해 년도에 제대로 요청을 들어주지 못하였던 것은 그 다음해에 번조해 주기로 약속하기도 하였다.20) 이런 약속 때문인지 다음 해 정월부터 왜인들은 다시 사기번조를 청한다.21)

그런데 위의 기록에서는 아직까지 구체적인 인원과 원료 등은 기록되지 않았으나 인조 22년(1644) 기록에는 보다 구체적인 원료와 장인의 수 등이 등장한다.22) 즉 다완 번조에 사용되는 白土와 黃土, 釉藥 원료로 사용되었을 것으로 보이는 藥土가 등장하였고 장인의 수는 5~6명으로 증가되었다. 또한 작업장과 장인들의 숙소도 필요한데다 원료가 산출되는 곳이 호남과 접경인 멀리 떨어진 곳 ─아마 하동으로 추정됨─ 에서 나오므로 물자 운반 등을 고려하여 농한기를 피해 작업을 할 것을 기술하였다.

이후 인조 25년(1647)에도 사기번조를 담당한 燔造差倭가 서계를

---

17) 『倭人求請謄錄』第一册, 己卯八月十六日 ;『邊例集要』卷12, 求貿 己卯 八月.
18) 『倭人求請謄錄』第一册, 庚辰五月十九日.
19) 『倭人求請謄錄』第一册, 庚辰五月二十八日 ; 同 五月三十日.
20) 『倭人求請謄錄』第一册, 庚辰十月十八日.
21) 『邊例集要』卷一, 別差倭 辛巳 正月.
22) 『倭人求請謄錄』第一册, 甲申六月十二日.

가지고 와서 번조를 청하였다.[23)]

　이상 살펴본 것처럼 당시 사기 제작에 필요한 원료 산지 등과 같은 구체적인 것은 알 수 없으나 다완을 요청했지만 왜관 밖에서 번조해 준 사실과 조선의 입장에서 상당히 시혜적으로 대처했음을 알 수 있다.

2) 孝宗~顯宗(1649~1674)

　다음으로 효종과 현종 연간을 살펴보기로 하자. 먼저 효종 1년 (1650)에는 다완과 백토, 장인을 요청하였는데[24)] 이 기록에서는 이전과 달리 倭館 안에서 그릇을 번조해 줄 것을 요청하고 있어서 효종 연간부터는 왜관 안에서 그릇 번조가 이루어졌음을 추정할 수 있다.

　다시 효종 7년(1656) 沙器燔造差倭와 匠人倭가 서계를 가지고 찾아와 번조 요청을 하였다.[25)] 한편 효종 연간의 경우 다완 이외에 鍮器,[26)] 현종 연간에는 螺鈿 등의 주조와 장인에 대한 요청이 있어서[27)] 홍미를 끈다.

　이후 현종 1년(1660)에는 沙器 70立과 甕器를 요청하였다.[28)] 이 기록에서 사기 70立이 구체적으로 어떤 것인지는 알 수 없다. 이에 대해 조선 정부는 이를 허락하고 경상도에서 이를 담당하도록 하였다.[29)] 현종 4년(1663) 정월에도 사기번조를 위해 토목, 장인 등을 왜

---

23) 『邊例集要』卷一, 差倭　丁亥　九月.
24) 『邊例集要』卷十二, 求貿　庚寅　六月.
25) 『邊例集要』卷十二, 求貿　丙申　四月.
26) 『倭人求請謄錄』第一册, 壬辰九月十五日 ; 同　第二册, 甲午三月二十日 ; 第二册, 丙申八月二十六日.
27) 『倭人求請謄錄』第二册, 甲辰閏六月十六日, 十二月二十一日 ; 同　第三 册　乙巳四月二十五日, 庚戌二月二十二日.
28) 『倭人求請謄錄』第二册, 庚子四月二十日.

관 내로 보내달라고 요청하였다.[30] 현종 11년(1670)에는 各色 沙器 土를 경상도에서 찾아주도록 하라는 기록이 있을 뿐 더 이상 자세한 사항은 나타나지 않는다.[31]

그런데 당시 왜관에서는 공식적인 무역 이외에도 人蔘이나 銀 등에 대한 潛商이 행해졌는데 그릇도 마찬가지였다. 즉 조선 장인들에 의한 사기번조와는 별도로 왜관 안에서 조선인들에 의한 磁器 潛商이 행해졌던 것이다.[32] 이는 왜관 안에서의 사기 번조량이 충분치 않다고 여긴 왜인들이 사사로이 그릇을 얻기 위해 潛商을 통해 그릇을 구매했기 때문이다. 이에 대해 조선에서는 이를 엄격히 다스리고 있었다.

현종 14년(1673)에도 燔造頭倭와 工匠倭 등이 匠人과 土木 등을 사기번조를 위해 요청하였다.[33]

이상처럼 효종과 현종 연간에는 사기번조가 이전과 달리 왜관 안에서 이루어졌고 이를 전적으로 담당하는 沙器燔造差倭와 匠人倭가 일본에서 파견되었음을 알 수 있다. 또한 왜관 내에서 磁器潛商이 행해진 것은 주목할 만하다.

3) 肅宗(1674~1720)

숙종 연간 들어서도 일본의 사기번조 요청은 계속되었다. 먼저 숙종 3년(1677)에는 이전에 보이지 않던 사기번조 監役倭가 등장하여 일본측이 보다 적극적으로 구청에 임하였으나 가지고 온 書契에 문제가 있어 이를 되돌리는 일까지 발생한다.[34] 또한 이전에 수비

---

29) 『倭人求請謄錄』第二册, 庚子四月二十三日.
30) 『邊例集要』卷十二, 求貿 癸卯 正月.
31) 『倭人求請謄錄』第三册, 庚戌六月二十九日.
32) 『邊例集要』卷十四, 雜犯 壬子 三月.
33) 『邊例集要』卷十二, 求貿 癸丑 九月.

정제가 제대로 되지 않은 원료를 사용한 탓인지 "精造"를 부탁하고 있어 눈길을 끈다.

특히 서계의 형식에 있어서는 이후 숙종 연간 내내 조선 조정과 대마도주 사이에 잦은 마찰이 발생하고 이를 빌미로 조선이 일본의 구청을 거부하는 사례도 자주 발생한다.

숙종 7년(1681)의 경우 대마도주는 새로운 關白이 많은 그릇을 요구하기 때문에 이에 부응하기 위해 각종 사기번조를 요청한다면서 일본에서 監役倭뿐 아니라 실제 작업을 하는 工匠과 書工, 彫刻을 맡는 각 2인의 왜인 등을 파견하여 실제 작업에 참여하고자 하였다.35) 이에 조선 정부는 소용 白土와 藥土 수를 줄여 각 190石에 장인 2인을 보내주었다.36)

이어 숙종 11년(1685)에는 숙종 7년의 예에 따라 다시 다완 번조를 요청하고 있어서 다완에 대한 수요가 꾸준했음을 알 수 있다.37) 사용 원료는 백토와 약토 각 190석과 제작인원은 2인이었다. 이에 조선 정부는 전례에 따라 원료와 사기장의 定給을 허가하였다. 이처럼 신유년(1681)과 을축년(1685)의 번조 허가는 이후 계속되는 일본의 번조 요청의 準據로 활용되기도 하였다.

2년 후인 숙종 13년(1687) 역시 사기번조용 각색토와 사기장을 요청하는데 이전에 보이지 않던 구체적인 원료의 산지명이 등장하기 시작하였다. 예를 들어 慶州 白土 45석, 晋州 白土 45석, 昆陽 白土 45석, 河東 白土 45석을 비롯해서 金海 赤紺土 90석, 蔚山藥土 90석 등 총 360石을 요청하였고 沙器匠 2인은 梁山과 機張에서 각 1명 씩 왜관 안으로 보내 달라는 내용이었다.38) 이 중 경주와 진주, 하동,

---

34) 『倭人求請謄錄』第五册, 戊午八月二十二日.
35) 『倭人求請謄錄』第五册, 辛酉三月初二日.
36) 『倭人求請謄錄』第五册, 辛酉三月初九日.
37) 『倭人求請謄錄』第五册, 乙丑七月二十七日.

김해, 곤양토는 태토의 원료로 추정되며 울산약토는 유약의 원료로 사용되었을 것으로 보인다.

이처럼 구체적인 지명이 등장하는 것은 당시 관요 정비 과정에서 여러 기록에 나타나는 원료 산지와도 비교된다. 특히 경주와 진주, 곤양, 하동 등은 관요에서 사용하기 위한 질 좋은 백토로 채굴 기록이 심심치않게 보인다.[39] 당시 조선 관요의 정비와 맞물려 왜인들도 보다 질 좋은 그릇을 구워 가기 위해 원료 산지명을 명기하여 요청했던 것으로 보인다. 또한 구청 그릇의 양도 이전에 비해 배에 가까운 엄청난 양이어서 조선의 입장에서 선뜻 들어주기 어려웠던 것으로 보인다.

다음 해인 숙종 14년(1688)에도 경주백토 30석, 김해백토 30석, 곤양백토 30석 등을 요구하고 있어서 전해의 경우와 마찬가지로 구체적인 산지별 백토를 요구하고 있는 것을 알 수 있다.[40] 그러나 조선의 사정이 여의치 않은 탓에 조선은 이를 거절하였다. 다음 해인 숙종 15년(1689) 3월에 재차 감청해 옴에 따라 이를 다시 허락한다.[41]

이후 숙종 16년(1690)에는 江戶 幕府의 청임을 내세우면서 이전 그릇들이 색이 좋지 않고 형태가 이지러진 것이 많음을 이유로 내세워 곤양백토 22석, 하동백토 13석, 진주백토 22석, 김해옹토 15석, 김해감색토 62석, 경주백토 44석, 울산약토 50석 등과 나무의 入給을 요구하자 馳啓를 기다리도록 하였다.[42] 위의 기록에 나타나는 원료만으로 보면 당시 일본이 요구한 그릇들은 단순한 백자가 아닌 백토에 여러 가지 옹기토와 카오링 등을 섞은 것으로 내화도는 높

---

38)『倭人求請謄錄』第五册, 丁卯七月初二日.
39)『備邊司謄錄』44册, 肅宗 16年 10月 28日條.
40)『倭人求請謄錄』第六册, 戊辰十一月初八日.
41)『倭人求請謄錄』第六册, 己巳三月初五日.
42)『倭人求請謄錄』第六册, 庚午五月二十六日.

지만 백색도는 떨어지는 그릇이었을 가능성이 높다. 또한 그릇 번조를 요청하는 대마도주는 갖은 구실로 매해 조선에 사기번조를 꾸준히 요구해 오고 있음도 확인할 수 있다.

다음 2년 후인 숙종 18년(1692) 역시 경주백토 100석, 울산약토 100석, 김해적감토 120석, 하동백토 40석, 진주백토 40석, 김해옹기토 30석, 곤양백토 40석 등 각종 번조토 구청을 해 옴에 따라 이를 허락하고 있다.[43]

이후 1690년대 말에 접어들면서 사실상 왜관 안에서의 사기 번조는 더 이상 활발하게 이루어지지 않게 된다. 더욱이 대마도주가 가져오는 서계의 格을 조선 조정에서 문제삼으면서 이후 기록에는 번조토의 양도 줄어들 뿐 아니라 번조 요청 자체를 들어주는 일이 현저히 줄어든다. 이는 당시 조선이 연속된 흉년과 기아와 전염병 등의 재난으로 어려움을 겪고 있었던 데다 수백 석에 이르는 원료를 왜관 안으로 운송하는 것이 백성들의 고초를 생각할 때 응해주기 어려운 조치로 판단했기 때문으로 여겨진다. 또한 당시 대마도주가 조선 沙器를 개인적인 용도로 사용하기 위해 書契를 僞契로 꾸미기도 하였기에 조선으로서는 굳이 이를 들어줄 이유가 없었다. 이러한 분위기는 숙종 22년(1696) 7월의 기록에 잘 나타난다.[44]

2년 후 숙종 24년(1698) 8월에 다시 사기번조를 요청하자[45] 동월 8월에 정묘년(1687)의 예를 참조하여 마련하도록 조치하였다.[46]

숙종 29년(1703) 역시 사기번조를 요청해 오는데 이를 아예 東萊府使 차원에서 받아들이지 말도록 하고 있다. 1월과 9월 두 차례에 걸쳐 번조 요청을 거절하였고[47] 12월에는 일본의 왕을 황제로 칭하

---

43)『倭人求請謄錄』第六册, 壬申十月初七日.
44)『倭人求請謄錄』第七册, 丙子七月十一日.
45)『倭人求請謄錄』第七册, 戌寅八月初四日.
46)『倭人求請謄錄』第七册, 戌寅八月二十九日.

는 宰臣이라는 표현을 문제삼아 서계의 위격을 내세워 퇴척하다가 서계를 改撰해 오면 추후 허락하겠다고 하였다.[48] 이런 상황인지라 廟堂의 허락을 받지 않고 사기장을 왜관 안으로 초치한 관리와 장인들에 대해 그 죄를 묻기도 하였다.[49]

다음 해인 숙종 30년(1704) 10월에도 差倭가 書契를 改撰하여 가져와 燔造土 入給을 요구하지만[50] 11월에 가서야 이를 허락한다.[51] 이처럼 당시 書契 문제의 해결에는 의외로 많은 시간이 소요되었으며 이는 조선이 대마도주의 사기번조 구청을 거절하는 확실한 구실로 사용되었다. 동시에 陶土運送과 匠人 등에 드는 경제적 부담과 18세기 들어 대마도의 경제력 악화는 점차 다완무역의 종식을 앞당기게 하였다.

숙종 39년(1713) 5월에는 일본 국왕이 卒逝함에 따라 이에 사용할 素器로 磁器와 茶碗을 구하려 하자 무조건 막을 수 없다 하여 묘당에서 품처하도록 조치하였다.[52] 또한 이에 따른 土物石數는 最小로 하고 農歇後 備給할 것을 명하였다.[53] 여기서 흥미있는 것은 제사기명으로 자기와 다완을 구했다는 사실이다. 이는 아무 문양이 없는 조선 순백자의 경우 당시 중국이나 일본에서 흔히 볼 수 없었던 것이어서 조선에 이를 요청했던 것으로 생각된다. 동년 6월에도 5월의

---

47) 『倭人求請謄錄』第七册, 癸未正月初十日條, 正月十二日條, 九月初一日條, 九月初七日條.

48) 『倭人求請謄錄』第七册, 癸未十二月二十六日條, 十二月二十八日條.

49) 『邊例集要』卷十六, 啓罷 請罪竝錄 癸未. "十二月 府使李埅時 訓導韓俊瑗別差鄭纘周等 因倭人所言 招致沙器匠二名 率入倭館 其私自招入犯禁之罪 令廟堂稟處事 啓 回啓 訓別等拿問 沙器匠嚴刑一次 守門軍官 卽爲發告 今姑置之."

50) 『倭人求請謄錄』第七册, 甲申十月初五日條, 十月十七日條.

51) 『倭人求請謄錄』第七册, 甲申十一月十四日條.

52) 『倭人求請謄錄』第七册, 癸巳五月二十七日.

53) 『倭人求請謄錄』第七册, 癸巳閏五月初九日條.

동래부사 장계에 대해 비변사 복계대로 하라는 명이 있었으나[54] 이
후 기록된 대마태수의 서계에는 장인과 작업장, 원료, 연료 등을 다
시 부탁하고 있다.[55]

　이후 기록에는 대마도주가 조선에 그릇 번조를 요청하는 것을 발
견하기 어렵다. 결국 인조대부터 시작된 왜관을 통한 사기번조 요청
은 조선의 경우 사기번조 요청을 들어주는데 따른 민폐가 만만치
않았고 일본 대마도 역시 대마도와 큐슈 안에 조선다완을 모방한
가마들이 생겨나면서 토산품으로서의 이익이 줄어들면서 번조 요청
도 줄어들게 된 것으로 추정된다.[56]

Ⅲ. 신양식의 유행과 일본관의 변화

1. 영·정조기 도자 양식

1) 英祖(1724~1776)

　숙종 연간에 이루어진 경제적 여유와 이에 힘입은 私燔을 통한
백자 수요층 확대를 기반으로 영조기에는 분원의 제도와 백자양식
에서 새로운 양상들이 선보이게 되었다.

　먼저 제도적으로는 연료문제와 분원고정을 동시에 성사시키기
위한 分院江 木物收稅制가 확립되었다.[57] 특히 분원은 金沙里에서

---

54) 『倭人求請謄錄』第七册, 癸巳六月初三日.

55) 『倭人求請謄錄』第七册, 癸巳六月初九日.

56) 泉澄一, 『釜山窯の史的研究』(關西大學東西學術研究所, 1986), pp.767~
　　792.

57) 『備邊司謄錄』77册, 英祖 元年 4月 8日條.

30년을 보낸 후, 다시 남한강과 북한강이 조우하는 천혜의 요지인 분원리로 이전하여 조선 말기까지 한 곳에서 제작활동을 하게 되었다.58)

진상자기의 수급에서는 과거와 달리 대동법실시의 영향으로 沙器契貢人이 등장하여 왕실 의례시 소용되는 자기들을 경우에 따라서는 직접 사기전 등에서 구입함으로써 분원자기가 상품자기로서 역할을 하는 것이 현실로 다가서게 되었다.59) 이는 당시의 전반적인 상품경제의 발달이 영향을 미친 결과로 여겨진다.

양식적으로는 17세기에 주축을 이루던 철화백자에서 청과의 무역을 통한 회회청 求得이 용이해지자 자연스럽게 청화백자로의 복귀가 이루어졌다. 당시 청화백자는 중국 도자 양식에 영향을 받으면서도 새로이 도자 수요층으로 주류를 이루는 문인 계층의 취향과 분위기를 반영하였다. 청화의 사용을 절제한 듯한 산뜻한 문양과 절묘하게 조화를 이루는 유백색의 유약 색상이 이미 숙종 후반기부터 등장하여 이 시기에 주류를 이루게 되었다.

문인 취향의 대표적 문양인 산수문이 소상팔경을 위주로 본격적으로 등장하기 시작하였고 기형은 전반적으로 원형미를 중시하는 쪽으로 이행되어 달항아리풍의 곡선미가 거의 전 기형에 걸쳐 중시되었다. 달항아리나 떡메병 같은 독특한 기형의 출현도 이 때의 일이다. 한편 형태 중에서는 각접시와 호리병, 각병, 각호 등의 새로운 각형 기형도 출현하였다. 이들 외래기형은 중국으로부터의 영향을 고려하지 않을 수 없는데 중국과 일본이 17세기에 유행한 반면 우리는 영조기에 들어와 유행하기 시작하였다.

한편 문양과 기형에 보이는 서정적이고 고아한 면면은 문예 군주

---

58) 『備邊司謄錄』 120冊, 英祖 27年 2月 1日條.
59) 『備邊司謄錄』 126冊, 英祖 29年 7月 10日條.

였던 영조의 예술적 취향과도 무관하지 않을 것이다. 특히 영조는
일찍이 鄭歚과 돈독한 관계를 맺었으며 사옹원 도제조로 있던 숙종
후반 1710년대부터 왕위에 오를 때까지 분원에 대한 관심이 지대하
였다.60) 영조는 보위에 오르기 전 분원사기의 유출을 막기 위한 묘
책을 강구하여 시행하였고61) 詩書畫에 뛰어난 탓에 산수와 화훼 등
의 도자기의 밑그림을 직접 그려 분원에 가서 구워 오라고 명하기
도 하였다.62) 임금이 이 정도로 관심과 배려를 아끼지 않으니 관영
수공업 체제하의 분원자기의 품질은 보다 향상될 수밖에 없었던 것
이다.

2) 正祖(1776~1800)

정조 연간에는 전대에 마무리된 분원제도의 정비 하에 보다 장식
적이고 화려한 그릇이 제작되었다. 이들 그릇들에는 이전에 비해 종
류가 다양해지고 장식화 경향이 심화되었다. 이에 영조이래 사치품
으로 규정된 고급자기인 청화백자와 匣器는 정조에 의해 호된 규제
를 받기도 하였지만 넘치는 수요를 억누르기는 불가능했던 것 같다.
먼저 정조 17년(1793)에는 갑기와 畫器같은 奇巧制樣의 그릇들을 申
飭으로 다스리게 하였다.63)

그러나 이후 정조 19년(1795) 기록에 따르면 여전히 匣器들이 제
작되어 이를 정식으로 다시 금지하고 있었다.64) 특히 왕의 금지 조

---

60) 『增補 文獻備考』 卷222, 職官考9 司饔院條 ;『御製集慶堂編輯』 卷6, 20
   장 (한국정신문화연구원, 『英祖·莊祖 文集－御製集慶堂編輯·凌虛關
   漫稿』, 1997, p.124) ;『御製續集慶堂編輯』 卷6, 19장 (앞의 책, p.216)
61) 『承政院日記』 648冊, 英祖 3年 10月 21日條.
62) 金時敏, 『東圃集』 卷七, 雜著 謹題 御書帖子後.
63) 『正祖實錄』 卷38, 17年 11月 27日條.
64) 『日省錄』 504冊, 正祖 19年 8月 6日條.

치에도 불구하고 분원경영에 깊이 관여했던 종친 제조들이 앞장서서 이 시책을 어겼으며 일부 관리들은 기교자기의 제작과 갑번의 시행의 재개를 공공연히 주장하고 있었다.65)

이러한 정조의 정책 배경에는 別燔, 갑번자기가 증가함에 따라 이를 생산하는 분원민인의 고통을 덜어 줌과 동시에 사치품 생산 억제를 통한 물가 조절의 의도가 깔려 있었다. 또한 당시 상품경제의 발달로 화폐 주조가 요구되었고 따라서 이를 위한 銅의 징발을 대비해 鍮器 수요를 축소시킬 필요가 있었던 것이다.66)

한편 이 시기 청화 안료 가격의 저렴화에 따른 求得의 편리함은 심지어 청화의 남용으로 이어져 청화백자에는 여백을 무시하는 난만함이 주류를 이루었다. 기형 역시 중화풍의 각형기형과 달항아리 같은 고유기형이 혼재하였고 학예일치사상에 따른 문방구류의 급격한 수요 확산은 영조기에 이어 연적과 필통, 필세와 필가, 벼루 등의 제작에 박차를 가하게 하였다. 또한 투각이나 양각기법의 자기들을 많이 볼 수 있는데 특히 양각백자의 유행은 정조 말기 청화백자의 금지와도 상관관계를 가지고 있었던 것으로 여겨진다.67)

끝으로 자기의 장식 뿐 아니라 기명의 종류는 더욱 다양해져서 각종 크기의 사발, 대접을 비롯해서 접시, 종지 등이 盤床을 이루어 각 사에 진상되었다.68) 이러한 반상 풍조는 경제적인 여유와 다양해진 식생활을 반영하는 것으로 여겨진다.

---

65) 『日省錄』504冊, 正祖 19年 8月 1日條.
66) 『正祖實錄』卷48, 正祖 22年 3月 28日 壬辰條.
67) 李圭景, 『五洲衍文長箋散稿』, 古今瓷窯辨證說.
68) 『承政院日記』1737冊, 正祖 18年 10月 8日條.

2. 北學派의 일본 도자 인식

정조 연간 북학파 학자로 일본의 공예와 도자에 대해 언급한 인물은 朴齊家와 李喜經이었다.[69] 간접적이긴 하나 서책과 通信使行을 통해 전해들은 일본의 사정은 특히 기예와 제도에 대한 일본의 우월성을 인정하기에 충분할 정도였다.

이들은 자신들의 문집을 통해 중국과 일본자기와 비교하여 조선 그릇의 제작 기술의 문제점을 지적하고 도자 정책과 제도에 대해 신랄한 비판을 가하였다. 또한 중국과 일본의 선진기술과 정책을 소개하면서 조선도 이를 본받을 것을 주장하였다.

1) 朴齊家(1750~1805)

북학파의 대표적 학자인 박제가는 서울에서 태어나 詩書畫에 능하였고 특히 시와 문장에 뛰어난 재능을 보였다. 중국어를 잘 구사하여 入燕시 많은 중국의 지식인들과 교유하였고 1779년에는 정조의 총애로 규장각 검서관이 되어 출사하게 되었다.

박제가가 1778년 연경사행 직후 자신의 중국 체험을 바탕으로 저술한 『北學議』에는 한 가지 技藝에 전념하는 일본 공예의 특성을 이야기하면서 조선도 이를 본받을 것을 기록하고 있다. 물론 이러한 주장의 이면에는 장인들보다 그러한 환경을 조성해야 할 사의 책임을 강조하기 위한 의도가 내포되어 있었음은 의심할 필요가 없다.

일본의 풍속은 무릇 百工의 기예가 일단 천하제일이라는 이름을

---

69) 방병선, 「楚亭 朴齊家·綸菴 李喜經의 도자 인식」『美術史學研究』238·239(한국미술사학회, 2003), pp.213~234.

얻으면 비록 그 사람의 기술이 자신보다 못함을 명백히 알더라도 반
드시 그를 찾아가서 스승으로 모시고 그 사람이 칭찬하고 깎아 내리
는 한 마디 말로 자기 기예의 輕重으로 삼는다. 이것이 기예를 권장
하고 백성들이 한 가지 기예에 전념하게 하는 방법이 아니겠는가?[70]

　위 글에서처럼 박제가의 일본에 대한 記述은 이전 학자들에 비해
매우 호의적인 분위기를 느낄 수 있게 한다. 그런데 흥미로운 사실
은 박제가는 단 한 차례도 일본을 다녀온 적이 없다는 것이다. 이런
그가 제한적이긴 하나 일본에 대한 정보를 얻을 수 있었던 것은
1763년 일본 사행을 다녀온 元重擧(1719~1780)[71], 成大中(1732~
1812)[72] 등이 박제가와 절친한 사이였기 때문일 것이다.[73]

　당시 조선 지식인들의 일본에 대한 관심은 중국에 비해 제한적이
고 희박하였지만 일본에 대한 인식은 이전과는 많은 차이를 지니고
있었다. 대개 영조 때까지는 일본에 대한 문화적 우월감을 바탕으로
이를 가상히 여기는 정도에 머물렀고 이후 통신사행을 통해 일본문
화를 접하면서 점차 우리와 대등하게 인식하기 시작하였다. 영조 후
반 이후에는 개방적인 세계관을 바탕으로 이용후생적 관점에서 일
본을 인식하게 되었는데 이에 따라 일본의 기술과 제도의 장점을
인정하게 이르렀고 특히 기예와 기술을 존중하고 직업과 직위의 세
습에 대해 공통의 관심을 가지게 되었다. 당시 조선 지식인들의 이
러한 경향들은 李翼의 『星湖僿說』이나 李德懋의 『蜻蜓國志』에도

---

70) 朴齊家, 『北學議』-內篇 磁-.
71) 元重擧는 字가 子才, 호가 玄川, 勿川, 遜菴 등이다. 서얼 출신으로 1763
　　년 일본통신사 書記로 일본을 다녀와 『和國志』와 『乘槎錄』 등을 저술
　　하였다.
72) 成大中은 字가 士執, 호가 靑城으로 1764년 書狀官으로 일본을 다녀왔
　　다. 정조의 총애를 받아 규장각 검서관이 되었으며 저서로 『靑城集』이
　　있다.
73) 하우봉, 『朝鮮後期實學者의 日本觀研究』 (일지사, 1989), pp.146~147.

잘 나타나 있다.[74)]

2) 李喜經(1745~1805(?))

박제가와 더불어 燕岩 일파였던 이희경이 1805년 지은 『雪岫外史』는 사실상 영농방법의 혁신이 주 골자라 해도 과언이 아니다. 이 가운데 도자 부분도 당대 북학파들에 비해 훨씬 구체적이고 일본 그릇에 대한 기록도 소상한 편이다.

> 내가 예전에 일본의 자기 번조에 대해 들은 적이 있다. 처음에는 施彩法을 모르다가 장인으로 하여금 배를 타고 중국 江南에 가서 뇌물로 자기 장인을 구하고 그 법을 배워 돌아와 시험하나 성공하지 못하였다. 다시 만금을 갖고 강남으로 들어가 자기 장인을 사서 같이 배를 타고 귀국하여 그 방법을 완전히 전수 받고 돌려보내니 차후 일본의 자기 이름을 천하에 떨치게 되었다.[75)]

이희경 역시 박제가와 마찬가지로 한 번도 일본을 다녀온 적은 없었다. 그러나 그 역시 원중거와 성대중으로부터 일본에 대한 정보를 들을 수 있었다. 그는 일본의 부국강병이 중국과의 활발한 교류에 있음을 알고 조선과 중국과의 보다 활발한 교류의 중요성을 강조하였다.

위 글에 나타난 것처럼 당시 조선은 중국도자에 나타난 상회기법을 배우고자 하였으나 뜻을 이루지 못하였음을 알 수 있다. 이에 비해 일본은 중국의 장인들을 초빙하여 기어코 그 기법을 전수받은 것이다. 이후 일본도자는 그 기술을 이용하여 오채자기를 완성하고

---

74) 李瀷, 『星湖僿說』「天地門」, 地理, 日本地勢 ; 李德懋, 『青莊館全書』「蜻蜓國志」.
75) 李喜經, 『雪岫外史』.

눈부신 기술발전을 이룩하면서 유럽으로의 수출이 가능하게 된 것
을 당시 북학파들은 알고 있었을 가능성이 높다. 이러한 인식은 정
약용도 마찬가지여서 당시 북학파들의 공통된 인식이었던 것으로
여겨진다.[76]

　결국 일본에 대한 이러한 이희경의 생각은 이제 일본인들을 '문
명인'으로 바라보게 되는 데까지 이르게 되었다.

　　진실로 이와 같다고 한다면 일본에는 제대로 깨인 사람이 있었다
　고 할 것이다. 먼 곳에 가서 묻는 것을 부끄럽게 여기지 않고 능히 그
　방법을 배울 수 있다면 나라를 다스리는데 무슨 어려움이 있겠는가?
　이제 만일 그것을 좋아하면서도 능히 배우지 못하고 그것을 탐내면
　서도 능히 이를 따르지 않는다면 이는 스스로 없애 버리는 것이다.
　그 어찌 지혜와 사려를 밝혀 미진한 바를 보충하지 않겠는가?[77]

　일본처럼 기술을 인지하고 제대로 배우는 사람만이 결국 치국에
도 도움이 된다는 이야기이니 이희경의 생각을 명백하게 드러낸 대
목이라 하겠다.

　다음은 역시 상회자기 기법 수입에 대한 일본과의 비교 기록이다.

　　왕년에 어떤 이가 중국에 들어가 上繪法을 배우고 와서 말하기를
　"生漆과 龍腦를 섞으면 漆이 물처럼 되는데 이를 사용하여 안료로서
　칠하면 벗겨지지 않는다."고 하였다. 이를 들은 사람이 시험해 보았
　으나 "칠이 물처럼 되지 않아 이를 포기하였다."고 하였다. 이에 내가
　"여기에는 혹 어떤 원리가 있는데 이를 배우지 못하였거나 아니면
　다른 재료가 첨가되어야 하거나 혹은 섞는 비율이 있거나 혹은 밀봉
　해서 몇 개월을 두어야 한다."고 하였다. 오늘날 중국의 문물을 배우
　는 사람은 모두 온전히 배우지 못하여 그 끝(효과)을 보지 못하니 참
　으로 한스러운 일이다. 어찌 萬里 바다 길도 멀다하지 않는 일본인처

---

76) 鄭若鏞, 『與猶堂全書』 卷11, 論 <日本論 二> ; 同 <技藝論 三>.
77) 李喜經, 앞의 책, 주 75).

럼 분발해서 다시 배우지 않는가.[78]

위의 글은 이미 앞에서 살펴본 것과 같이 중국이 이미 사용하던 상회법에 대해 조선에서는 그 이치를 제대로 배우지 못한 반면 일본은 꾸준히 시도하여 이를 성공시킨 점을 들어 우리도 이처럼 분발할 것을 촉구하고 있다. 이는 두 가지를 생각할 수 있게 하는데 하나는 정조 연간 조선에 많이 유입되던 중국의 상회자기를 조선에서도 제작을 시도했다는 사실이고 다른 하나는 일본이 새로운 기술 전수에 성공하여 상회자기를 사용하고 있고 그 성공의 비결은 열의와 태도에 있었다는 점을 인식하고 일본의 장인들을 높이 평가했다는 점이다.

이처럼 정조 시대 북학파들은 지난날의 舊怨에는 아랑곳하지 않고 技藝的 시각에서 일본과 일본 그릇을 바라보았고 이를 통해 조선의 문제점을 부각시키고 시정하려 하였다. 한 세기 전 시혜의 차원에서 일본의 번조구청을 들어주고 거부하던 때와는 격세지감을 느끼게 한다.

IV. 맺음말

지금까지 살펴본 것처럼 한일 양국은 임진왜란과 정유재란에도 불구하고 전쟁이 끝난 지 얼마 되지 않아 곧바로 서로의 필요에 의해 왜관을 중심으로 도자 무역을 개시하였다. 도자 무역의 창구는 釜山僉使와 東萊府使 그리고 對馬島主였다. 당시 조선은 문화선진국이라는 입장에서 시혜적 차원과 정치적 필요성에 의해 일본의 청

---

78) 李喜經, 앞의 책, 주 75).

을 받아들여 도토와 연료, 장인 등을 공급해 주었는데 이에 따른 민
폐와 경제적 부담 또한 만만치 않았다. 이후 일본측의 번조 요구량
증가는 조선의 경제적 부담을 가중시켰고 이에 따라 구청을 거절하
는 경우가 빈번해 졌다.

　대마도의 경우 초창기에 頭倭만이 번조에 간여하던 것에서 沙器
燔造差倭가 등장하여 사기 번조에 적극적으로 개입하였다. 또한 조
각과 그림을 담당한 工匠倭까지 파견하여 점차 자신들의 취향에 맞
는 그릇 주문과 생산에 더 심혈을 기울이게 되었다. 이들의 주요 주
문 그릇은 다완이었고 慶州, 蔚山, 河東, 晋州, 金海, 昆陽 등지의 백
토와 장인 등을 직접 요구하기도 하였다. 이후 숙종 말기 들어 조선
의 강력한 번조 요청 거부와 대마도의 경제 악화 등이 겹치면서 양
국간의 도자 무역은 막을 내리게 되었다.

　이후 조선에서 일본으로 그릇이 건너간 예는 거의 보이지 않는
반면 일본도자에 대한 조선의 인식은 바뀌게 되었다. 즉 일본도자가
기술적인 발전을 거듭하자 이제까지 도외시했던 일본 공예에 대해
그 기예를 인정하고 심지어 배울 것을 주창하게 되었는데 이러한
주장은 대부분 정조대 북학파 학자들에게서 나온 것이었다. 이들의
이러한 주장은 이용후생을 통해 조선의 현실을 타파해 가려는 일련
의 움직임에서 비롯된 것으로 이후 전개되는 역사적 상황을 고려할
때 매우 선구적인 것이라 할 수 있다.

도판 목록

청화백자운룡문호, 18세기, 높이 56.2cm, 일본 오사카시립동양도자미술관소장

철화백자 "丁巳造"銘 詩銘 접시, 1677년, 口徑 22cm, 호림박물관

金海茶碗, 17세기, 口徑 7.5-13.3cm, 일본 개인소장

御本立鶴茶碗, 17세기, 口徑 11.3cm, 일본 개인소장

海東八道烽火山岳地圖, 17세기, 149×221cm, 고려대학교도서관

분원리 전경

백자호, 18세기, 높이 44.5cm, 호암미술관

청화백자동정추월문떡메병, 18세기, 높이
32.5cm, 호암미술관

청화백자봉황모란문호, 18세기, 높이 29.5cm, 호암미술관

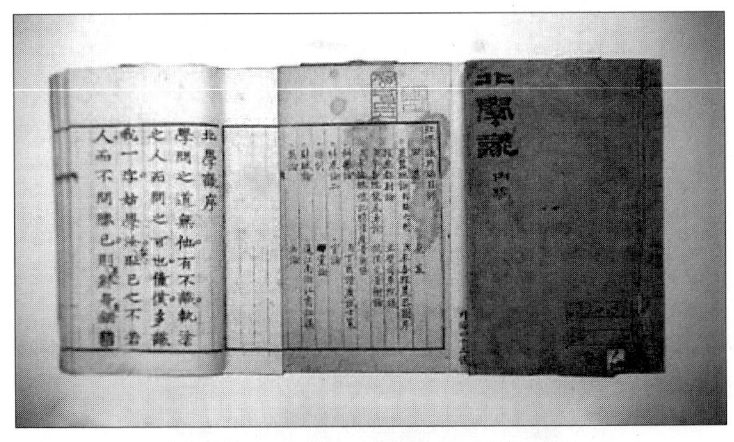

『北學議』, 朴齊家, 親筆藁本, 이겸로소장

粉彩花唐草文壺, 乾隆年間(1736〜1795), 높이 38cm,
臺北 古宮博物院

豊臣秀吉의 조선침략과 肥前陶磁

―「陶器」를 중심으로 ―

片山まび

大阪市立東洋美術館學藝員

Ⅰ. 머리말

아리타(有田, 伊万里) 야키(燒)를 시작으로 하는 큐슈 지역의 도자기는 세토(瀨戶) 등의 중부 지역과 함께 오늘날 일본의 요업을 대표하는 요업지가 되어있다. 주지하는 바와 같이 이들 큐슈 지역의 요업의 상당수는 두 번에 걸친 도요토미 히데요시(豊臣秀吉)의 조선침략(1592~1593·1597~1598년) 시에 잡혀온 조선 도공들에 의해 전승되어졌다고 여겨지고 있다. 실제, 큐슈 지역의 여러 가마에는 일본에서 처음 자기를 구웠다고 전해지는 「李參平」 전설 등, 다양한 조선 도공 開祖의 전승이 전해지고 있다. 그러나, 이러한 기술과 양식에 보이는 조선도자의 영향 관계에 대한 학술 연구에 이르면 아직 많은 과제가 남아 있는 것이 현 상황이라고 할 수 있다.

그런데 이러한 히데요시의 조선침략을 계기로 생성된 가마 중에는 오늘날 가장 유명한 가마 중의 하나이며, 일본에서 처음으로 자기를 굽는 것에 성공한 히젠(肥前) 지역의 가마이다. 이러한 가마는 일찍이 발굴이 이루어지고 있었을 뿐만 아니라, 약 10~20년대 단위의 편년이 시도되어 큐슈 각지 도자기의 편년 기준이 되고 있다.[1] 또 戰前부터 히젠도자와 조선도자의 관련에 대해서도 연구가 이루어져 전술한「李參平」전설은 19세기 말~20세기 초에 현재의 일본 공예사의 기초를 이룩한 黑川眞賴「工藝志料」(1888년) 등에서 취급되어지는 등 일찍부터 인식되고 있었다.[2] 때문에 이들 과거의 연구사에서는 항상 도공 전설이 중심이 되어, 肥前磁器와 조선도자의 비교도 靑花가 중심이 되어 왔다. 그 때문에 오늘날도 일반적으로는 조선왕조부터 일본으로「靑花」의 소성기술이 전해진 것처럼 이해되고 있다. 그러나 80년대 이후의 일본 고고학의 연구 성과의 축적에 의해 적어도 학술 연구 속에서는 조선백자보다 중국 복건성 창주 가마의 靑花의 기술 및 양식이 강한 영향을 주었다는 것, 또 조선도자의 영향은 일시적으로는 볼 수 있지만, 1650년대 이후에는 변용해나가고 있다는 것이 명확해졌다.[3]

한편 필자는 히젠도자 중에서도 도기(여기서 말하는 도기라는 것은 甕·壺類, 白釉陶器, 三島手類)에 주목해 왔지만, 도기의 영향은 직접적인 영향만이 아니라, 그 영향은 지금도 긴 생명력을 가지고 있으며, 일본도자 전통의 일각을 이루고 있다고 생각하고 있다.[4] 또 도기의 영향이 히젠에만 한정된 것이 아니라, 高取·上野·薩摩 등

---

1) 九州近世陶磁學會編,『九州陶磁の編年』(佐賀, 2000).
2) 黑川眞賴,『增訂 工芸志料』, (東京, 平凡社, 1976), p.152 ; 村田峯次郎,「九州陶業沿革」『國華』149 (東京, 國華社, 1902), p.97.
3) 大橋康二,『肥前陶磁』(東京, ニューサイエンス社), pp.8~14 ; 村上伸之,「肥前陶磁の源流」『國立歷史民俗博物館研究報告』94 (佐倉, 國立歷史民 俗博物館, 2002), pp.441~446.
4) 拙稿,『壬辰倭前의 韓陶比較研究』(서울대학교 대학원 박사학위논문, 2003).

조선 도공에 유래하는 다른 큐슈 지역의 도기 가마에도 현저하게 나타난다. 때문에 본고에서는 肥前陶器를 중심으로 그 영향 관계를 고찰해 보고자 한다.

II. 용어와 분류의 설정

1. 용어와 연대의 정의

우선 본론에 들어가기 전에 도기와 자기의 개념을 정리해 둘 필요가 있다. 도기와 자기의 개념은 나라마다 다르지만, 일본과 한국에서도 그 정의는 크게 차이가 난다. 분청사기나 연질 백자는 한국에서 「자기」의 범주에 포함할 수 있지만, 일본에서는 「도기」의 범주에 들어간다. 즉 철분이 포함되는 흙으로 인해 투명성이 없는 것이나 多孔質의 것에 대해서는 모두 도기로 여겨진다. 또 그 흐름도 달라, 한국에서는 분청사기로부터 백자, 연질 백자로부터 경질 백자라고 하는 일직선상의 변화를 거쳐왔고, 적어도 17세기 이후의 壺甕類 도기(甕器)를 제외한다면, 碗皿 속에서는 백자 일색이 되어간다. 한편 일본에서는 壺甕 등의 도기를 제외하고, 碗皿 속에 「도기(분청 계열・연질 백자 계열)」와 「자기(靑花 계열)」의 전통이 평행하여 존재한다. 이것은 동아시아 속에서도 극히 특이한 현상이지만, 이렇게 현재까지 계속되는 일본도자의 이중구조가 형성되었던 시기도 豊臣 秀吉의 조선침략이며, 여기에 조선도자가 깊게 관여하고 있다고 말할 수 있다. 이상의 정의를 감안하여 본고에서는 일본도자를 주체로 삼아 조선시대 도자기의 영향을 찾아보며, 여기에 일본의 개념을 이용하고 싶다.

2. 분류의 제의

그런데 히젠도자의 큰 흐름은 처음에 도기로 시작되어 다음에 자기 생산이 시작된다. 여기서 말하는 도기라는 것은 일본의 개념이며, 말하자면 분청사기 스타일이 그 시작이며, 후에 靑花의 생산이 시작된다.5)

명칭의 문제에 대해서도 언급할 필요가 있다. 전술한 바와 같이 초기의 肥前陶器는 일반적으로 사가현 카라츠항으로부터 옮겨 나왔던 것으로 인해「唐津燒」, 이마리항에서 옮겨 져온 자기는「伊万里(有田燒)」라고 불리고 있다. 그러나 오늘의 학술 연구에서는 그 생산지가 일찍이 히젠으로 불려진 사가현 일대와 나가사키현의 일부에 퍼져있었다는 것으로부터 사가 지역의 옛이름을 따라「肥前陶器」로 부르고 있어 본고에서도 이것에 따르도록 하겠다.

그런데 이들 肥前陶器의 최초기의 가마는 사가현 마츠우라군을 중심으로 다양한 장소에 산재하고 있다. 최초로 燒造가 시작되어진 肥前陶器의 출현연대에 대해서는 여러 가지 설이 있으며, 대략 1580년대, 1590년대 이후의 3설이 있다.6) 각각 연대를 결정하는 근거가 있기는 하지만, 절대편년 자료는 현재로서 壹岐·聖母神社 소장으

---

5) 肥前을 시작으로 하는 일본의 자기산업에서는 靑花가 메인이다. 韓國과 같은 無文白磁가 대량으로 생산되지는 않는다. 無文의 白磁는 葬儀 등에 관련되는 특수한 성격을 띠고 있는 것으로 생산량은 극히 적다.
6) 肥前陶器의 처음 출현 연대에 대해서는 堺環濠都市遺跡에서「天正13年」(1585) 銘木簡과 함께 출토된 皿으로부터 1580年代에 創業되어진 것으로 여겨져 왔다. 그 후 이 관계에 의문이 제기되고 있으며, 그 이외에 大坂城의 出土狀況에서는 豊臣前期(1580~1592)에는 적으며, 豊臣後期 以後(1592~1615)에 肥前陶器가 증가하고있는 것으로부터 1590年代 이후를 그 창업기로 보는 견해도 있다.

로 전해지는 「天正19년」銘(1591)이 새겨진 褐釉四耳壺뿐이다. 첫 출현연대는 극히 중요한 문제이지만, 본고의 주목적은 아니기 때문에 肥前陶器는 늦어도 1591년경에는 소조되고 있었다는, 즉 1590년대 무렵이라고 생각하는 것으로 하고 싶다. 또 최초기의 양상의 하한에 대해서는 盛峰雄씨는 豊臣秀吉의 제1차 조선침략 직후, 즉 1594년으로 하고 있으며, 대략 1590년대의 양상을 최초기로 생각해 두고 싶다.[7) 또한 마찬가지로 盛씨는 1594~1610년대를 I-2기로서 神谷窯・一若窯・道園窯・阿房谷下窯・市之瀬戸高麗上窯・原明窯・七谷窯 등을 들고 있고 있지만, 이러한 가마에 대해서는 거의 조선도자의 영향을 볼 수 없기 때문에 여기에서는 할애하는 것으로 하고 싶다. 최후는 자기의 소성이 시작하는 1615~1650년대의 가마로 II류로 여겨지지만, 內野山窯에서는 조선도자의 영향 관계를 볼 수가 있다.

　I-1류, 즉 최초기의 양상을 보여주고 있는 가마는 전술한 盛씨에 의하면　飯洞甕上下窯・皿屋上下窯・帆柱窯・山瀬上下窯・道納屋窯・燒山上中窯・唐人古場窯・大河原1號窯 등으로 되어 있다. 본고는 조선도자의 영향을 고찰하는 것으로 정식적 보고서가 나와 있는 가마에 대해서 이하와 같이 도기가마의 영향이 보여지는 가마(I-1 A류)・磁器窯의 영향이 보여지는 가마(I-1 B류)・그 이외의 계통의 가마(I-1 C류)의 3그룹으로 나누어 고찰하는 것으로 하겠다. 또 1615~1650년대의 가마 가운데 명확하게 조선도자의 영향이 보여지는 內野山窯를 II-A류로서 고찰한다.

　I-1 A류 : 도기가마의 영향이 보여지는 가마

---

7) 盛峰雄,「陶器の編年」『九州陶磁の編年』(佐賀, 九州近世陶磁學會, 2000), pp.10~33.

Ⅰ-1 B류 : 磁器窯의 영향이 보여지는 가마

Ⅰ-1 C류 : 상기 이외의 계통의 가마

Ⅱ-A류 : 內野山窯

Ⅲ. 1610년 이전의 히젠도자와 조선도자

1. Ⅰ-1 A류 : 도기가마의 영향이 보여지는 가마

1) 皿屋上窯

가마 구조

사가현 마츠우라군 北波多村 古窯跡群 중에서 皿屋上窯跡은 조선 도기와 가장 깊은 관계를 나타내는 가마이며, 壺·甕이라고 하는 도기의 저장기만을 燒造한 가마가 되고 있다.[8]

우선 가마의 구조는 중간부는 결손되어 있지만, 길이 16.4m×폭 1m, 경사 각도 22도로 窈尻를 향해 점차적으로 가늘어지는 土築 半地下式 傾斜單室窯가 되고 있다. 16세기 이전의 일본에서는 이러한 홀쭉한 半地下式의 단실요 구조는 보이지 않으며 須惠器의 전통을 답습하는 穴窯 아니면, 평면이 삼각형을 이룬 大窯만이 알려져 있다.[9] 요업 기술 중에서도 築窯는 改變이 어려운 기술이며, 동시에 내재적인 발전이 어려웠다는 것으로부터 외래 기술일 가능성을 제

---

8) 陣內康光, 「岸岳古窯跡群の調査」 『東洋陶磁』 30 (東京, 東洋陶磁學會, 2001), pp.53~66 ; 佐賀縣北波多村敎育委員會, 『岸岳古窯跡群Ⅰ』 (佐賀, 2000).

9) 西山眞理子, 「窯体構造の変遷からみた中世窯業の畵期」 『福島考古』 31 (福島, 福島考古學會, 1990), pp.1~20.

시할 수 있다. 이것을 증명하듯이 한국에서는 15세기 후반~16세기 전반의 극히 흥미로운 陶器窯가 발굴되고 있다. 경상남도 청도군 尊池里 窯跡은 皿屋上窯와 같은 도기의 저장기만을 소조한 窯跡이다. 순지리요적의 연대에 대해서 보고자는 窯床으로부터 刷毛目粉青이 출토하는 것으로부터 15세기 후반~16세기 전반으로 보고 있다. 이 연대의 문제에 대해서는 후술하겠지만, 경남대학교 박물관의 발굴에 의하면 焚口는 결손되어 있지만 남은 길이 18m×폭 1.0m 정도의 홀쭉한 土築 半地下式 傾斜單室窯가 확인되었다.[10) 구도적으로는 역시 窯尻로 향해 폭이 가늘어지는 구조이며, 割石을 두어 排煙口를 마련하고 있다. 皿屋上窯와 순지리요의 양쪽 모두 잔존 상태가 양호하지 않고, 배연부의 구조가 약간 다르지만, 기본적인 傾斜單室窯의 가마 구조나 구도·총길이 16~18m 전후×폭 1m 전후라고 하는 가마 규모·토축이라고 하는 築窯材는 극히 비슷하다고 말할 수 있다. 따라서 皿屋上窯에는 순지리요적과 같은 조선 왕조의 도기가마로부터 기술이 전해진 가능성을 농후하게 엿볼 수 있다.

그런데 한국에서의 조선시대 도기가마의 발굴 사례는 그다지 많지 않지만, 17세기로 편년되는 경기도 안성시 산정리 요적에서는 가마 규모가 2호 가마로 총장 6.9m×최대폭 2.4m로 짧고, 분구로부터 배연부로 향해 芋形과 같은 구도를 이루는 가마가 만들어지고 있다.[11) 이 가마의 기본 구조는 고려 도기 가마의 전통을 답습하는 것으로 보여진다.[12) 한편, 경상도 지방에서는 같은 17세기 말~18세기

---

10) 경남대학교박물관, 『운문댐 수물지역 발굴조사—청도군 청도 순지리 옹기 가마』(1994).

11) 李南珪 외, 「安城山井도기가마」『경기 남부의 조선시대 유적』(한신대학교박물관, 2001), pp.7~71.

12) 梨花女子大學校博物館, 『安城和谷里陶窯址朝鮮白磁·高麗陶器窯址發掘調査報告書』(2000). 報告者는 13~14세기경의 窯이며, 總長 7m, 最大幅 2.2m의 山井里窯와 거의 同規模, 비슷한 구조의 窯構造가 밝혀지고

초 무렵으로 보여지는 경상북도 하동군 고이리 요적,[13] 18~19세기 무렵의 경상남도 사천 유천리 제민창 요적,[14] 19~20세기 무렵의 경상북도 칠곡군 오천동 요적[15] 등 모두 반지하식 토축 傾斜單室窯의 구조를 취하고 있다. 물론 향후의 조사사례 증가를 기다리지 않으면 안되지만, 적어도 현시점에서 밝혀지고 있는 자료에 의하면 경기도 지방에서는 17세기가 되어도 옛 식의 가마 구조가 남는 것 같지만, 경상도 지방에서는 직사각형 플랜의 토축 傾斜單室窯가 장기간에 걸쳐서 이용되고 있었던 것 같다. 향후, 발굴 성과가 축적되면 지역을 한정해 나가는 일도 가능하겠지만, 지리적으로 말해 경상도 지방의 도기가마가 肥前陶器가마에 영향을 주었다고 해도 큰 모순은 없을 것이다. 또 가마의 부속물로서 사진의 보고는 없지만, 皿屋上窯에서는 色見孔의 뚜껑이 출토하고 있으며, 순지리요에서도 출토가 보고되고 있다.

窯詰과 성형기법

그런데 이들 2가마가 현해탄을 사이에 두고 비슷한 부분은 가마 구조만이 아니다. 순지리요에서는 가마 채우기 도구의 상세한 내용이 보고되고 있지 않은데, 濟民倉窯跡과의 비교적 차원이기는 하지

있다.
13) 慶尙大學校博物館,『河東古梨里遺跡』－慶尙大學校博物館調査報告書 第5輯－ (1990). 本窯의 구조는 1次요로서 總長23.2m, 最大幅1.6m의 가늘고 긴 구조를 가진 單室窯이다. 연대에 대해서 報告者는 17世紀 以後의 요로 보고 있다. 그러나, 共伴出土하고 있는 碗과 鉢의 高台는 모두 높으며, 撥形을 이루고 있어 17世紀 末~18世紀 初頃으로 編年되어 있는 大田壯安洞窯跡의 資料(大田廣域市·忠南發展研究院,『大田壯安洞白磁窯跡』(2002)과 유사하여 거의 같은 무렵이라고 보여진다.
14) 慶尙南道·000大學校博物館,『泗川柳川里濟民倉跡』 (1996).
15) 尹容鎭,「漆谷柯川洞甕器窯址」『大邱~春川間高速道路建設予定地域內文化遺跡發掘調査報告書』 (大邱~軍威間) (1991).

만, 조선시대의 도기가마에 보이는 특유의 옹을 유지해 굽기 위한 삼각형 토친이 皿屋上窯에서 출토하고 있다. 그 외에 원형의 토친, 이러한 토친 위에 두기 위한 貝目 등의 窯詰 도구도 거의 같은 것이 사용되고 있다. 물론, 이러한 토친이나 패목은 일본의 중세 도기에는 볼 수 없다. 다만 조선시대의 도기의 패목은 업어둔 경우에 点狀痕이 되지만, 皿屋上窯에서는 C자 모양의 패목만으로 된다. 또 순지리요적에서 보이는 제품의 口緣과 口緣 사이에는 삽입되는 「하사미 皿(はさみ皿)」는 皿屋上窯에서 보고되어 있지 않다.

제작 기법에서는 점토판에 의해 바닥을 만들고 점토 끈을 쌓아올려 내부에 동심원상의 틀에 맞추어 밖에서 평행선문이 나오게 봉으로 두드린다는 기본적인 성형 기법이 역시 일치하고 있다. 또 구연은 양쪽 모두 점토끈을 추가하여 마지막에 부드러운 손 작업으로 구연을 성형해 끝내고 있어 역시 유사점을 엿볼 수 있다. 다만 순지리요의 제품은 내면에 틀 도구의 흔적이 보이지만 외면의 두드림은 부드러운 손동작으로 지워지고 있는데, 皿屋上窯에서는 내면이 댄 흔적을 손 작업으로 지운 형태이며, 두드린 흔적은 그대로 남기고 있다(<표 1>).

또 순지리요는 기벽이 가장 두꺼운 부분이라도 2mm 전후 극히 얇지만, 皿屋上窯에서는 5mm 정도로 약간은 두꺼운 편이다. 이것은 순지리요의 胎土가 극히 치밀한데 비하여 皿屋上窯의 胎土에 협잡물이 많아 약간 엉성한 것에도 관계하고 있다고 보여지고있으며, 태토의 색조는 순지리요가 갈색을 띠는데 비해 皿屋上窯는 회백색을 띠고 있다. 그러나 외부의 유약은 재갈색을 띠어, 모래가루가 많이 부착되어 있어 외면만으로는 구별을 할 수 없을 정도로 비슷하다.

器形과 器鍾

器形에서는 「ㄱ(후)」자형의 口緣을 이루어 甕·玉緣狀을 만드는 옹·옹의 뚜껑·平底의 甁(船德利)·片口한 등 거의 공통되고 있다고 해도 좋다(표2). 다만 皿屋上窯는 四耳壺와 頸이 가늘고 玉緣狀의 口緣을 만드는 옹이 있으며, 순지리요적에는 頸에 段을 만드는 옹이 있지만, 이것들은 공통되지 않는 형식이다. 皿屋上窯로 보여지는 四耳壺는 일본의 茶道 속에서 茶壺로서 특히 진귀한 것으로 어쩌면 일본의 수요에 맞추어 만들어진 것이라고 볼 수 있다. 또 입술의 처리는 순지리요적에서는 극히 예리해 L자형이 되고 있지만, 皿屋上窯에서는 완만하게 완성되어 있다. 甕蓋의 緣등으로도 순지리에서는 반드시 L자형의 처리를 행하지만, 皿屋上窯에서는 L자 모양으로 만들지 않고 곧바로 斜線狀으로 끝내는 예도 있어 생략화의 경향이 보여진다.

이상과 같이 다소의 차이는 있지만, 기본적인 가마 구조·窯詰·成形·제품 등에서 皿屋上窯跡은 조선왕조의 陶器窯로부터의 직접적인 기술 전파 가능성을 농후하게 가리키고 있다고 말할 수 있다. 그 조선 도기요가 그대로 移築된 것 같은 요업 기술이나 양식은 조선왕조로부터 도기의 기술자가 직접 건너왔을 가능성을 생각하게 한다. 조선왕조에서는 도기의 壺·甕을 굽는 工人 「옹장」과 碗·皿을 굽는 「사기장」으로 기술자가 2분되고 있었다.[16] 따라서 지방의 이른바 「옹장」이라고 불리는 사람들이 건너 왔다고도 생각할 수 있다.

그런데, 앞서 살펴본 바와 같이 순지리요적은 보고자에 의해 16세기 전반 무렵을 하한선으로 잡고 있다. 한편, 堺環濠 도시 유적에

---

16) 『經國大典』 工典. 京工匠에는 貯藏器을 주로 구웠다고 보여지는 '甕匠'과 磁器의 碗皿을 굽는 '沙器匠'으로 확연히 구별되고 있다.

서는 15세기 후반 遺構로부터는 기벽이 두껍고, 黑釉가 입혀진 도기가 출토되고 있는데 비하여 16세기 말 무렵의 유구로부터는 기벽이 얇고 灰釉를 입힌 순지리요적 타입의 도기가 출토되고 있다.[17] 또 오오사카성으로부터도 수는 적지만, 역시 1580~1598년에 해당되는 유구(도요토미 전기)로부터 순지리요적 타입의 도기가 출토하고 있다.[18] 물론 16세기 말 무렵의 도기가마를 발굴할 필요성이 있고, 많은 유보조건 등이 있지만, 순지리요적 타입의 도기는 현재로서 16세기 말까지 만들어지고 있었다고 봐도 괜찮을 것이다. 이러한 年代觀은 늦어도 1590년대에 시작되었다고 생각되는 肥前陶器의 현재의 편년관과 모순되지 않으며, 16세기 말까지 계속되고 있던 순지리요적 타입의 가마로부터 기술자가 건너 온 것이라고 볼 수 있다.

2. Ⅰ-1 B류 : 磁器窯의 영향이 보여지는 가마

1) 飯洞甕上窯

窯構造

皿屋上窯와 같이 사가현 마츠우라군 北波多村에 위치하는 飯洞甕上窯는 가마가 보존되고 있는 下窯의 상부에 위치하고 있으며, 마찬가지로 北波多村 교육위원회에 의해 발굴이 이루어졌다.[19] 窯構造는 남은 길이 13.3m, 최대폭 2.24m로 5室 이상의 土築傾斜連房窯로 焚口와 排煙部는 남아있지는 않지만, 구조는 거의 직사각형을 이

---

17) 이것은 필자가 堺市敎育委員會의 「堺出土のやきものシリーズ 5 − 朝鮮半島の陶磁器−」(2004)에서 同敎育委員會의 협력하에 실현한 결과이다.
18) 森毅, 「大坂出土の李朝陶磁」 『大阪市文化財協會硏究紀要』 4 (大阪, 大阪市文化財協會, 2001) pp.211~222.
19) 註 9, 앞의 책 참조.

루고 있다. 히젠과 조선도자의 가마 구조를 비교할 경우, 가장 문제가 되는 것은 가마의 소성실마다 段을 마련하는가 아닌가, 즉 「계단식」인가 「무단식」인가 라는 점이다. 이 유단, 무단이라는 말에는 자의적인 해석이 포함되어있지만, 이것을 陣內康光씨는 히젠가마의 경사도로부터 窯床의 경사도를 끄는 것으로, 그 단차의 각도를 수치로서 산출해 구분이 어려웠던 肥前陶器 Ⅰ기와 Ⅱ기(1600～1650년대)의 가마 구별을 명확하게 행하고 있다(<표 3>).[20] 이 계측표에 의하면, 飯洞甕上窯의 단차각은 3도로 되어 있다. 한편 필자도 陣內씨의 계측법을 답습하여 15～17세기 조선 磁器窯에 대한 단차각을 계측해 보았다(표4). 그 결과 15～16세기의 많은 수의 窯가 0～1도이지만, 17세기 전반에는 5～7도를 이루며, 17세기 말 무렵부터는 10도를 넘고 있다는 것을 알 수 있었다. 이러한 요상 변화의 한편에서 0～1도를 이루는 窯構造가 連綿으로 이어지는 점이 한국 窯床構造의 특색이라는 것을 알게 되었다. 조선시대의 도자요에 대해서는 羅善華, 田勝昌, 金貞善씨 등의 뛰어난 연구 성과가 있다.[21] 특히 金貞善씨의 연구에서는 Ⅱ기(15～16세기)에 連房窯가 등장하였고, 가마 형태는 蛇形·窯床은 무단식, 燒成室은 길게 세워진 구조를 하고 있다는 것, Ⅲ기(17세기)에서 가마 형태는 사다리꼴(窯尻를 향하여 부채형으로 퍼진다)이 되어 있으며, 窯床은 계단식, 燒成室은 옆으로 길게 늘어선 구조를 하고 있다고 하는데,[22] 이 결과와 거의 같은 것을 수치로부터도 엿볼 수가 있다. 그런데 飯洞甕上窯의 수치는

---

20) 陣內康光, 註 9) 앞의 책 참조.
21) 羅善華, 「十六～十七世紀における韓國の窯業技術」『東洋陶磁』27 (東京, 東洋陶磁學會, 1999), pp.5～20 ; 田勝昌, 「조선시대 백자가마의 발굴성과 검토」『도자고고학을 향하여』－제29회 한국상고사학회 학술발표요지－ (한국상고사학회, 2003), pp.79～107 ; 金貞善, 『朝鮮時代磁가마構造研究』(동국대학교 석사학위논문, 2003).
22) 金貞善, 註 21) 앞의 책, p.103 <表 12>.

정확히 이 중간 지점에 해당하지만, 마찬가지로 陣內씨의 보고에 의하면, 이 窯에 대해서는 火床의 구덩이를 떼면 거의 직선 모양으로 연결되는 가마로 여겨지고 있으며, 요상의 각도는 단차각이 0~1도를 이루는 조선시대 전반을 통해서 보여지는 요상구조와 서로 통하는 구조라고 생각된다. 한편 소성실의 폭과 깊이의 비율에서는 깊이가 긴 직사각형의 구조를 취하고 있어, 조선 磁器窯에서도 소성실의 구조가 직사각형을 이루는 15~16세기의 磁器窯의 기본 구조에 가깝다는 것을 알 수 있다. 다만 分焰柱가 7~8개로 많은 점은 오히려 17세기 전반의 갓점골窯에 가까우며, 새로운 양상을 반영하고 있을 가능성도 있다. 단지, 隔璧(分焰柱)을 마련한 배후를 오목한 상태로 만드는 火床의 시설에 대해서 조선 磁器窯에서는 아직 확인되어 있지 않은 구조이며, 그 영향 관계에 대해서는 신중하게 생각해야만 할 것이다. 어쨌든 飯洞甕上窯의 가마 구조는 조선 磁器窯와 공통되는 요소를 많이 포함하고 있다고 말할 수 있다.

窯詰과 성형 기법

가마 도구에 대해서는 대소의 不成形인 圓柱狀의 토친(トチン)이 있지만, 이것은 조선시대의 전기간을 통해 磁器窯에서 일반적으로 볼 수 있는 것이다. 그 외에 轆轤의 축버팀이 있는데, 작은 유물이면서도 그것이 의미하는 바는 크다. 우선 轆轤의 축받이·축버팀은 긴 막대 모양을 회전시키기 쉽고, 또 고정하기 위해서 이용한 것으로 蹴轆轤를 이용했다는 것을 의미한다. 16세기까지 施釉陶器의 碗이나 皿을 소조한 瀬戸·美濃窯에서는 기본적으로 손으로 돌리는 手轆轤를 이용하고 있어 적어도 성형 기술상에서의 영향 관계는 없다고 말할 수 있다.[23] 한편 중국에서는 手轆轤·蹴轆轤의 쌍방을

---

23)「第三章 第二節 製造」『瀬戸市史 陶磁史編』5 (愛知, 瀬戸市史編纂委

이용하지만, 16∼17세기 무렵의 가마로 주목받고 있는 복건성 漳州
窯에서 발굴된 轆轤 축버팀은 器高가 배이상 높은 데다가 사다리꼴
을 이루고 있어 그 형태도 일치하지 않는다.[24] 한편 本窯跡 출토 轆
轤의 축버팀과 동일한 형식의 예는 15세기에 해당하는 경기도 광주
시 건업리 窯跡에서 출토되고 있다.[25] 그 외 遊離 자료이기는 하지
만, 轆轤의 축받이가 경상북도 성주군 소성리 요적에서도 발견되고
있어 20세기 초두 요업의 실태를 기록한 淺川巧의『朝鮮陶磁名考』
에 이르기까지 조선시대를 통해서 넓게 이용된 轆轤의 부속품이라
는 것을 알 수 있다.[26] 또 점토로 만들어진 원형의 두꺼운 하마(ハ
マ)는 官窯·地方窯를 불문하고, 조선시대의 가마에 자주 보이는 것
으로 제작 기술의 일부에 대해서는 분명하게 조선왕조부터 건너 온
도공이 관여하고 있었다는 가능성을 지적할 수 있다. 다만 분명하게
다른 요소도 혼재하고 있으며, 실을 감은 상태의 작은 토친은 한국
에 없고, 제품이 소형이기 때문에, 새롭게 개발되었을 가능성이 높
다. 도기의 貝目은 皿屋上窯와 같이 C자형을 이루고 있어 공통되고
있다. 한편 碗皿類에는 쌓아올린 흔적이 거의 없고 蛇目의 釉剝과
陶石目 등이 있으며, 공통점을 찾아낼 수는 없다.

器鍾과 제품

제품에 대해서는 호옹류와 완명류를 동일하게 제작하고 있다는
점에서 다음의 皿屋窯와는 다르다. 완명류에는 매우 일부분이기는

員會, 1993), pp.79∼80.
24) 福建省博物館,『漳州窯』(1997).
25) 최이종·장기훈,『광주 건업리 조선백자 요』(해강도자미술관, 2000),
    <사진 105>.
26) 慶尙北道文化財研究院,『성주 소성리 원불교 성지 조성부지文化遺跡收
    拾調查報告書』(2001) ; 淺川巧,『朝鮮陶磁名考』(復刻版) (景仁文化社,
    1993), p.94.

하지만, 16세기 말 무렵~17세기 초기에 보여지는 그릇의 측면이 S자 모양을 이루는 조선 白磁鉢과의 관계를 엿보게 하는 자료도 있지만, 대략 法量이 작은 직접적인 관계가 없는 완명류가 대부분을 차지하고 있다. 구체적으로는 제품도 전세품의 항아리 등, 일부에 한국의 粉靑이나 지방 백자를 닮은 예가 있지만, 그 대부분은 碗으로 구경 10~12cm : 높이 6.0cm 전후, 皿이 구경 10cm 전후 : 높이 4.0cm 전후가 되고 있다. 16세기 말~17세기 초엽의 장성군 대도리에서의 碗은 구경 12~20cm 전후 : 높이 6~8cm 전후, 皿은 구경 20cm 전후 : 높이 5cm 전후이며, 조선 백자에 비해 극히 작다(표6-1, 6-2). 또 그 器鍾의 대부분을 차지하는 丸碗・丸皿・襞皿 등은 오히려 美濃 제품 등과의 관계를 생각하게 한다. 土灰釉에 대해서는 경상남도 칠곡군 다부동요 등 灰靑沙器로 여겨지는 종류 속에 볼 수가 있지만, 적극적으로 연결시킬 수 있을 정도의 근거는 없고 향후의 검토가 필요하겠다.

壺甕類에 대해서는 역시 순지리요적에서 보여지는 것 같은 器鍾을 모두 인정할 수가 있으며, 皿屋上窯에서는 확인되지 않는 把手付鉢 등도 볼 수 있다. 器壁은 5mm 전후로 약간 두꺼운 편이지만, 胎土가 皿屋上窯의 자료보다는 정선되고 재갈색을 띠고 있어 상세하게 비교하지 않으면 조선시대의 도기와 구별이 되지 않을 정도로 닮은 자료도 있다. 또 皿屋上窯에서는 맞대어놓은 흔적은 문질러 지워져 있지만, 飯洞甕上窯에서는 맞댄 흔적이 그대로 남아있어 차이를 보이고 있다. 李參平이 처음가마를 쌓아 올렸다고 여겨지는 唐人古場窯跡의 가마 구조나 燒山窯의 가마 구조가 종래 16세기 한국 남부의 가마 구조, 즉 燒成室 사이에 단을 마련하지 않고, 천정의 높이가 낮은 구조로 되어있다는 유사점 등이 지적되고 있다.

2) 燒山上窯·唐人古場窯

나가사키현 이마리시의 燒山上窯와 사가현 타쿠시의 唐人古場窯
에 대해서는 전술한 村上씨의 논문으로 충분히 논해져 왔던 점이
다.[27] 따라서 한국에서의 최근 발굴 성과를 약간 부연해 두는 것에
그치도록 하겠다. 또 이러한 가마의 제품에 대해서도 명확한 영향
관계를 볼 수 있는 것은 벌써 충분히 지적되고 있는 것으로 그 개요
만을 언급하는 것으로 하겠다.

窯構造

燒山上窯跡은 총길이 24m정도, 폭 1.48m 정도로 10실을 만드는
土築傾斜連房窯이다.[28] 唐人古場窯跡은 총길이 20m, 폭 1.78m로
7~8실을 만든 土築傾斜連室窯이다.[29]

이러한 가마는 종래의 연구에서는 경기도 山本 窯跡의 구조를 닮
았다고 여겨져 왔지만, 산본요적은 分焰柱가 2개로 적고, 소성실 마
다의 단차는 1도 정도로 완만하게 일어서 가는 가마 구조를 취하고
있다.[30] 또 앞서 살펴본 바와 같이 적어도 16세기 전반까지의 가마
는 단차가 0~1도로 거의 단이 없으며, 分焰柱도 1~2개에 머무르
고 있다. 한편 다른 히젠가마와 같이 단이 명확하지 않는 唐人古場
의 가마 구조는 山本窯의 기본 구조와 닮아 있지만, 分焰柱가 4~5
개, 陣內씨에 의하면 단차각이 7.5도로 분명하게 다른 요소를 갖추
고 있다.

한편 현재까지 보고서가 간행되어 있는 조선시대의 가마 가운데

---

27) 註 3, 앞의 책 참조 ; 村上伸之「肥前における初期の登窯について」『東
　　洋陶磁』27 （東京 : 東洋陶磁學會, 1997, pp.33~47.
28) 註 27), 앞의 책 참조.
29) 唐人古場窯跡調査委員會,『唐人古場窯跡』(1994).
30) 湖巖美術館,『山本地區文化遺跡發掘調査報告書』(1990).

이러한 요소에 가장 근사치를 나타내는 것이 부여 갓점골 요적의 구조이다.[31] 즉 단차각이 7도, 분염주를 4~5기둥 정도 만드는 구조를 이루고 있다(표4・5). 단차각이나 분염주로부터 본다면, 山本窯跡이나 唐人古場窯跡의 가마 구조는 17세기 전반의 갓점골窯에 가깝다. 그러나, 구조는 다르며, 山本窯나 唐人古場窯跡의 窯尻幅이 거의 퍼지지 않는데 비해, 갓점골窯跡에서는 窯尻로 향해 차츰 퍼지는 扇形을 이루고 있다. 따라서 唐人古場窯跡은 山本窯跡과 같은 16세기의 옛 식의 가마 구조와 갓점골窯跡과 같은 17세기의 신식의 가마 구조의 정확히 중간에 해당한다고 평가하는 것이 가능하겠다. 豊臣秀吉의 조선침략을 계기로 보여진다고 하는 후쿠오카현 茶園場窯에서도 같은 가마 구조가 보이고 있어 16세기 말 무렵의 한국 남해안 지방의 가마 구조에 가까운 형식이 있었다고 예측된다.[32]

窯詰과 성형기법

쌍방의 가마 모두 窯道具에는 먼저 본 것처럼 조선 磁器窯에 보여지는 원주형의 토친이나 원형의 토친이 출토하고 있어, 농후한 영향 관계를 엿볼 수 있다.

제품과 기종

燒山窯의 제품에 대해서 飯洞甕上窯와 같이 조선도자와의 관련을 엿보기는 어렵다. 한편으로 唐人古場窯跡의 器形도 역시 조선도자와의 관계를 엿보기는 어렵지만, 全面施釉를 하고 있어, 조선 磁器窯의 施釉 방법과의 관련성을 보여주고 있다.

---

31) 忠淸埋藏文化財硏究院・大田地方國土管理廳,『扶餘　正覺里갓점遺蹟』(2002).

32) 上村佳典他,『北九州文化財調査報告書40愛宕遺跡Ⅰ』(福岡, 北九州敎育委員會, 1985).

3. Ⅰ-1 C류 : 조선도자요와는 다른 가마 구조

이 그룹으로 분류되는 것은 大河原 1號窯·道納屋窯 등이지만, 이 중 가장 양상이 명확한 皿屋下窯를 고찰하는 것으로 하고 싶다.

1) 皿屋下窯

가마 구조

皿屋下窯도 사가현 마츠우라군 北波多村에 위치하지만, 일찍부터 조선도자와의 관련 속에서 생각되어온 窯의 하나이다. 우선 窯構造는 전체 길이 23m 전후, 폭 2.2m 전후로, 10~11실 전후의 소성실을 이룬다. 또 소성실과 소성실의 사이는 명확한 단을 이루어 7~8개의 分熖柱를 만들어 通熖孔으로 삼는다. 종래의 연구에서는 이 유단식 가마 구조는 함경북도 회령군과 연결되어왔다.[33] 그러나 그 근거는 大正 연간에 발견된 회령의 가마 구조이며, 현재까지 16세기의 회령의 가마가 발굴된 사실은 없다. 물론 肥前陶器의 발생이 豊臣秀吉의 조선침략 이후라면, 가토 키요마사 등이 함경북도까지 쳐들어가고 있어 그 영향에 대해서는 향후에도 검토할 가치가 충분히 있다. 그러나, 현 단계에서 회령가마와의 영향 관계를 논할 정도의 근거는 전무하다.

앞에서 본 陣內씨의 분석에서는 皿屋下窯의 단차각은 13.7도로 수치적인 면에서 명확히 단을 이루고 있다는 것을 알 수 있다. 대략 0~2도가 대부분을 차지하는 16~17세기의 조선가마의 단차각과 皿屋下窯의 단차각은 전혀 부합되지 않으며, 전라남도 곡성군 송광리요적의 단차각에 가장 가깝지만(표 4·5), 이 요적은 17세기 후반

---

33) 水町和三郎, 『古唐津』 上 (東京, 出光美術館, 1973) pp.33~37.

의 가마이며, 시대적으로 부합되지 않는다.[34] 따라서 현재 보고서가 간행되어 있는 가마 구조를 보는 한, 皿屋下窯와 동일한 조선 磁器窯의 구조는 없었다고 말하지 않을 수 없다.[35]

窯詰과 성형

皿屋下窯에서도 飯洞甕上窯와 같이 轆轤의 축버팀이 출토되고 있어, 그 관계성을 엿볼 수 있다. 또 窯內에서의 溶着을 막기 위해, 제품과 같은 흙을 이용해 경단형의 완충재를 만드는 胎土 부분은 언뜻 보아 조선도자의 기술과 유사하다. 그러나 內底를 方形으로 유약을 칠하여 胎土 부분을 두는 기술, 지름이 1cm를 넘는 크기 등은 조선도자와의 직접적인 연결을 생각하기에는 문제가 있다. 또 동시기의 전라남도 장성군 대도리 요적 출토 자료, 오오사카성 출토의 16세기 말~17세기 초엽에 상당하는 한국 지방 백자 속에는 태토를 이용하는 예가 있기는 하지만, 이것들과는 엄연히 차이가 난다.

기종과 제품

器鍾에는 折緣皿 등 飯洞甕上窯에는 볼 수 없는 기종이 있지만, 기본적으로는 같은 종류가 燒成되어지고 있어 역시 조선도자와의 관계를 찾아낼 수 없다. 유약도 함경북도와의 관련이라는 근거가 되고 있지만, 짚을 태운 재는 벼농사를 한다면 입수하기 쉬운 재료라는 것, 高臺裏面까지 施釉하지 않는 방법 등은 美濃의 영향이라고도 생각되며, 현재로서는 역시 관련성이 있다는 증거라고는 말하기 어려운 측면이 있다. 또 이러한 학설의 근거가 되고 있는 淺川伯教씨

---

34) 강대규 외, 「곡성 송강리백자요」『湖南高速道路擴張區間 (湖西~順天間) 化遺跡發掘調查報告』Ⅰ(全南大學校博物館, 1997).
35) 요 근래에 명확하게 단을 이루는 窯도 발견되었다는 전문을 듣고 있으며, 이들 보고서의 간행을 기다려 논의가 진행될 필요가 있겠다.

의 함경북도의 채집 자료나 戰前부터 모아진 會寧燒의 자료에 대해
서도 器形 등으로부터 19세기 이후의 자료가 많다고 하지 않을 수
없으며, 오히려 다른 가능성을 찾을 필요가 있다.

皿屋下窯에 대해서는 한국 남부에서의 계단식 가마 구조가 보고
서의 간행에 의해 밝혀졌을 때에 재차 고찰해야 하지만, 轆轤의 축
받이나 원형 토친 등에 조선도자의 영향이 아주 적기는 하지만, 보
이는고 있는 점을 간과해서는 안되고, 조선 磁器窯의 기술자가 어떠
한 형태로든 관여하고 있을 가능성도 부정할 수 없다.

그런데 앞의 飯洞甕上窯 부근에는 한층 더 심도있게 일본화한 飯
洞甕下窯跡이 있다. 窯構造는 皿屋下窯에 가깝고 이 가마의 제품은
碗·皿類 외에 茶碗과 向付라고 하는 차도구, 甕壺類가 구워지고
있다. 壺甕類도 皿屋上窯에 비해서 기벽이 두꺼우며, 녹색을 나타내
는 토회유를 칠하는 있는 등 다른 점이 많다. 이러한 透明釉·鐵繪,
碗皿類와 壺甕類를 동시에 생산하는 방식은 이마리 지역에서 전개
하는 肥前陶器窯에도 넓게 인정되어지고 있는 바이다. 이와 같이 조
선도자의 영향을 정리하는 한편, 1610년대에 걸쳐 이른바「繪唐津」
이라고 불리는 극히 일본적인 양식이 전개되고 있어 조선도자와는
분리되어져 갔다고 말할 수 있다. 또 도기의 甕壺에 대해서도 17세
기부터 비젠의 영향으로 보여지는 격자 모양의 받침도구가 등장하
여 조선 도기의 영향은 점점 미약해진다.[36]

이상과 같이 어디까지나 조선도자로부터 본다면, 窯마다 영향을
받은 요소가 극히 차이를 보이고 있음을 알 수 있다. 즉 수많은「李
參平」이 히젠의 땅에 번져나가 각각의 기술을 가지고 開窯에 관련
되어 있었다는 것을 알 수 있다. 그렇지만 전술한 것처럼 肥前陶器

---

36) 東中川忠美,「陶器の編年 4-壺·甕」『九州陶磁の編年』 (佐賀, 九州近
世陶磁學會, 2000), pp.64~75.

窯의 첫 출현 연대나 관계성에 대해서는 아직 의견이 나누어져 있
는 부분이 있으며, 이에 대해서는 향후 히젠의 연구자에 의한 성과
를 기대하고 싶다.

IV. 1610~1650년대의 히젠도자와 조선도자

1. 종래 연구와 가마 구조에 대해

그런데 豊臣秀吉의 조선침략 이후에 히젠 지역에서 본격적으로
자기가 燒造된 것은 현재의 연구에서는 1610년대로 되어 있다.[37] 초
창기의 肥前磁器窯로 보여지는 조선도자의 영향에 대해서는 전술한
바와 같이 大橋康二씨나 村上神之씨의 논문으로 충분히 논의되어져
왔다. 즉 胎土目이 아닌 砂目(耐火土目)을 이용하고 있는 것, 構緣皿
이라고 불리는 조선백자와 아주 닮은 外反皿의 존재가 있다.

16세기의 조선 지방요로 넓게 이용되고 있는 耐火土目(일본에서
는 砂目으로 불린다)이 1610년대 무렵부터 등장하여 초기의 靑花에
도 이용된다. 또 有田町의 天神森窯나 가마의 辻窯 등에서 큰 內底
圓刻을 만드는 접시 등 적색의 내화토목을 4개소 정도 두는 유물이
출토하고 있지만, 이것들은 한국 남부에서 만들어진 연질 백자의 계
통으로 오인한 것이다. 그러나, 이들 天神森이나 가마의 辻窯는 靑
花를 주안으로 한 생산체제에 곧바로 바뀌어 버렸고, 이러한 일부의
연질 백자는 재빨리 靑花에 흡수되어 버린다.

그러나 앞의 조선계 가마나 백자가 肥前磁器 생산 속에 뿌리를

---

37) 註 3 , 앞의 책 참조.

내리는 것은 끝내 이루어지지 않았다. 1650년대 이후에는 중국 남방 기술의 영향을 받았다고 보여지는 대형의 반원형 단면 구조를 이루는 連房窯가 히젠요의 기본 구조가 되었고, 조선 백자풍의 目跡은 완전히 사라져 중국의 皿靑花風의 제품이 대량 생산 된다. 조선시대 도자기 생산의 주체는 백자이며, 기본적으로 一極 집중형의 대량생산은 행해지지 않게 되었고, 狹域을 보충하는 생산 형식이 취해지고 있다. 그 때문에 靑花의 대량생산화로 향하면서 일본 열도 모든 수요를 등에 업고 또 유럽에까지 수출을 넓혀 가는 히젠가마의 생산량과는 전제 조건이 다른데, 조선도자의 요업 기술이 적극적으로 채택되기까지에 이르지 않았기 때문일 것이다. 1650년대 이후, 肥前磁器의 생산이 한층 더 활발해짐에 따라 조선 자기의 기술은 토축요로 그 모습을 남길 뿐, 적어도 제품에 대해서는 조선도자의 요소는 완전하게 사라져 버리는 것이다.

2. 연질 백자와 內野山窯跡

전술한 바와 같이 肥前磁器만을 보면, 조선도자의 영향은 「표면적」으로 완전하게 사라져 버린 것처럼 보인다. 그러나, 필자는 이하의 점에서는 「표면적」으로 남아있는 것이 아닐까 라고 생각한다. 그 하나가 한국 남부에서 생산되고 있던 연질 백자의 영향이 있다. 이러한 영향에 대해서는 磁器窯에 대해서는 종래 그다지 주목받지 않았는데, 초기에 미약하지만 약간 나타나는 정도로 여겨져 왔다. 그러나, 폭 넓게 히젠도자를 본다면, 이 연질 백자의 계보는 길며 또 전 일본에 퍼져 나갔다고 생각된다.

그런데 연질 백자의 정의에 대해서는 과학적 분석 등의 연구에 의해 상세하게 언급되어져야 하지만, 본고의 주목적이 아니기 때문에 여기에서는 「多孔質의 胎土에 유약을 바르고 유색은 상아색이나 청색을 띠며 貫入이 넓어지는 것」을 연질 백자라고 정의한다. 히젠에서는 이러한 연질 백자를 「白釉陶器」로서 도기의 범주에 포함하고는 있지만, 종래 조선도자의 영향으로서는 그다지 언급되어 오지 않았다. 이것들 연질 백자계의 유물을 볼 수 있게 되는 것은 1610~1650년대의 窯로 天神森窯·窯의 辻窯 등에 일부가 보이고 있지만, 그 말로는 먼저 말했던 대로이다. 그 한편으로 연질 백자의 계보에 해당하는 白釉陶器가 더 많으며, 게다가 오랜 기간 생산한 窯가 있다. 그것이 內野山窯跡이다.

1) 內野山窯跡

사가현 藤津郡 嬉野町 內野山窯跡에 대해서는 「李參平」이라고 하는 쌍벽을 이루는 조선 도공의 한 명인 宗傳의 전승이 전해지는 가마이지만, 유감스럽게도 窯構造에 대해서는 확인되고 있지 않다.[38] 窯道具에 대해서도 실타래 형식의 토친 등이 많아 확실한 영향 관계는 불명하다.

內野山窯跡으로부터 출토한 유물은 Ⅴ기로 구분되어 그 중 Ⅰ기는 1610년대를 상한으로 하는 17세기의 제2/4분기 무렵까지로 여겨지고 있다. 이 Ⅰ기의 제품으로서 회색을 띠는 胎土目 제품이 많이

---

38) 嬉野町教育委員會, 『內野山南窯跡·內野山北窯跡』－嬉野町古窯跡發掘調查報告書 Ⅱ－ (佐賀, 嬉野町教育委員會, 1997). 「百婆仙碑文」에 대해서는 여러 문헌이 있지만, 佐藤進三, 「古唐津と古伊万里 李祥古場と稗古場窯との關係に就て」『陶說』69 (東京, 日本陶磁學會, 1958), pp.17~24가 가장 상세하다. 本碑文에의하면, 宗伝은 夫人이었던 百婆仙과 동반하여 廣福寺의 僧侶로서 渡海했다고 한다. 姓을 深海로 하여 이것을 '金海'라고 하는 설도 있으나, 근거는 없다.

출토하지만, 일부에 4개소 정도, 작은 曲玉狀의 적색 耐火土目을 댄 상아색의 제품이 포함되어 있다. 전체의 출토량에 비하면 그 수량은 적지만, 器鍾에는 鐔緣皿·皿類가 많다.

그럼 한국의 연질 백자는 언제, 어디서 생산되고 있었던 것일까. 현재까지 보고서가 간행된 한국의 연질 백자의 편년을 보면, 경상남도 산청군 방목리 요적·광주광역시 충효동 요적 등은 16세기 전반 무렵에 끝나는 가마로 되어있다.[39] 실제, 일본의 消費地 유적에서는 16세기 전반 무렵을 중심 연대로 하는 博多 유적군, 혹은 堺環濠都市 유적군의 출토품 속에 16세기 전반에 상당하는 연질 백자편이 있다.[40] 그러나 이것은 원형의 백색 내화토목을 이용한 것으로, 內野山窯跡에 보이는 연질 백자와는 다르다.

한편으로 일본의 출토품 속에는 분명하게 시대가 내려가는 것으로 보여지는 예가 포함되어 있다. 전술의 堺環濠都市 유적군에서도 1580년경부터 1615년을 하한으로 하는 遺構, 오오사카성의 도요토미 전기(1580∼1598년)에 상당하는 遺構에서는 연질 백자가 많이 출토하고 있다.[41] 이들 16세기 말 무렵에 일본에서 출토되는 연질 백자의 형식은 몇 개인가로 분류되지만, 대략 갈색을 띠는 지름 8mm 전후의 내화토목을 이용해 약간 曲玉狀을 이루는 것이 가장 많이 볼 수 있는 유형이다. 이러한 생산지를 한정하는 것은 어렵지만, 대략 진주·사천 등 경상남도 지역에서 볼 수 있는 형식에 가깝다고 볼 수 있다. 器鍾에는 碗·鉢·皿·鐔緣皿 등이 있지만, 오오사카

---

39) 光州博物館, 『무등산 충효동 가마』(1993) ; 釜山大學校博物館, 『山淸放牧里白磁窯址』(2000).

40) 森本朝子·片山まび, 「博多出土の高麗·朝鮮陶磁－生産地を視座として－」『博多研究會誌』8 (福岡, 博多研究會, 2000), pp.41∼76.

41) 森毅, 「大坂出土の李朝陶磁」『大阪市文化財協會研究紀要』4 (大阪, 大阪市文化財協會, pp.221∼222 ; 堺市敎育委員會, 『堺出土のやきものシリーズ5－朝鮮半島の陶磁器－』 (大阪, 2004).

성의 출토품 속에는 호형을 이루는 「鹽筒茶碗」이라고 칭해지는 것도 있으며, 이것에는 옻칠을 한 흔적도 남겨져 있어, 아마도 다도 등에 관련된 고급 용기로서 이용되고 있던 것으로 여겨진다. 茶會記에서는 慶長2년(1597년)에 히데요시 소유의 「高麗白茶碗」이 등장하고 있어, 그 후 慶長 연간에 자주 하얀색 茶碗이 등장하고 있다.[42] 이것들은 赤沼多佳씨가 지적해 준 바와 같이 반드시 백자가 아닐 가능성이 있겠지만, 백색의 茶碗이 나타나고 있다는 것은 주목할 만 하다. 아무튼 조선백자는 단순한 무역품의 테두리를 넘어, 특별한 취급을 받고 있었던 것으로 유추된다.

이러한 조선 전기의 연질 백자와 內野山窯跡의 제품을 비교하면, 적갈색의 내화토목을 이용하고 있는 점에서 16세기 상반기의 것은 아니고, 16세기 말 무렵에 일본에서 출토되는 연질 백자에 보다 더 가까우며, 또 鐔緣皿 등의 器形도 영향 관계를 엿볼 수 있다고 한다. 그 한편에서 세부적인 면에서는 명확한 차이가 있다는 것도 사실이다. 우선 內野山窯跡의 제품은 釉胎가 정선되어 단면을 보면 매우 치밀해 석고질의 새하얀 흙을 이용하고 있어 거의 정밀도가 균일한 흙으로 되어있다. 이것에 비해 조선 전기의 연질 백자에서는 기공이 많아, 약간 갈색을 띤 엉성한 흙을 이용하고 있으며, 그 정밀도는 일정치 않다. 다음으로 內野山窯跡의 제품은 高臺의 지름이 작고 높아 정밀하게 깎여지고 있으며, 疊付幅도 극히 좁다. 目의 위치에 대해서도 16세기 말의 연질 백자는 랜덤이지만, 內野山窯跡의 제품은 작은 곡옥형을 지키고 있어 그 크기나 위치도 4개 정도의 등간격으로 놓여져 있다.

이상과 같이 內野山窯跡의 제품은 16세기 말의 연질 백자에 비해 전체적으로 마무리가 정연하여 직접적인 영향이라고 말하는 것보다

---

42) 林屋晴三, 『陶磁体系 32－高麗茶碗』 (東京, 平凡社, 1982).

는 양식을 모방했다는 인상을 준다. 內野山窯跡의 제품에 직접적인 기술 영향이 있었는지에 대해서는 향후 태토 분석 등 충분한 근거가 필요하며 아직 많은 유보조건을 남기고 있다. 그렇지만 태토의 정제나 燒成이라는 면에서 독자적인 개발이 어렵다고 생각되는 점, 天神森窯跡 등 명확히 조선 연질 백자의 영향이 있다는 것을 고려한다면, 아마 16세기 말 무렵까지 畿內에서 출토되는 연질 백자를 소조하는 기술이 한국의 남부에 있었고, 內野山窯의 생산에 어떠한 형태로든 관여하고 있다고 생각된다.

이러한 연질 백자의 기술에 대해서는 1650년 이후, 雜器의 「京燒風陶器」로서도 전개되어 가는데, 「獻上唐津」에 이르기까지 그 기술 계보를 連綿히 유지해 갔다고 여겨지고 있다. 또 섬세한 기술적 영향 관계에 대해서는 검토의 여지를 남기고 있지만, 일본 근세 도자의 일대 조류를 이룬 京燒,43) 혹은 釜山窯의 제품도 이러한 연질 백자의 일계보라고 생각되는 것이다. 이것들은 모두 茶碗이나 다도에 관한 것임도 주목받는다. 즉 靑花에 대해 土築窯라고 하는 기술만이 남겨진 것에 비하여 연질 백자에는 다도와 결합됨에 따라 양식이 어느 정도 남아있었다고 말할 수 있을 것이다. 어느 나라의 미술에도 외래 양식은 선호되지 않으면 곧바로 쇠퇴해 버리지만, 그러한 의미에서 연질 백자는 양식이 선호됨에 따라 靑花보다 깊게 일본도자 속으로 뿌리를 내려갔다고 말할 수 있다.

---

43) 鈴木祐子, 「仁淸窯址と採集陶片について」『仁淸の茶碗』(東京, 根津美術館, 2004), pp.70~80. 鈴木씨는, 京燒의 기술은, 三足ドチ·匣鉢 등 基本的으로는 瀨戶·美濃의 기술을 사용하고 있다고 보여지는데, 素燒의 技術에 대해서는 瀨戶·美濃窯이 아니라, 肥前의 1650年代 대를 경계로 삼고있는 것에 영향을 예측하고 있다.

V. 맺음말

이상과 같은 고찰로부터 肥前陶器와 조선도자는 이하와 같은 관계를 가지고 전개했다고 말할 수 있다.

히젠에 대해서는 ①1580~90년대 무렵에 조선왕조 도기의 壺甕 공인, 완명을 굽고 있던 공인들이 관여하여 그 燒造가 개시했다. 壺甕類의 기술에 대해서는 거의 그대로 기술이나 양식이 받아들여지지만, 완명에 대해서는 일본에서의 수요에 맞추었기 때문에 표면적인 영향은 보이지 않으며, 窯構造나 성형 도구, 窯道具 등에 영향 관계가 보이고 있다. ②그러나 1610년대 이후, 靑花의 본격적인 생산 개시에 의해 이러한 조선도자의 영향은 서서히 사라져 간다. ③일부 연질 백자의 기술은 원래 고급품으로 여겨짐에 따라 內野山窯跡 등에 그 양식이 이어 내려가 일본 도기로서 하나의 조류를 형성하고 있었다는 것을 알 수 있다.

이상과 같은 큐슈도자와 조선도자의 관련을 보면 종래부터 강조되고 있던, 혹은 사람들 입으로 회자되고 있던 「자기」의 기술적인 영향은 일부의 轆轤 성형 기술 등을 제외하고 극히 단기간에 사라지고 있는 것을 알 수 있다. 그 이유로서의 하나는 히젠이 일본 열도나 또 유럽까지 전파되는 극히 넓은 영역을 대상으로 한 靑花의 대량생산을 목표로 하여 발전한 요업지이며, 좁은 지역 수요의 백자 생산을 전제로 하는 조선 백자의 기술이 맞지 않았기 때문이라고 생각된다. 그러나, 양식으로서는 연질 백자의 계보가 히젠 뿐만 아니라, 京燒 등 「도기」로서 일본도자의 일대 조류를 이루는 白釉陶器에 ·전해져 폭 넓게 전개해 갔다고 말할 수 있다. 다만 그 전체적인 평가에 대해서는 다른 큐슈도자나 萩 등도 염두에 둔 상세한 연구는 물론, 한국에서의 요적조사의 진전이 희망되어지는 바이다.

(謝辭) 본고를 기록하는 데에 한국에서는 安輝濬·崔夢龍·姜敬淑·金英媛·方炳善 선생님, 또 李鍾玟·田勝昌·張起薰·韓盛旭 선생님, 佐賀縣 九州陶磁文化館의 大橋康二선생·藤原友子氏, 北波多村 敎育委員會의 陣內康光氏, 佐賀縣敎育廳의 東中川忠美氏·齊藤潤花氏, 大阪市文化財協會의 黑田慶一氏·森毅氏, 堺環濠都市遺跡의 조사에 대해서는 堺市敎育委員會의 白神典之氏·續伸一郎氏·長井氏에게 신세를 졌습니다. 그 외에 많은 여러분이 조사에 협력해 주셨던 일을 여기에 적어 감사의 말씀을 드립니다.

〈표 1〉 皿屋上·飯洞甕上窯와 蕣池里窯跡의 成形比較表

	燒成·釉	当て具	叩目	口頸部	胴部	口頸部	貝目(伏置)
蕣池里	灰釉カセル 砂粒多着	同心円 (半円狀)	平行線?ナデ消	回轉 ナデ	叩き 回し	回轉 ナデ	点狀·C字狀
皿屋上	灰釉カセル 砂粒多着	同心円, ナデ消	平行斜線	回轉 ナデ	叩き 回し	回轉 ナデ	C字狀
飯洞甕上	灰釉カセル 砂粒多着	同心円 (円狀)	平行斜線	回轉 ナデ	叩き 回し	回轉 ナデ	C字狀

〈표 2〉 器種比較表

	蕣池里窯跡	皿屋上窯跡	飯洞甕上窯跡
フ字狀口緣甕	○	○	○
玉緣狀口緣甕	○	○	○
段狀頸付甕	○	×	○
甕의蓋(L字狀口唇)	○	○	○
甕의蓋 (斜口)	×	○	○
舟形德利	○	○	○
片口	○	○	○
把手付鉢	○	×	○
四耳壺	×	○	○

〈표 3〉 肥前陶器窯(岸嶽諸窯) 計測表(單位：m)

窯名	全体			燒成室						分焰柱
	長	室數	勾配角	傾斜角	幅	長	幅/長	段差	角-傾	
飯洞甕上窯	13.3	5	16	13	2.24	2.31	0.97	26	3	7
飯洞甕下窯	18.4	7	15.5	10.7	2.22	2.35	0.94	41	2.8	6
皿屋上窯	16.4	1	22	22	1-1.75	–	–	–	–	–
皿屋下窯	23.5	9	26	12.3	2.75	2	1.38	53	13.7	7
帆柱窯	(30)	(14)	21	15	2.1	2.15	0.98	31	6	6
山瀨上窯	23	7	26	22	2.3	1.6	1.44	32	4	?
山瀨下窯	13	5	21	?	2.2	1.6	1.38	?	–	?
道納屋窯	37	17	22	15	2.3	2.1	1.10	57	7	(1)
唐人古場窯	20	7-8	14.5	7	1.78	1.77	1.01	5	7.5	4-5

窯名	全体			燒成室						分焰柱
	長	室數	勾配角	傾斜角	幅	長	幅/長	段差	角-傾	
大河原 1 号窯	?	14	17	11.5	2.39	2.45	0.98	35	5.5	(1)
神谷窯	11	6	19	11.3	2.23	2.06	1.08	41	7.7	?
燒山上窯	24	10	21	15	1.48	1.7	0.87	33	6	4
燒山中窯	25	11	20	11	1.41	1.62	0.87	40	9	?
茅ン谷 1 号窯	52	22	21	?	2.1	2.15	0.98	?	-	?
阿房谷下窯	43	20	17	?	2.65	2.65	1.00	?	-	?
小物成 2 号窯	20	?	11	10	2.8	2.25	1.24	10	1	?

* 本計測表에 대해서는 陣內康光氏(註 9)의 論文으로부터 인용하였고, 分焰
柱의 個數에 대해서는 筆者가 付記한 것이다.

* 帆柱窯에 대해서는 修正된 데이터를 반영하고 있다.

〈표 4〉15~17世紀의 朝鮮磁器窯計測表(單位 : m)

窯名	全体			燒成室						分焰柱	時代
	長	室數	勾配角	傾斜角	幅	長	幅/長	段差	角-傾		
廣州牛山里 9	36	-	-	-	1.6	-	-	-	0	?	15後-16中
廣州焚川里 5	34	-	12	-	1.8	-	-	-	0	2	1554前後
廣州仙東里 2	35	2	10	5	1.8	2.6	0.69	0.2	5	3	17後
軍浦山本B	25	3	8	7	1.4	3.9	0.35	0.6	1	3	16前
安城華谷里	12	3	15	1	2.5	3.0	0.83	0.2	5	3	17末-18初
永洞老斤里	12.8	5	22	22	1.3	1.2	1.08	0	0	5-7	17-18
大田壯安洞	16.6	5	11	10	1.8	1.6	1.12	0.53	1	8	17後
大田長生洞	26.0	5	20	15	1.4	4.0	1.0	-	5	2	16後
扶餘ガシチョムユル	19.6	4	14	7	1.94	3.82	0.50	0.38	7	4-5	17前
公州鶴峰里 1 A	41.76	13	?	?	1.1	1.9	0.57	-	0	1	15後-16前
公州鶴峰里 5	27.5	10	?	?	1.6	-	-	-	0	3	15後-16前
光州忠孝洞 3	27.5	10	14	14	1.55	-	-	-	0	0	15-16前
保寧龍泉里3	34.8	4	10	10	1.4	-	-	-	0	3	15-16前
長城大都里	23.5	4	5	5	2.6	5.7	0.45	0.60	0	3	16末-17初
昇州後谷里	10.0	4	10	5	2.5	2.0	1.23	0.15	5	7	17後
谷城松江里	11.2	4	17	5	2.3	2.2	1.04	0.50	12	7	17末-18初
漆谷多富洞	19.0	5	18	17	1.3	1.98	0.65	0.20	1	0	15-16初
安東新陽里	13.8	5	8	8	1.4	-	-	-	0	0	16後
山淸放牧里 1	19.0	5	17	17	1.2	2.5	0.48	0.10	0	3	15-16前
慶山陰陽里	14.6	3	14	14	2.4	3.2	0.75	0	0	1	16初

* 指導委員會資料에 대해서는 燒成室의 角度가 불명하기 때문에 제외하였
  으며, 正規의 報告書중에서 입수가 불가능했던 韓國文化財保護財団의
  『中部內陸高速道路忠州區間文化遺跡發掘調查報告書』(2001)에 대해서는
  發表後에 追加할 예정이다.
* 모두 最大長·最大幅을 기입했다.
* 燒成室에 대해서는 第1室 및 殘存해 있는 燒成室 중에서 先端을 기준으
  로 하고 있다.
* 수치의 인용문헌은 다음과 같다. 燒成室의 幅과 길이 환산한 수치와 段差
  角에 대해서는 필자가 陣內康光氏(註 9)의 肥前窯 計測値의 計算方法에
  맞추어 계측한 것이다.

<數値의 引用文獻은 다음과 같다>

- 梨花女子大學校博物館, 『朝鮮白磁窯址發掘調查報告展』(1998).
- 梨花女子大學校博物館, 『도요지 발굴 성과 20년』(2001).
- 명지대학교박물관·호암미술관·경기도, 『山本地區文化遺跡發掘調查
  報告書』(1990).
- 中央文化財硏究院·韓國道路公社, 『永同沙夫里·老斤里陶窯址』(2003).
- 野守健他, 『鷄龍山麓陶窯址調查報告』(朝鮮總督府, 1929).
- 海剛陶磁美術館, 『대전 정생동 백자요지 발굴조사지도위원회 희의자
  료』(1997).
- 忠淸埋藏文化財硏究院·大田地方國土管理廳, 『扶餘正覺里갓점골遺跡』
  (2002).
- 海剛陶磁美術館, 「龍水里 3 号白磁窯跡發掘調查報告」『陶窯址發掘調查
  報告』(韓國水資源公社梨花女子大學校博物館, 1997).
- 木浦大學校博物館, 『장성 대도리 가마유적』(1995).
- 이화여자대학교박물관, 「후곡리 백자 도요지」『주암댐水沒地域發掘調
  查報告書(Ⅴ)』(1998).
- 강대규외, 「곡성 송강리백자요지」『湖南高速道路擴張區間(湖西〜順天
  間)文化遺跡發掘調查報告書』1(全南大學校博物館, 1997).
- 朴淳發他, 「안동 신양리 조선백자요지」『大邱〜春川間高速道路建設予
  定地域內文化遺跡發掘調查報告書(大邱〜軍威間)』(1991), pp.9〜94.
- 尹容鎭他, 「漆谷多富洞窯址」, 『大邱〜春川間高速道路建設予定地域內文

化遺跡發掘調査報告書(大邱～軍威間)』(1991).
◦ 慶尙北道文化財研究院·韓國道路公社,『大邱－浦項間高速道路新設區間
文化遺跡發掘調査報告書－陰陽里·莎里·守城里·縣內里·多山里遺
跡－』2002.

〈표 5〉段差와 角度差의 分布図(筆者作成)

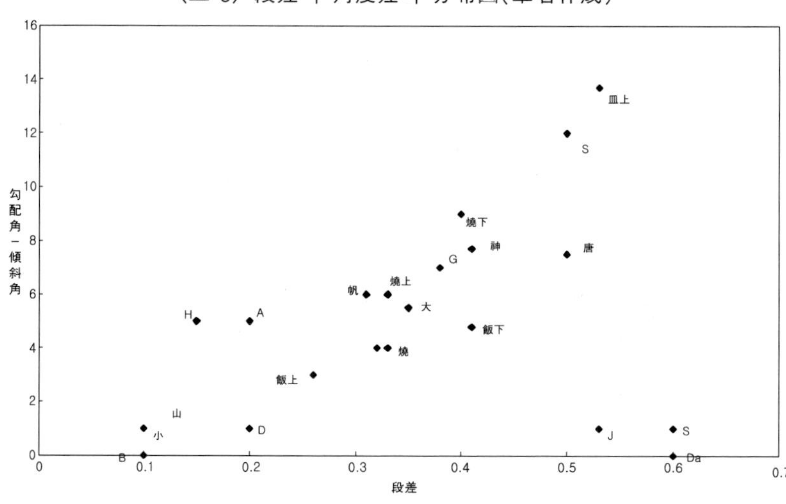

〈凡例〉

朝鮮時代의 窯跡

B：放山洞窯跡/D：多富洞窯跡/H：後谷里窯跡/A：華谷里窯跡/G：カッ
チョムコル窯跡

J：壯安洞窯跡/S：山本窯跡/Da：大都里窯跡/S(上)：松廣里窯跡

肥前Ⅰ期의 窯

飯上：飯洞上窯跡/飯下：飯洞下窯跡/山：山瀨窯跡/燒：燒山窯跡/大：大川
原窯跡

帆：帆柱窯跡

肥前Ⅱ期의 窯

小：小物成窯跡/唐：唐人古場窯跡

〈표 6-1〉全羅南道長城郡大都里碗(か I A式)의
口徑・器高分布(單位：cm)

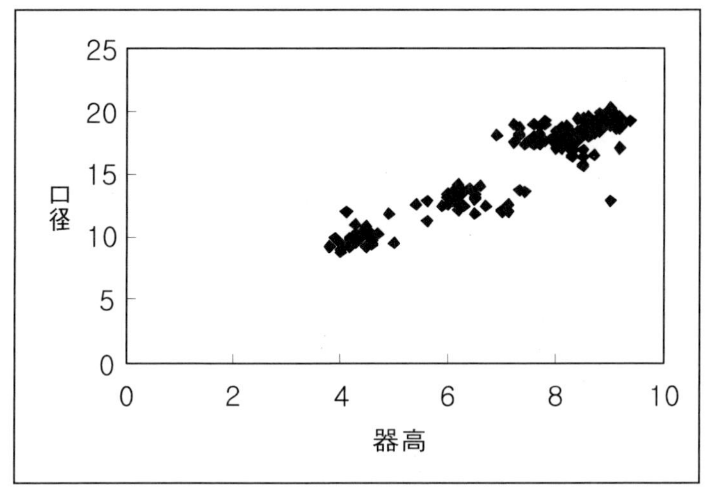

〈표6-2〉全羅南道長城郡大都里皿(か I A式)의 口徑・器高分布(單位：cm)

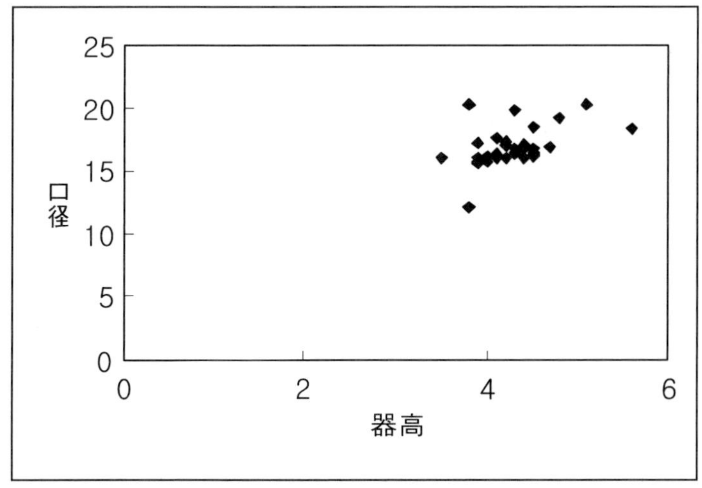

* 兩圖 모두 木浦大學校博物館 『長城大都里窯遺跡』(1995)으로부터 필자가
작성.

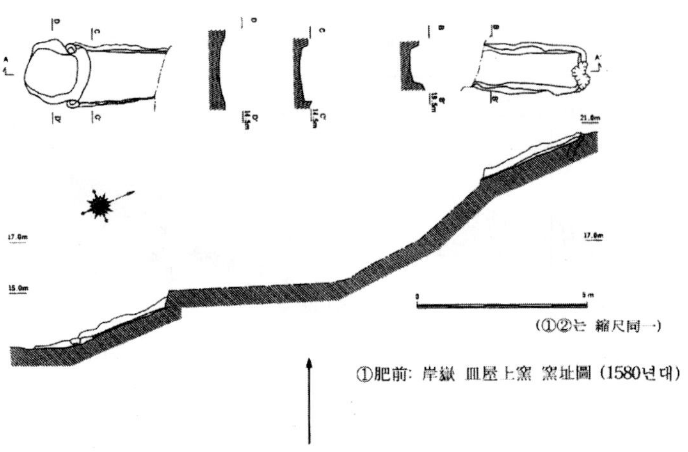

①肥前: 岸嶽 皿屋上窯 窯址圖 (1580년대)

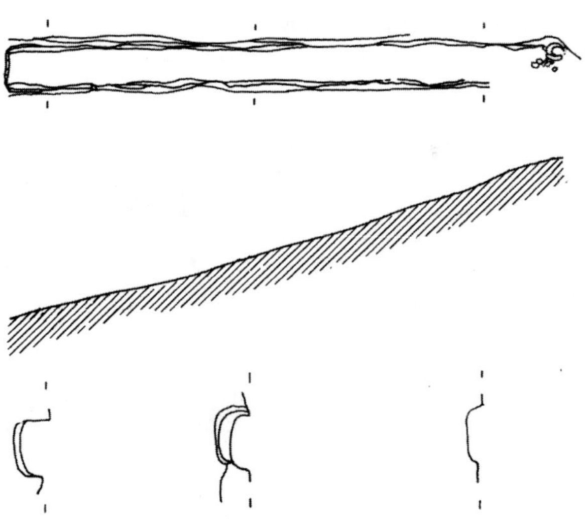

②朝鮮: 경남 청도 순지리 窯址圖 (16세기

<그림 1> 도기 가마 구조의 비교

① 마제형 토틴
경상남도 사천군 유천리 요적 출토
경상대학교『사천유천리제민창지』1996에서 전재

② 마제형 토틴
佐賀縣　鬆浦郡　北波多邨　皿屋上窯　출토
北波多邨敎育委員會『岸嶽古窯群跡Ⅰ』2000, p.19,
fig.28에서 전재

〈그림 2〉 마제형 토틴

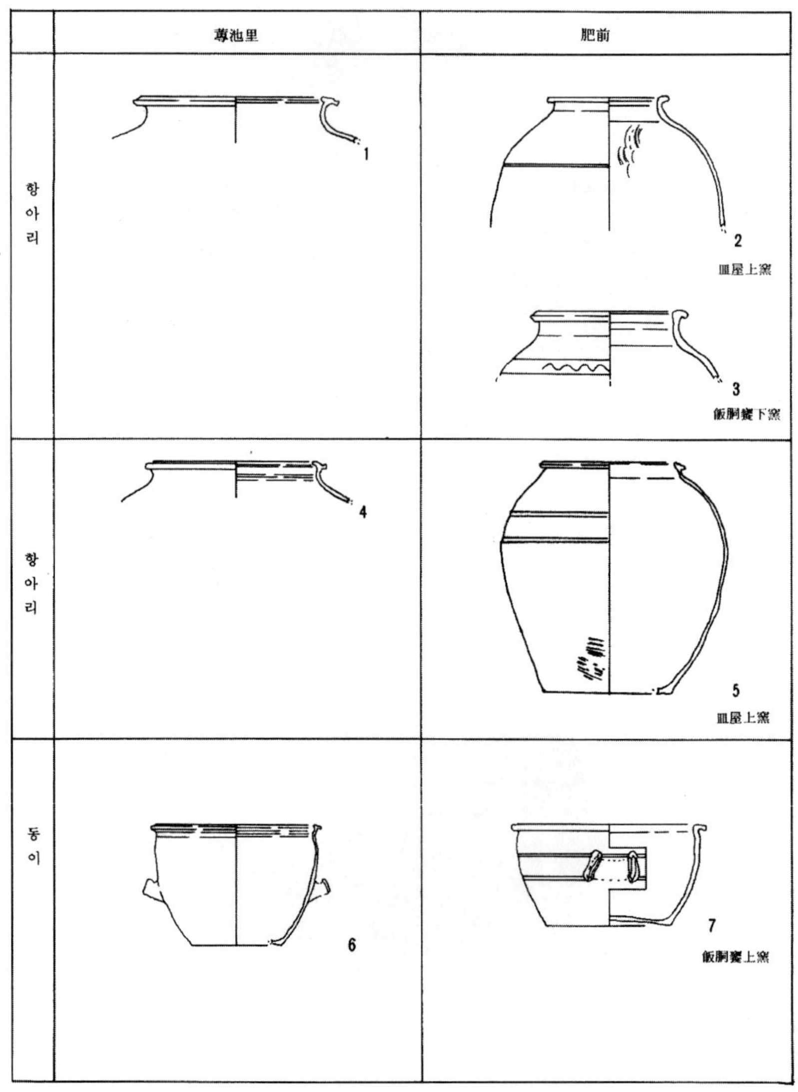

<그림 3> 도기의 비교도 (필자 작성) A

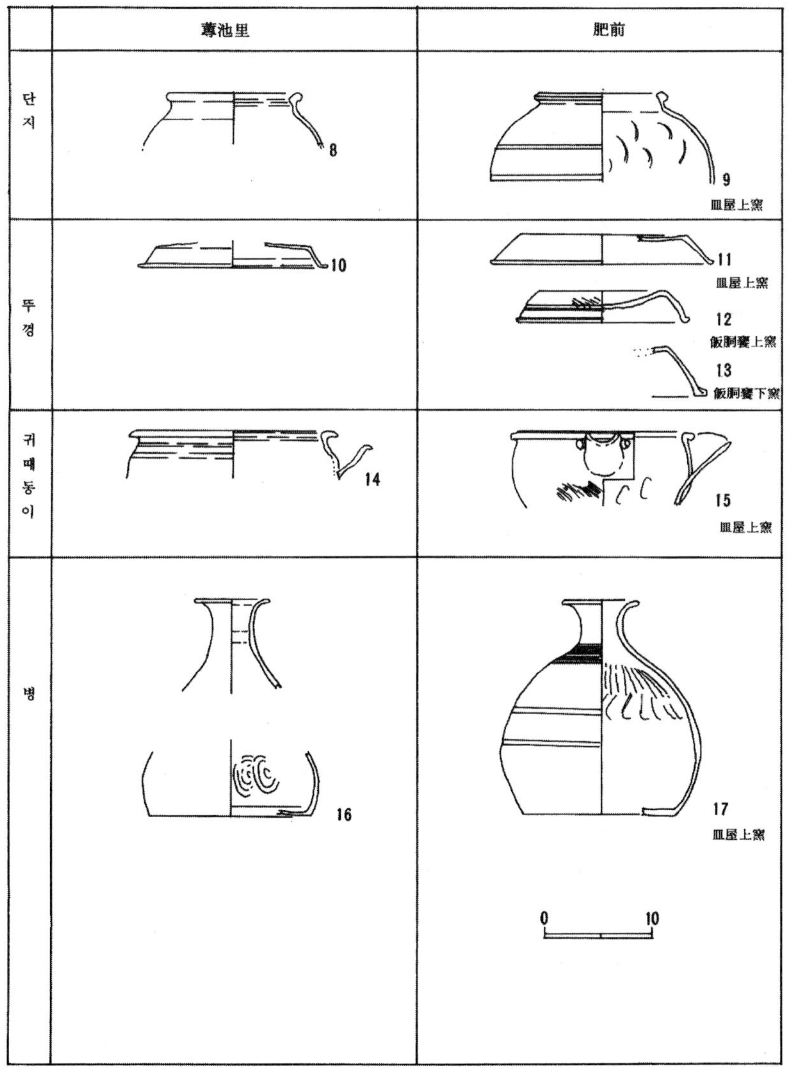

〈그림 3〉 도기의 비교도 (필자 작성) B

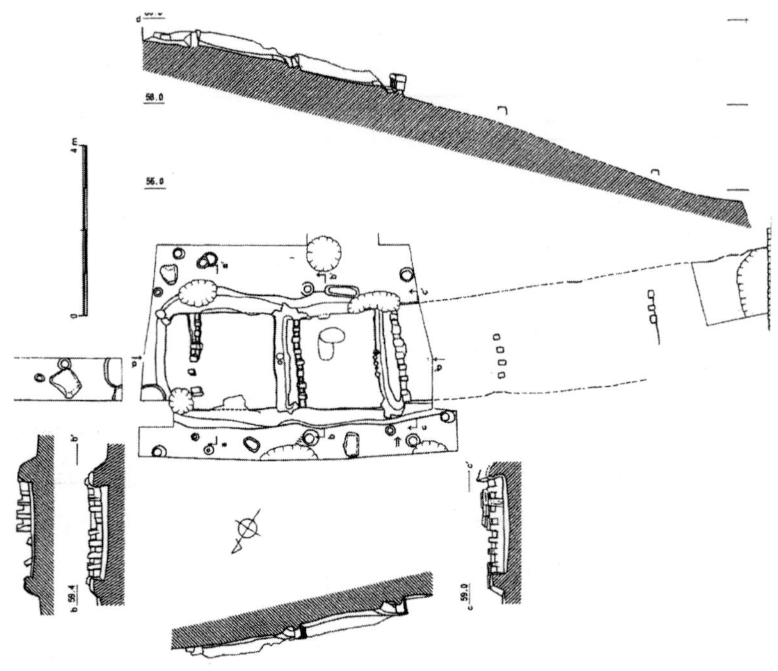

〈그림 4〉 飯洞甕上窯 도면

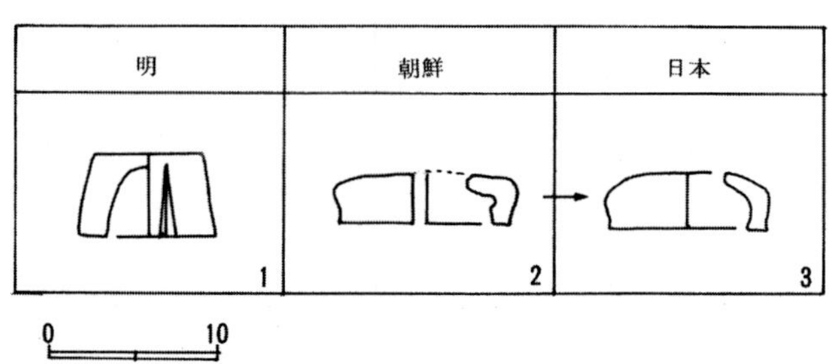

〈그림 5〉 녹로축지 비교도 (필자 작성)

(1: 보건성 장주요 2 : 경기도 광주시 건업리요 3 : 佐賀縣 飯洞甕上窯)

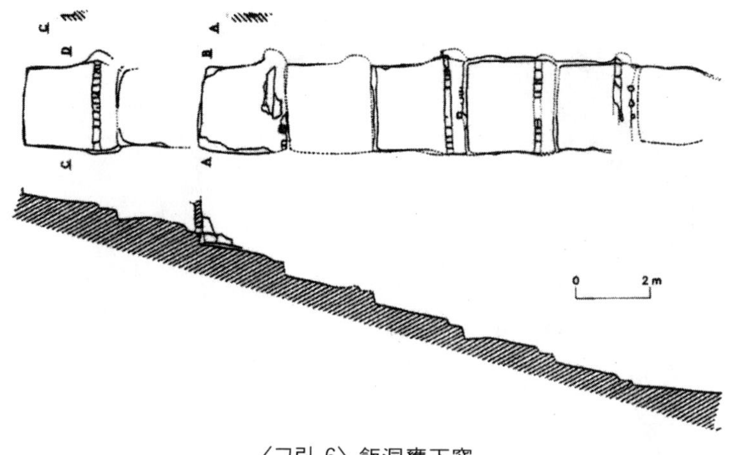

〈그림 6〉 飯洞甕下窯

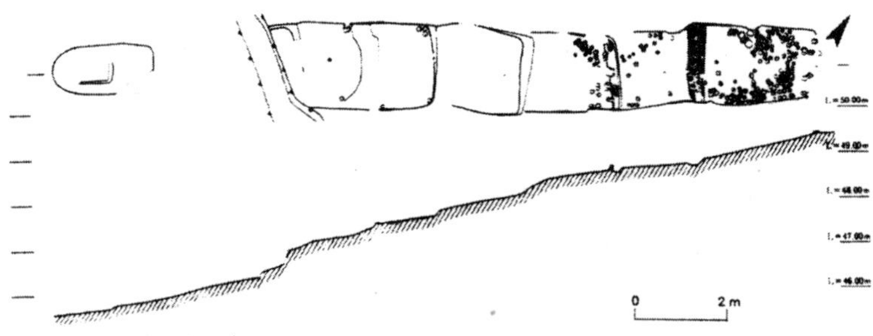

〈그림 7〉 唐亻古場窯

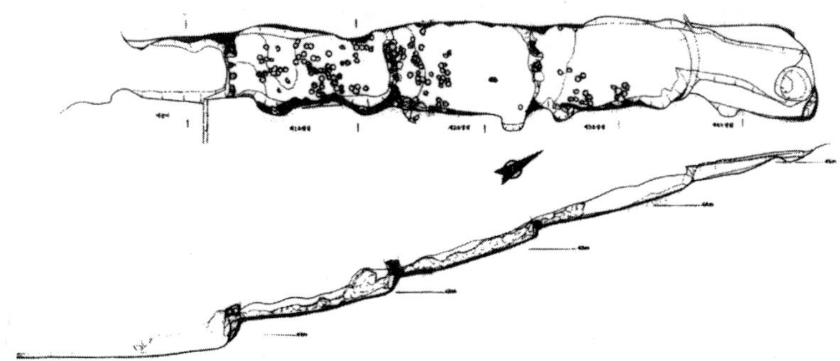

〈그림 8〉 충청남도 부여군 갓점골요

① 백자편
경상남도 사천군 C리요적 채집
조선관요박물관 소장

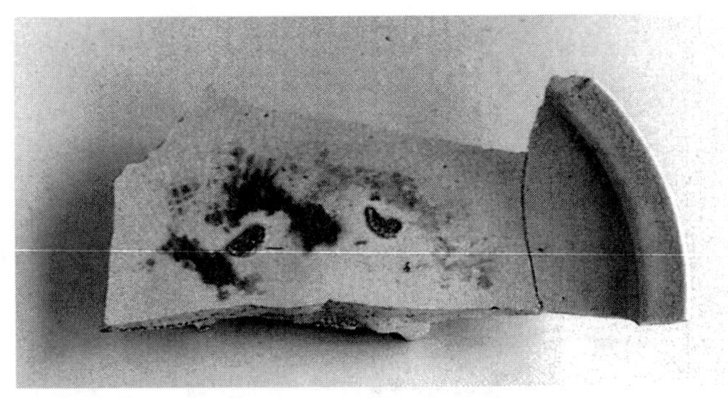

② 백유도기편
佐賀縣 藤津郡 嬉野町 內野山北窯 출토
嬉野町敎育委員會『內野山南窯跡 內野山北窯跡』
pl.2,6에서 전재

〈그림 9〉 난질백자 비교도

종합토론

사회 : 손승철(강원대)

토론 : 김인규(서울대)

오수창(한림대)

전승창(삼성미술관)

박경자(충북대)

장기훈(광주관요 박물관)

이미숙(협성대)

〈종합토론〉

▪ **손승철** : 종합토론 사회를 맡은 강원대학교 사학과에 재직하고 있는 손승철입니다. 아침 우리가 10시부터 시작해 가지고 지금까지 숨 가쁘게 달려왔습니다. 더군다나 맨 마지막 발표, 가타야마 마비 선생은 거의 숨이 넘어가는 줄 알았어요. 제가 아침에 심포지움을 시작하면서 오늘의 우리 도자 여행의 나름대로 키워드라고 할까, 그런 것을 몇 가지 말씀드렸습니다. 사실 국제 학술회의 같은 걸 하다보면 기획하는 쪽에서 처음서부터 어떤 의도를 가지고 심포지움을 기획을 하지만, 발표하는 분들도 생각이 따로 있기 때문에 그게 잘 마무리되기가 상당히 어렵습니다. 더구나 제각각 토론을 하게 되면 종합적으로 정리하는 것이 쉽지 않다고 평소 그렇게 생각을 하고 있습니다. 그래서 아침에 제가 말씀드린 키워드가 한국과 일본의 국제학술 심포지움이기 때문에 한일관계라고 하는 키워드, 그리고 오늘 테마는 도자기입니다. 조선 도자기와 일본 도자기입니다. 그리고 조선시대라는 역사적인 상황 속에서 한국과 일본 사이에 큰 전쟁이 있었습니다. 임진왜란. 그리고 이제 그것을 총체적으로 아우르는 것이 도자기를 통해 본 교류 양상, 뭐 이런 것이 아닐까 생각이 됩니다. 제가 굳이 이렇게 토론의 방향을 정하는 이유는 저희 학회에서 그 동안 몇 차례 국제학술 심포지움을 했습니다. 그리고 나면, 반드시 3개월 이내에 학술 심포지움 한 것을 단행본으로 발간을 합

니다. 그래서 단행본으로 발간을 되었을 때, 적어도 어떤 색깔 있고, 내용 있는 책자를 만들기 위해서 이렇게 진행하지 않으면 안되겠다 그런 생각을 갖고 있습니다. 그리고 종합토론 내용은 전부 녹취를 해서 나중에 보완을 해 가지고 단행본에 같이 수록을 하기 때문에 그렇게 진행을 하고자 합니다. 저는 조선시대 한일관계사를 전공하고 있습니다. 한일관계사를 전공하면서 여러분이 잘 아시겠습니다만, 조선전기에 유명한 삼포왜란이 있습니다. 삼포가 있지요. 그 삼포가 오늘 발표 중에 나왔던 웅천 지역의 제포, 그 다음에 부산포, 울산의 염포 이렇게 삼포인데, 그 삼포가 바로 일본과 조선을 이어주는 일종의 통로역할을 했습니다. 그런데 몇 년 전에 제포 앞바다를 매립을 해 가지고 거기다가 아파트를 짓고 있습니다. 그래서 그걸 지을 동안에, 짓기 위해서 발굴을 했습니다. 발굴하는데 제포 앞바다에서 여러 가지 도자기 파편이 출토가 됐습니다. 물론 그 삼포는 아시다시피 조선전기의 얘깁니다. 임진왜란 그 이전이죠. 사실상 임진왜란 이전서부터 도자기의 교류가 이미 이루어지고 있었습니다. 아까도 여러 발표에서 나왔습니다만. 그후에 임진왜란이 일어났고, 도자기에 관련된 여러 가지 발표도 있었습니다만, 교류가 일어나게 되었던 것입니다. 그래서 우리가 흔히 임진왜란을 생각하고 끌려 간 조선도공을 생각하면서 일본 자기 하면, 조선다완이고 조선에서 전적으로 영향을 줬다 이런 시각이 고정화되어 있었는데, 물론 그것을 부정하는 것은 아닙니다만, 좀 더 큰 시각에서 청자시대가 끝나고 분청사기에서 백자로 넘어가고 하는 그 조선 시대의 도자기들과 그 다음에 일본의 지금 얘기되고 있는 다완을 비롯해서 여러 가지의 교류양상이 역사적으로 어떻게 나타나나 이런 것을 좀 오늘 다루고 싶었습니다. 그러니까 너무 좀, 서론이 길었습니다만, 저는 문헌사학을 전공하는데, 문헌사학을 통해서 한일관계를 봐왔습니다만, 오늘은 도자기를 통해서 한일관계를 보는 그런 심포지움을 했으면 좋겠다, 그래서 기획을 하게 됐습니다. 그래서 죄송한 말씀입니다만, 제가 이렇게 장황하게 말씀드리는 것은 토론하시는 분들도 그것을 사전에 염두에 두시고 토론을 전개해 주시면 나중에 총정리하는데 큰 도움이 되지 않을까 이렇게 생각을 하고 있습니다. 지금 초록을 아마 다 가지고 계시겠습니다만, 초록을 저희 주최측에서 한일 양국어로 전부 번역을 했습니다. 발표문 뒤에 전부 토론문이 붙어있습니다. 그래서 토론하시는 분들은 지금 시간이 많지 않기 때문에 토론문을 다 읽지 마시고, 거기에서 아주 중요한 내용만, 한 5분 이내에 질문을 해 주시고, 또 답변하는 분도 아주 중요한 내용만 5분 이내에 답변해서, 토론·답변을 합쳐 한 분에게 10분씩 드리겠습니다. 그러면 대략 1시간 반이 지나갑니다. 그리고 여러 가지 이제 논쟁점이 나올 것 같은데 플로어에서 질문을 받겠습니다. 토론시간은 2시간인데, 한 시간은 토론자와 발표자의 시간으로 그 다음에 나머지 한 시간은 플로어에 계신 분들과 발표자의 응답 시간으로 그렇게 갖도록 하겠습니다. 그러면 발표 순서에 따라서 토론을 하는데요, 오늘 발표내용을 듣다 보니까 조금 그 질문 순서를 좀 조정할 필요가 있다 이렇게 생각이 됐습니다. 그래서 이제, 맨 처음에 관장님께서 기조강연을 해 주셨는데, 관장님 말씀은 나중에 총괄하는, 총정리하는 말씀으로 듣기로 하고요. 먼저 우리가 고려청자가 끝나고 그 다음에 이제 조선의 분청사기로 들어가는 과정을 아까 소상하게 강경숙 교수님께서 발표를 해 주셨습니다. 그래서 강 선생님의 발표에 대한 토론을 먼저 듣고요. 그 다음에 진행상 보니까, 분청사기가 끝나고 백자로 들어가는 것 같아요. 15세기 말 16세기. 그래서 백자에 대한 윤용이 선생님의 발표에 대해서 전승창 선생님이 두 번째 하시고. 그 다음에 이제, 임진왜란에 관련된 문제를 나카노 선생의 발표를 오세창 선생님께서 해 주시고, 그 다음에 조선 후기 에도시대로 들어가서 가타야마 선생님 발표에 대해서 이미숙 선생님께서 해 주시고, 그 다음에 조선 후기 쭉 내려가는데 방병선 교수님이 아마 맨 나중까지 내려갈 것 같습니다. 그래서 방 선생님 발표에 대해서 장기훈 선생님께서 토론을 하도록 그렇게 순서를 정하겠습니다. 먼저 강경숙 선생님의 발표에 대한 김인규 선생님의 토론을 듣겠습니다. 김인규 선생님은 일본 교토대학에서 박사학위 하셨고, 현재 서울대학교 박물관 객원연구원으로 계십니다. 네 부탁드리겠습니다.

· 김인규 : 김인규라고 합니다. 사실 제가 일본의 교토대학을 졸업한 게 아니고, 일본의 성성(成城) 대학을 졸업했습니다.

· 손승철 : 죄송합니다.

· 김인규 : 현재는 서울대학교 박물관에 있습니다. 여기 가지고 계신 발표문의 22페이지를 참고해 주시기 바랍니다. 전부 제 질의내용을 다 읽지 않고 맨 마지막에 나와 있는 네 가지의 질문만을 하겠습니다. 첫 번째 질문입니다. 분청사기와 관련해서 볼 때, 한국에 있어서의 백자의 출현의 상한연도에 대해서 강 선생님의 견해를 듣고 싶습니다. 나아가서 도마리 요지의 생산시기의 근거의 하나로써, 을축팔월의 사각봉을 제시하고 있는데, 이와 도마리의 생산 다른 견해를 가지고 있으면 알려 주시기 바랍니다. 두 번째 질문으로 15~16세기의 분청사기의 가마에 있어, 지역의 차이가 시기의 변화에 따라 보이는지 질문하고 싶습니다. 구체적으로 시기의 변화에 따라서 각 지역의 분청사기의 요지의 공통점과 차이점이 있는지 알려주시기

바랍니다. 세 번째 질문으로, 15~16세기의 분청사기의 요지가 일본의 가라츠, 이마리, 아리타의 조선식의 요지에 어떤 영향을 주었는지 알려주시기 바랍니다. 그리고 세 번째 질문과 공통되는, 약간 겹치는 부분이 있지만 일본의 가라츠, 하기, 히라도의 가마에서 조선식의 도기 나아가 이른바 다완 등이 만들어지고 있는데, 한국의 경기도를 비롯하여 전라도, 경상도의 지방 가마가 이러한 일본의 가마에 어떠한 역할을 했는지에 대해서 알려주시면 고맙겠습니다. 이상으로 마치겠습니다.

▪ 강경숙 : 네, 감사합니다. 질문이 넷이지만 한 대여섯 가지인 것 같습니다. 솔직히 말씀드려서 세 번째, 네 번째는 제가 답을 좀 할 수가 없어요. 왜냐하면 일본의 가마를 잘 모르기 때문입니다. 그래도 뭐, 아는 데까지 하겠습니다. 자, 우선 첫 번째 질문 중에 한국에서 백자의 출현이 언제 됐느냐 하는 얘깁니다. 그러니까 백자라고 하면 고려시대에도 백자를 만들기 때문에 고려시대 백자의 출현으로 얘기를 한다면 지금 10세기, 고려 초까지도 올라가겠습니다. 또는 학자에 따라서는 9세기에 이미 만들었다고도 보기 때문에 9세기일 가능성도 있겠습니다. 그런데 아마 선생님 질문은 고려시대 백자를 말씀하는 게 아니고, 조선시대 백자인 것으로 알고 있습니다. 그렇지요? 네 네. 그러면 조선시대에 백자는 언제 만들어졌느냐 하는 얘기인데요, 청자의 뒤를 이어서 분청사기라는 것이 이제, 제작이 되면서 14세기, 15세기로 들어온단 말씀은 아까 했습니다. 그런데 제 생각으로는 아까 기록상으로는 1420년대, 세종 7년 윤봉이라는 사람이 명나라 인종의 편지를 들고 와서, 조선 백자 210개를 요구해서 만들어 간 예가 있습니다. 그렇다면 이미 세종 7년, 1420년대에 이미 백자를 만들었다, 기록상으로는 그렇게 말씀드릴 수가 있습니

다. 그 담에 아까도 잠깐 보여드렸습니다만, 현실적으로 아주 가장 확실한 것 중의 하나는 천개 7년, 1456년의 백자에 청화로 글씨 쓴 묘지 같은 것이 아주 좋은 예일 것 같습니다. 그렇다면 조선 백자의 시작은 이미 세종 초년, 1420년대에 만들었다 라고 볼 수가 있겠습니다. 그 다음에 질문 중에는 경기도 광주에 한 300여개소의 관요 자리가 있습니다. 그 중에 발굴된 곳이 한 네, 다섯 곳인 걸로 기억을 하는데요, 그 중에 퇴천면 도마리의 가마터를 발굴하고, 보고서가 나온 것이 있는데, 아마 그것을 질문하시는 것 같습니다. 그런데 불행히도 그 도마리 일대의 가마 자리는 한 다섯, 여섯 개가 있었으리라고 그렇게 보고가 되어 있습니다만, 가마 유구는 찾지 못하고, 1호로 명명된 자리에서 도편을 수습해서 그것만 가지고 보고서를 1995년 국립중앙박물관에서 낸 바가 있습니다. 그러니까 가마 구조는 알 수가 없고, 그 도편만 가지고 보는데요, 그 중에서 명문이 을축팔월이라는 요런, 그 사각형으로 생긴 데에 음각으로 쓴 것이 있었습니다. 그래서 그 을축이라는 간지를 1445년 을축으로 볼 것이냐, 아니면 60년 뒤로해서 1505년으로 볼 것이냐 하는 이런 논란은 있었던 걸로 알고 있습니다. 그 보고서, 도마리 1호 보고서에 의하면, 1505년 을축으로 해석을 했고, 따라서 1호 가마에서 수집된 백자라든지, 청화백자라든지 하는 것이 대체로 1505년 전후로 그렇게 되고 있습니다. 뭐 보고서가 그렇게 국립중앙박물관에서 나온지라, 뭐 그냥 그거를 믿을 수밖에는 없습니다만 가마 유구가 없었고, 또 그 자리에 다섯 개 정도의 가마가 이미 있었으리라고 보았기 때문에 을축팔월이라는 것이 그 가마 중에, 5개 중에, 이른 시기의 가마였느냐, 그러면 도마리에서 제작했을 때 제일 끝 시기의 가마였느냐 하는 것은 저로써는 지금 확인을 할 길은 없습니다. 그래서 그것을 기준으로 볼 때에 대체로 아마 그, 나와 있는 보고서를 따를 수밖에는 없다고 다른 걸 또 궁금해서 여쭤보신 것 같은데요, 제가 그 이상은 더 말씀은 못 드리겠습니다. 나중에 이의가 있으면 얘기를 해 주시고요. 제가 10분 시간이 지난 것 같습니다. 그렇죠? 어떡하죠? 그 담엔 간단히 하겠습니다. 두 번째는 15, 16세기의 분청사기 가마의 지역차이가 있느냐 라고 물어봤는데요, 지역차이가 있습니다. 크게는 충청, 아 전라도, 그담에 경상도, 그 다음에 경기·충청도의 세 그룹으로 대강은 지역의 특징이 보입니다. 자세한 얘기는 여기서 생략을 하겠습니다. 그 담에 시간에 따라서 또 차이가 있느냐 하는데, 지역에 따라서도 차이가 있고, 시간의 흐름에 따라서도 약간의 차이가 15세기 후반에 가면 있습니다 라는 말씀을 드릴 수가 있습니다. 그 담에 세 번째, 네 번째는 아까 말씀드린 것처럼 제가 답변이 궁해서 잘 못하겠습니다. 네.

▪ **손승철** : 예, 감사합니다. 정확하게 10분 하셨습니다. 역시 대가시라서 시간도 잘 지키시는 것 같습니다. 시간 못 지키면 이제 대가가 못 되니까…(웃음) 감사합니다. 나중에 시간이 허락되면 또 추가 질문을 하고 답변을 하고 그렇게 하겠습니다. 감사합니다. 그러면 두 번째 토론은 백자, 윤용이 교수님 발표에 대해서 전승창 선생님께서 토론을 해 주시겠습니다. 전 선생님께서는 현재 삼성미술관 학예연구 실장으로 계십니다.

▪ **전승창** : 안녕하십니까, 전승창입니다. 44페이지 참조하시면 될 것 같습니다. 중간부분에 지금, 제가 질의 드린 게 모두 네 개입니다. 그 중간쯤에 보시면 첫째는 이렇게 나와 있는데, 제가 띄엄띄엄 읽으면서 5분 시간 맞춰 보도록 하겠습니다. 첫 번째는 15세기 초 광주의 자기제작 상황에 관한 것입니다. 앞에서도 말씀을 하셨고,

계속 반복되는 이야긴데, 그만큼 현재로써는 도자사에서 굉장히 중요한 부분을 차지하기 때문에 그렇습니다. 발표자께서는 몇몇 편년 유물의 특징과 가마터 출토의 백자파편을 비교하여 우산리 1, 2, 4호와 번천리, 목현리, 건업리 등의 일부 가마터를 1450~70년대에 운영된 것으로 추정하였습니다. 그러나 우산리 2호 가마는 '內用'명이 인각된 백자파편에 근거해서 15세기 초기에 운영된 것이라는 주장도 있습니다. 또한 1425년 중국의 사신 윤봉에게 줄 자기를 제작하기 위하여 광주목사에게 백자장본 등을 정세번조해 바치라는 기록에 주목해서 1420년대부터 광주지역에서 백자제작이 본격화되었을 것이라는 견해도 제시되고 있습니다. 해서 서로 다른 견해와 기록에 등장하는 광주의 백자가 어떤 것이며 어디에서 만들어진 것인가 하는 문제에 대해 고견을 듣고 싶습니다. 두 번째는 대접과 접시 등 백자의 굽 안바닥에 적혀있는 천지현황과 좌우 등 명문의 의미에 관한 것입니다. 먼저 천지현황의 의미에 대해서 발표자께서는 어부인 천자고, 지자고, 현자고, 황자고에 수납되기 위해 구분된 명문으로 추정된다라고 하셨습니다. 그런데, 글자가 새겨진 최상품 백자가 제작된 곳 중에는 이미 발굴된 우산리 9호와 도마리 1호, 번천리 9호는 물론, 지표에서 명문이 적힌 백자가 발견되는 가마터에서도 최상품과 동일한 형태와 질, 제작방법을 사용하였지만 아무런 글자가 없는 백자파편이 사실은 더욱더 많이 발견이 됩니다. 또한 대접 및 접시 이외에 각종 병과 항아리, 잔, 합 등 다른 기종에서는 글자를 적은 예가 상대적으로 거의 나타나지 않습니다. 천지현황의 문자는 백자에만 나타나는 것이 아니라 조선시대의 동전에 주조소를 표시하기 위하여 넣기도 하고, 크기 등을 나타내기 위하여 총통에 새기거나 특정한 활을 지칭할 때 붙여지기도 합니다. 발표자의 주장처럼 명문이 있는 백자는 어고에 납입되던 것일 가능성도 물론 있습

니다. 그런데, 동전이나 총통, 활, 등에 사용된 예로 본다면 어고 이
외에 제작 집단이나 제작순번에 의해 만들어진 제작품, 번조관의 서
명, 혹은 특정한 소용처를 염두에 두고 제작된 것을 의미하는 것으
로도 생각됩니다. 해서 견해를 여쭙고 싶은데요, 아까 발표자께서
보여주신 사진 중에는 백자, 청화백자로 청화안료로 그림을 그린 완
이 하나가, 대접이 하나가 있었습니다. 그 대접 안 바닥에 두 글자
가, 천하고 황자, 두 글자가 보였는데, 그런 경우에는 한 글자만 나
오는 것이 아니라 두 글자, 아마도 제 생각에는 천지현황이 다 있지
않을까 생각이 되는데, 그런 경우에는 그게 어고에 수납된 것이라고
하면, 천지현황과 갈라놓을 수도 없고 참 애매한 문제가 생깁니다.
그래서 발표자의 고견을 듣고 싶습니다. 그리고 관련해서 그 밑바닥
에 발표자께서는 좌우의 명문에 대하여 성현의 용재총화에 매년 사
옹원 관원이 좌우변으로 나누어 어기를 제작한다는 기록을 토대로
관음리 4호와 5호 가마터에서 좌명이 출토되고 건너편 10호와 11호
에서는 우명이 출토되어 개울을 사이에 두고 좌우변 2반으로 나누
어 감조하여 나타난 것으로 해석된다고 하셨습니다. 발표자께서 예
를 들고 지적하신 대로라면 각각의 가마터에서 좌가 적힌 파편만
나오거나 혹은 우만 새겨진 백자가 발견되어야 합니다. 그러나 광주
지역의 가마터를 조사한 조사결과를 보면, 예로 드신 관음리 5호나
10호, 11호에서 좌우의 글자가 새겨진 파편이 동시에 발견되는 것으
로 보고되었습니다. 이 외에도 정지리, 송정리, 탄벌리, 학동리, 선동
리, 상림리, 유사리, 신대리 물론 17세기의 것이기는 합니다만, 하여
튼 다수의 가마에서 두 글자가 적혀있는 파편들이 동시에 발견되고
있습니다. 제 생각에는 성현의 기록에 보이듯이 늦어도 16세기 초를
전후한 어느 시기부터 좌우 두 개의 집단으로 나누어 백자의 제작
을 진행하였고, 16세기 중반부터는 제작 집단을 뜻하는 좌 혹은 우

를 그릇에 새기기 시작했던 것으로 생각이 됩니다. 특히 동일한 가마터에서 특정한 하나의 명문이 나타나기도 하지만 두 개의 명문이 동시에 발견되는 것은 몇 년 동안 사용하던 여러 개의 가마를 두고 좌우로 분리된 두 개의 제작 집단이 봄에 작업을 시작할 때 가마를 교대하기도 하였고, 이러한 상황이 연료인 땔나무의 부족으로 다른 지역에 가마가 이설될 때까지 지속되었기 때문에 나타난 결과라고 생각합니다. 해서 윤용이 선생님의 고견을 듣고 싶습니다. 셋째는 청화백자의 제작시기에 관한 문제입니다. 발표자께서는 현존하는 초기의 청화백자들은 1467년 분원이 성립된 후 80년, 90년대 관음리, 귀여리, 오전리의 가마에서 제작된 것으로 추정한다고 하셨습니다. 그러나 발표문의 서두에서 1454년의 고려대박물관소장 청화백자지석은 최초의 확실한 청화백자 작품이다 라고 지적한 바 있습니다. 이외에도 본문에서는 언급되지 않았지만 간송미술관의 백자청화매화문정식명완이 1467년 이전에 제작된 것이라는 견해도 있습니다. 해서 발표자께서는 이 두 작품의 제작지가 광주가 아닌 다른 곳으로 생각하고 계신 것인지 궁금합니다. 광주에서 청화백자의 제작이 구체적으로 언제부터 어디에서 시작되었다고 생각하시는지 알고 싶습니다. 끝으로 네 번째는 우산리 9호 가마터의 출토유물에 관한 문제입니다. 발표자께서는 이곳의 유물이 번천리 9호 가마터 백자파편과 유사하며, 현재까지 알려져 있는 백자묘지를 정리한 결과 1510년대에서 1550년대 사이에 음각묘지가 집중되므로, 임인명의 음각묘지가 출토된 우산리 9호 가마의 운영시기를 1542가 아니라, 1482년입니다. 1482년경이라고 비정하셨습니다. 그런데 우산리 9호에서 출토된 다른 유물을 보면 또 다른 해석도 가능합니다. 발표자께서는 동국대박물관소장 1489년 백자청화송죽문홍치2년명호의 특징을 들어 관음리 21호 및 귀여리 11호의 백자와 비슷하다고 하면

서, 일본 개인소장 백자청화보상당초문호와 백자청화보상당초문전
접시도 1480년대에 제작된 것으로 추정하였습니다. 그런데 두 점의
백자에 보이는 것과 전체의 형태나 세부의 묘사가 동일한 보상화와
당초문이 그려진 파편이 광주에서 유일하게 우산리 9호에서 출토되
었습니다. 그렇다면 꽃의 모양은 물론 세부의 묘사까지도 동일한 보
상화가 1480년대부터 1540년대까지 지속적으로 그려진 것이 됩니
다. 해서 운영시기가 아, 우산리 9호가 1542년이 아니라 1482년으로
문양의 입장에서 보면 볼 수 있는데, 그랬을 경우에, 견해가 달라지
는 데 그 점에 대해서도 한번 여쭤보고 싶습니다.

• **손승철** : 네, 시간이 저, 8분 됐습니다. 그리고 한 팀에 10분만 드
리겠습니다. 그러니까 단답식으로...

• **윤용이** : 먼저 광주에서 조선 백자가 처음 성립된 현존하는 것
중에 특히 이제, 1450년 아까 60년, 우산리 2호, 4호 이것이 아마 시
작이 아닌가 생각됩니다. 초기 청화 상감백자만 아니라, 청화백자도
아마 초기 분원이 성립되기 전에 광주 우산리 2호, 4호 같은. 왜냐하
면 거기에서 조선 청자가 처음 상감백자 중에 출현하는 가마이며,
또한 갑발 등이 아주 얇은 갑발 등이 출현해서 상감백자 가마로써
조금 독특하기 때문에 그렇습니다. 1458년의 자료, 56년의 자료, 66
년, 67년, 62년의 자료들이 대개 회색이 짙은 백자들이 아마 그런 것
들을 입증하지 않나 생각됩니다. 천지현황의 경우 사발이나 접시에
주로 나타나는데 아마 이게, 제가 그 전에 보기에는, 다시 말해서 어
고에 납품한다 이런 것들이 아마도 경복궁에 있는 천지현황과 관계
가 있지 않나 이렇게 생각을 했었습니다. 왜냐하면 거기에 창고가
있으니까, 근정전 주변으로. 그런데 이제 이게 책 같은 데는 천지현

황이 1, 2, 3, 4로 나오기도 하거든요. 그 뒤에 우주, 이런 건 나오지 않습니다. 제가 보기에 그랬었습니다만, 다른 해석이 가능할 수 있습니다. 그 다음에 좌우명은 제가 조사했을 때, 관음리의 경우 좌만 나오거나, 우만 나오는 그런 현상이었습니다. 그런데 후에 다시 이제 조사를 할 때, 좌우명이 나왔다면 제 생각에 원래 초기에는 좌우로 나눴다가 그 다음에는 또 두 개 나눈 팀이 이쪽에서도 할 수 있기 때문에 한 가마 안에서 다시 말해서 좌우명이 같이 나올 수 있다. 다시 말해서, 두 팀으로 나눈 건 마찬가지고, 초기에는 아마 좌우변으로 나눈 이런 것에 개울을 중심으로 하지 않았을까 이렇게 봐왔습니다만, 지금 했듯이 두 팀으로 나눠서 서로 번갈아 가면서 제작하는 이런 면은 같은 생각입니다. 좋은 견해라고 생각합니다. 그 다음에 청화 백자의 시기에 관해서는 주로 그, 1467년 이후가 아니라 이미 세조 연간, 1455년 이후부터 이미 기록에도 나오고 있습니다. 따라서 저는 세조 연간이라고 생각되지만, 그 가마는 아까 얘기 드렸지만 우산리 2호하고 4호, 그런 상감백자가 만들어진 가마가 아닌가 생각됩니다. 마지막 번천리의 가마 연대는 도마리와 우산리의 가마는, 도마리와 번천리를 예를 들었을 때, 도마리의 경우, 1505년이고, 번천리의 경우 1552년이며, 우산리의 경우 도마리와 비교해 보면 알 수 있습니다. 두 개의 똑같은 가마의 파편들을 제가 이대박물관에서 비교해 본 결과 실제로 우산리 것은 전반적으로 훨씬 귀벽도 얇아지고, 작아지고 그리고 회색이 짙어져 가서, 그 약화되는 양상이 번천리의 것과 아주 일치하고 있었습니다. 그래서 제가 보기에는 도마리 앞으로 보기에 어렵지 않나 이렇게 해서 1542년으로 크게 봤습니다.

■ **손승철** : 이정도면 대가...이시죠?(웃음) 네. 뭐 농담입니다만, 하

여튼 대단하십니다. 네 가지 질문을 2분 이내에 아주 적절히 답변해 주셨습니다. 물론 충분하리라고 생각하지 않습니다만 나중에 시간을 드리도록 하겠습니다. 이렇게 해서 조선전기의 분청사기와 백자에 대한 대강의 흐름을 또 발표문에 대한 궁금한 것을 토의했습니다. 이제 임진왜란으로 들어가겠습니다. 그래서 임진왜란에 관련해서는 먼저 나카노 선생님의 발표에 대해서 한림대학교의 오수창 사학과 교수님께서 질의를 해 주시겠고, 이어서 아카누마 선생님 발표에 대해서 이미숙 선생님이 질의를 해 주시겠습니다. 먼저 오수창 선생님 부탁드립니다.

▪ **오수창** : 저는 도자기는 물론이고 한일관계사에 대해서도 깊이 연구해 본 적이 없습니다. 그런데도 이런 귀한 자리에 토론을 할 수 있게 된 것은 아마 한림대학교에 대한 배려가 아닌가 생각합니다. 하지만 역사를 공부하는 건전한 상식의 입장에서 몇 가지 질문을 드리려고 합니다. 먼저 강하게 느낀 것은 다른 경우도 그런 일이 많이 있지만, 우리가 알고 있는, 적어도 제가 알고 있는 통설이 얼마나 허약한 기반 위에 서 있는가 하는 점을 나카노 선생의 발표를 통해서 또다시 깊이 느꼈습니다. 그 점에서 매우 감사하게 생각합니다. 이 논문의 핵심이 되는 주장 중의 하나는 임진왜란기를 정유재란과 그 이전시기, 즉 둘로 나누고 적어도 그 이전시기에는 체계적으로 도공이나 다른 직능인을 끌어간 적은 없다 라고 하는 데에 있습니다. 그렇지만 여기에 대해서 다른 가능성을 생각해 볼 수 있겠습니다. 발표자께서도 익히 말씀하고 계신 것처럼 사람을 잡아가는 것은 그 당시에 일반적으로 행하여졌고, 전쟁기에, 그리고 그것은 큰 이익이 되는 행동이었습니다. 그런데 그것을 명나라를 정벌하겠다고 하는 전쟁의 목적, 그리고 그런 일이 없도록 하라고 하는 위로부터

의 명령만으로 그런 큰 이익이 되는 행동이 막아질 수 있었을 것인
가. 특히 당시의 군대가 강한 중앙집권에 의해서 통솔되는 것이 아
니고 군권력이 강한 군대였다고 하는 그 점을 생각할 때, 명령과 현
장에서의 차이는 우리가 생각할 수 있는 것 보다 훨씬 큰 것이 아니
었겠는가 이렇게 생각해 볼 수 있겠습니다. 특히 1592년에 임진왜란
이 발발되어서, 일본군이 북쪽까지 진격을 했죠. 그러나 곧 평양성
근처에서 패하고, 한반도 남단 일부를 지속적으로 점령하고 있는 상
태가 됩니다. 전선이 교착되고 강화회담이 이루어지게 되는데, 그
경우에는 일본 군대가 달리 할 일이 없는 거죠. 전투를 하지 않으니
까. 그리고 더군다나 강화회담을 추진하는 명 심의겸이 일본 군대에
게 어느 정도의 자유를 용인하기까지 했습니다. 그렇기 때문에 그
시기에는 조선인에 대한 인적이고 물적인 약탈이 지속적으로 이뤄
지지 않았을까 하는 점을 생각해 볼 수 있겠습니다. 특히 정유재란
이전에 일본군이 조선인을 끌어갔다고 하는 직접적인 자료가 없는
것은 아닙니다. 강항의 기록을 보면 그가 일본에 건너가서, 물론 정
유재란 때 끌려 간 인물입니다만, 일본에 끌려가서, 이미 조선에서
끌려온 많은 조선인들을 보았고, 그 중에 많은 수가 임진년에 끌려
갔다, 그리고 조선 전역에서 끌려갔다고 하는 기록을 남기고 있습니
다. 이 기록에 대한 설명도 필요할 것 같고요. 이런 전체적인 사정을
고려할 때, 정유재란 이전과 이후의 차이가 있다면, 조선인을 끌어
갔느냐 안갔느냐가 아니라, 조선인을 끌어가는 것이 전쟁 자체의 목
적이었다면 정유재란 이후에, 그 이전은 전쟁의 부수적인 활동으로
써 조선인을 끌어갔다고 할 수 있지 않을까 이렇게 생각이 됩니다.
특히 한반도 남부를 지속적으로 점령하고 있던, 정유재란 이전, 강
화협상기에는 그 지역의 자기소, 도요 이런 곳을 온전히 지배하고
있었기 때문에 그곳을 바탕으로 활동하고 있었던 도공을 끌어갔을

가능성이 있다고 생각합니다. 또 조선인에 의한 개요가 아주 늦은 시기에 이뤄졌다고 하는 것이 발표자의 중요한 주장입니다. 하지만 개요가 이루어졌다고 하는 세키가하라 전투 이후에 개요가 되었다고 하는데, 그 시기는 그렇게 멀리 떨어진 것이 아니고, 또 일본에서는 그 시기에 전시체제가 유지되었다고 합니다. 그렇다면 직능인들을 끌어갔지만 그러한 일본 국내의 사정 때문에 개요가 늦어진 것이지, 쇄환 때문에 개요가 늦어졌다, 쇄환으로 인해서, 쇄환 이후에 개요가 시작되었다고 하는 발표자의 주장을 그대로 받아들이기는 힘들지 않을까 이렇게 생각이 듭니다. 다음에 큰 질문 하나로써 시기 구분입니다. 정유재란 이전과 이후로 나누고 계신데, 정유재란 이전이라 하더라도 일본군이 맹렬하게 진격하던 1592년하고, 그 뒤에 강화협상이 이루어지던 시기에는 상당한 차이가 있기 때문에 그 시기를 나누어서 일본군의 활동을 설명해야 되지 않을까 생각합니다. 그 시기에 강화협상기에 조선인 납치가 일반적으로 이루어졌다면 이루어진 대로, 그렇지 않고 안정적인 상태가 계속되었다면 더군다나 그 시기의 특징이 강하게 나타나는 것이기 때문에 시기 구분을 정유재란 이전과 이후로 나누기보다는 그 이전 강화협상기에 대한 더 구체적인 설명이 있었으면 좋겠습니다. 이상입니다.

▪ **손승철** : 예, 감사합니다. 몇 가지 질문을 하셨는데 사실 나카노 선생님 발표는 상당히, 좀 새로운 어떤 견해를 발표하시는 내용들이 많이 들어 있습니다. 나중에 아마 여러 가지 질문이 또 있으리라고 생각하는데, 우선 오 선생님 질문에 답변을 부탁드립니다.

▪ **中野** : 네, 알겠습니다, 답변 드리겠습니다. 문제점이 몇 가지로 나누어져 있는 것 같습니다만, 좀 정리하면서 답변 드리도록 하겠습

니다. 우선 이 전쟁의 시기구분에 대해서, 확실히 오늘은 두 단계로 구분해 버렸습니다마는 지적해 주신 바와 같이 제 오리지널 연구에서는 文祿의 役의 당초단계, 즉 정민, 명나라를 정복한다는 것이 어느 정도 현실적인 문제로 존재했던 단계, 그 다음에 평양의 전투에서 일본군이 패하여 한성에서 철퇴해서 남조선으로, 저는 在番이라고, 在番體制라는 말을 사용하고 있습니다만, 그것에 들어가는 단계, 그리고 慶長의 役의 단계로 세 가지 내지 네 가지로 구분해서 연구하고 있습니다. 그리고 지적해 주신 바와 같이 가운데 단계인 재번부터 강화에 관한 시기는 아주 중요한데요, 이번에 조선인 연행관계의 자료가 많이 없었기 때문에 좀 난폭하긴 하나 앞의 시기에 붙여버려서, 선생님이 지적해 주신 바와 같이 약간 어색함을 주고 있다는 점은 스스로 인정하고 있습니다. 그리고 텍스트, 자료의 27페이지 아랫부분에 나와 있는 사료인데요, 저는 이것은 文祿 4년의 것이라고 생각하는데요, 이 사료를 볼 때는 숨겨진 배경까지 읽을 필요가 있습니다. 실제로 조선인 연행과 노예상인의 개입이 있었다, 반대로 있었기 때문에 이러한 사료가 남겨진 거라고 생각합니다. 단 조선 피로인이 쓴 사료 중에 정유왜란기에는 임진왜란기의 10배의 연행이 있었다는 기술이 남아 있기 때문에 이 연행이 체제적으로 인정되어 있었는지, 아니면 각 大名, 대명들의 개별활동이었는지에 대해서는 구별할 필요가 있다고 생각합니다. 그리고 좀 애기가 길어집니다만, 이번에 발표의 기회를 얻어서 우선 가장 말씀드리고 싶었던 것은 7년간에 걸친 전쟁의 성격이 단계에 따라 달라지고 있었다는 점입니다. 이 부분에 대해서 여러분이 갖고 계시는 상식을 조금이라도 바꿀 가능성이 생겼으면 발표한 보람이 있습니다. 그리고 첫번째 질문으로 돌아가겠습니다만, 禁制의 효력에 대해서는 보고 중에서는 언급하지 않았습니다만 사실은 秀吉은 조선이 항복한 다음

명으로 가려고 했는데, 그 후 중국으로도 조선으로도 큐슈라든가 시코쿠라든가 츄고쿠에 있는 일본의 대명들을 옮기려고 하거든요. 어디까지나 机上의 계획입니다만 영토를 확장해서 西日本의 대명들을 한반도, 중국대륙으로 보낼 정책을 세우고 있었고, 그것은 사전에 여러 대명들에게 전달된 사실입니다. 그렇게 되면 혹시 자기 영토가 될지도 모른다는 뉘앙스로 조선의 영토에 대한, 조선의 농민에 대한 의식은 서일본의 대명들에게는 적어도 있었습니다. 단 저어, 뭐라고 할까요, 금제가 위에서부터의 명령이기 때문에 준수해야 하냐 안하냐 하는 문제뿐만이 아니라, 장래에는 혹시나 자기 영토가 될지도 모르겠다는, 지방에 대한 정책이었다는 것을 한 마디 부언하겠습니다. 마지막에 가마가 열리는 시기에 대해서입니다만, 이에 대해서는, 가마가 열린다는 일에 대해서는 가마의 유서라든가 기록된 것을 그대로 받아들이는 경향이 지금까지 있었는데요, 보고 중에서도 말씀드린 바와 같이 아주 혼란이 있고, 상호 모순이 있는 설이 병렬되어 있는 상태입니다. 그것을 타개할 하나의 방법으로써 돌려보낼 때의 픽업이라는 점을 생각해 보았습니다. 이것도 명확한 사료가 없기 때문에 결말이 안 나올지도 모르겠습니다만, 이러한 자리이기에 가급적 종래의 상식을 좀 흔들어 보자 해서, 이와 같이 쇄환에 픽업의 계기가 있었다는 식으로 말씀드렸습니다마는 실증이 충분하지 않다는 것은 저도 인정합니다. 뭐 어쨌든 간에 여러 가지 상당히 자극적인 말을 했다는 것은 좋았는지 어떤지 스스로 반성하고 있습니다. 이상입니다.

▪ **손승철** : 예, 감사합니다. 자꾸 자극적인 발언을 하시는 것 같아서 저도 흥분이 되는데, 나중에 질문을 하나 하겠습니다. 그러면 이어서 아카누마 선생님의 발표에 대해서 충북대학에서 강의를 하고

계시는 박경자 선생님께서 토론을 해주시겠습니다. 제가 아까 소개를 이미숙 선생님이 하신다고 그랬는데 이미숙 선생님은 가타야마 선생님 것을 하시고, 박경자 선생님이 아카누마 선생님 것을 토론하는데, 원고가 좀 늦게 도착했습니다. 그래서 미처 발표집에도 수록을 못했고, 그래서 이제 번역을 해서 아마 복사해 가지고 간지로 끼었을 겁니다. 그것이 아카누마 선생님의 발표문이고, 토론문을 미처 작성을 못했습니다. 그래서 좀 송구스럽습니다마는 간단하게 질문을 해주시면 감사하겠습니다. 그리고 토론이 없기 때문에 통역을 좀 해주십시오.

▪ 박경자 : 예, 아까 선생님께서 발표 중에 질문을 한가지 하셨는데요, 아오이도 같은 경우에는 한국에서 뭐라고 하냐고 질문을 하셨습니다. 그거에 대해서 제 견해를 간략하게 말씀드리면, 이것은 제 견해입니다. 그, 조선에서는 관요성립이 1467년도는 69년으로 지금 알려지고 있는데요, 관요성립 이전에 이미 1450년대, 60년대, 70년대에 많은 지방 가마에서 백자를 굽고 있거나, 또는 백토에 대한 정보를 알고 있었던 것을 많은 기록을 통해서 확인할 수 있습니다. 관요성립 이전에 분청사기를 굽던 많은 지방 가마들이 백자로 전환을 하고 있는데, 그 과정에서 지역적인 흙의 특성에 의해서 경상도 지역에서 제작이 된 질이 좀 떨어지는 조질의 백토, 백자가 아닐까 저는 좀 그렇게 생각하고 있습니다. 그리고 한 가지 질문을 드리고 싶은 것은, 그 선생님 발표 요지를 통해서 보면 일본에서 이도다완이 유행을 하는 것은 1580년대 90년대에 들어서 본격적인 유행을 하고 있는 것으로 이렇게 알 수가 있는데요, 어, 그 유행하는 시기하고 일본에서 유행하는 시기하고, 어, 고려, 아, 조선에서 일본으로 건너간 많은 고려다완들의 양상을 보면 지금 현재 한 시기차이가 어, 크게

는 100여 년 차이가 나지 않을까 저는 그렇게 보고 있습니다. 앞에서 말씀드린 것처럼 지방 분청사기 가마가 백자로 전환하는 시기를 감안한다면 아주 넓게는 100년까지 차이가 난다고 보는데요, 일본에서 그렇게 늦게 유행을 하게 되는 이유를 한 가지 알고 싶고요, 또 한 가지는 그, 일본의 고려다완 같은 경우에 조선에서 원래 갖고 있던 기능하고 상관없이 일본에 건너가서 일본의 다인들에 의해서 선별적으로 선택된 것으로 그렇게 지금 말씀을 하셨는데요, 이도 중에서 특히 오오이도도 그런 성격으로 보고 계시는지 알고 싶습니다. 이상입니다.

▪ 赤沼 : 네, 시대차이에 대해서는 아주 늦어서 실례했습니다마는, 제 발표문 중에서도 언급했습니다. 그래서 아마 다도의 다완으로서 들어온 게 아니라, 여러 가지 그릇들이 이른 시기부터 일본에 들어오고 있었습니다. 중국도자에 비하면 극히 적습니다만, 그래도 고려시대부터 들어왔었습니다. 그리고 그것은 외국에서 들어온 희귀한 그릇으로써, 역시 일본은 섬나라이기 때문에 그렇게 받아들였고, 교토, 혹은 사카이, 나라 등에서 사용되었다고 생각하는데요. 그 시대차이가 나타나는 이유는 그러한 그릇들이 다도가 숙성해 가는, 발전해 가는, 변화해 가면서 고려다완과 감성이 일치했을 때 그것에 주목해서, 고려다완에 주목하게 된다, 그것이 시대차이가 일어나는 원인이라고 생각합니다. 이것은 발표문에서 약간 언급하였습니다. 그리고 또 하나 말씀하신 내용을 제가 좀 못 알아들었는데요, 죄송합니다.

▪ 통역 : 뒷부분 질문 좀 다시 한 번 해주시겠습니까. 두 번째 질문이요.

▪ **박경자** : 두 번째 질문은 고려다완 같은 경우는 청자부터 시작해서 분청사기, 또는 연질백자 계통으로 보이는 그런 것들이 다양한 종류가 있는데, 조선에서의 본래 기능, 그러니까 분청사기 접시, 어, 대접이라든가 또는 분청사기 종지 사이즈에 해당하는 그런 것들, 조선에서의 원래 기능하고 상관없이 일본으로 건너가서 일본의 다인들, 그러니까 다인들에 의해서 선별적으로 선택된 것으로 지금 알려지고 있는데요, 이도 중에서 오오이도도 성격이 그렇다고 보시는지 알고 싶습니다.

▪ **赤沼** : 저어, 이것은 한국의 그릇 뿐만이 아니라 동남아시아의 그릇, 혹은 칠기 등도 원래 용도, 태어난 나라에서의 용도를 모르는 상태로 받아들였습니다. 그것을 일본 문화 속에서 살려간다는, 어떤 솜씨를 가지고 있어서, 오오이도의 경우도 원래 한국에서 어떤 식으로, 어떤 그릇으로 사용되었는지 그것은 모르고 있었다고 생각합니다. 단 다도의 다완으로써 큰 다완, 작은 다완, 혹은 히라키 다완을 구별해서 사용해 간다는 다도 자체의 선택은 있었습니다. 이 시기에는 이와 같은 것, 혹은 이러한 도구에는 이런 것, 이와 같은 구별해서 쓰는 방법, 이것은 한국에서의 원래 기능과는 다른 것으로, 다도 문화 속에서 독자적인 방법으로 쓰고 있었다고, 정말 말씀하신 그대로라고 생각합니다. 답변이 되었는지 모르겠네요.

▪ **손승철** : 예, 감사합니다. 나중에 또 궁금한 게 있을 테니까, 이따 식사하면서 시간이 많이 있으니까, 또 추가로 질문해 주시기 바랍니다. 다음은 이제 조선 후기 쪽으로 넘어가서 임란 이후에, 임란 이후의 문제에 대해서 먼저 가타야마 마비 선생님의 발표에 대해서 이미숙 선생님께서 토론해 주시겠습니다. 이미숙 선생님은 현재 협

성대학교 겸임교수로 계십니다.

 ▪ **이미숙** : 예, 방금 소개받은 이미숙입니다. 저는 토론문이 서술형이기 때문에 질문형으로 짧게 바꿔서 요지만 말씀드리겠습니다. 저는 일전에 가타야마 선생님의 고마운 배려로 한국에서 쓰신 박사학위논문『임진왜란 전의 한일 도자 비교연구』를 읽어볼 수 있었습니다. 이번 심포지움에서는 도요토미 히데요시의 조선침략과 히젠 도자라는 주제로 이 시기의 도기를 중심으로 전개되는 조선의 도자기가 일본에 끼친 영향과 전개 과정 및 의의를 밝히고자 하셨습니다. 따라서 본인은 이와 유사한 내용을 담고 있는 가타야마 선생님의 박사학위논문을 참고하여 세 가지 질문을 드리고자 합니다. 먼저 시기구분을 살펴보면 가타야마 선생님은 도기를 중심으로 1610년대 이전과 이후의 히젠 도기와 조선도자의 영향관계를 가마의 구조, 窯詰과 성형방법, 기종과 제품 등에 대해서 살펴보았는데, 일본에서는 임진왜란 직후부터 바로 백자가 생산되었던 것이 아니라 적어도 1610년대까지는 전대의 도기를 바탕으로 새로운 양식의 히젠 도기가 제작되었다고 하며, 이 시기의 히젠 도기는 일반적으로 조선도자의 영향이 희미해진 시기로 이해되고 있습니다. 일본도자를 주체로 삼았다고는 하지만 전쟁이 끝나는 1598년 이후 1610년까지 약 12년의 기간 동안 일본 요업계의 현황이 어떠하였는지 알고 싶고요, 또한 임진왜란 때 많은 도자기 기술자들이 일본으로 강제 이주되었음에도 불구하고 그 후로 10년 동안 도기가 제작되었던 것은 기술적인 문제보다는 아직 백토광을 발견하지 못한 재료의 부재 때문은 아니었나 라는 생각이 드는데요, 이 점에 대해서 어떻게 생각하시는지 말씀해 주시기 바랍니다. 두 번째는 가마 구조의 연관성 문제에 대해서 살펴보겠는데요, 아, 솔직히 본인이 일본의 가마 구조에 대

해서 모르기 때문에 가타야마 선생님의 연구 결과에 의존할 수밖에 없는 입장이긴 하지만, 1610년 이전 도기가마의 영향이 보여지는 가마로 명옥산요가 있고, 이 가마는 조선의 도기가마와 규모, 토축 등의 축유재가 비슷하다고 하셨고, 조선 자기의 경향이 보여 지는 가마에는 飯洞甕上窯와 燒山上窯, 唐人古場窯가 있는데, 이 가마들은 한국 남해안 지방의 가마와 비슷한 구조를 보여 소성실 사이에 단을 마련하지 않고, 천정 높이가 낮은 구조를 띠고 있다고 하셨습니다. 선생님은 연구에서 논문의 뒤쪽 표에 있는 표3, 표4와 같이 가마의 크기, 단차각, 불창시설 등에 대해서 분석하셨는데, 조선·일본의 土築窯나, 중국의 塼築窯 모두 자연환경에 많은 영향을 받았기 때문에 그 지역의 지정학적 특성과 환경에 대한 연구가 병행되어야 할 것으로 생각합니다. 지금도 재래식 가마를 지을 때는 도자기를 제작하시는 분들은 조선시대의 가마와 같은 그런 가마를 등유나 재래식 가마라고 일컫는데요, 경사각도나 바람의 방향을 고려해서 가마의 위치를 정합니다. 따라서 일본 나가사키현 이마리시의 소산산요와 사가현 당인고장요는 한국의 남해안 지방의 가마구조와 비슷하다고 하셨는데, 겉으로 드러나는 가마의 크기나 단차각 뿐만이 아니라 두 지역의 지형적 영향관계나 기후의 특징에 대하여는 생각해 보셨는지 여쭙고 싶습니다. 그리고 이제 마지막의 결론 부분인데요, 큐슈 도자와 조선도자의 관련에 관하여 자기의 기술적인 영향은 일부의 녹노, 성형기술 등을 제외하고 단기간에 사라지고 있으며, 그 이유는 히젠이 일본열도나 유럽까지 전파되는 극히 넓은 영역을 대상으로 한 청화의 대량생산을 목표로 하여 발전한 요업지인데 반해서 좁은 지역 수요의 백자생산을 전제로 하는 조선백자의 기술이 맞지 않았기 때문이라고 하셨는데, 제가 생각하는 또 다른 이유는 15·16세기 도자기의 특징이 개인 예술적인 창작품이라기보다는 수요자의 요구에 부응하여 생산되었다고 보여집니다. 따라서 조선 도공의 도일 초기에 남아 있던 조선도자의 양식적 특징은 일본 수요자의 요구에 따라 변화된 것이 아닌가 생각하는데, 그 점에 대해서는 어떤 의견을 갖고 계시는지 여쭙고 싶습니다.

▪ 片山 : 우선 시간이 없는 것 같으니까 일본어로, 그것도 빨리 말씀드릴 수밖에 없는 것 같습니다. 우선 첫 번째 질문에 대해서인데요, 우선 1598년부터 1610년까지의 요업체제에 대한 말씀인데요, 이 기간이란 히젠에서는 사실은 그 전 단계에 기후현의 미노라는 곳에서 도기가 대량 구워집니다. 그리고 히젠, 요컨대 카라쓰의 그릇은 그 미노의 제품을 모방해서 대량생산을 시작합니다. 그래서 지금 서쪽 지방에서는, 동쪽에서는 그릇을 세토야키라고 하는데요, 서쪽에서는 카라쓰야키라고 하는 만큼 대량 생산되고, 그리고 대량 소비되었습니다. 그래서 그, 그 동안은 지적하신 바와 같이 자석, 요컨대 백자를 만들기 위한 재료를 발견하지 못했다는 것도 있는데요, 원래 그 시장 자체가, 도기 수요가 아주 높았던 데다 히젠 카라쓰는 껴들어가게 되었다는, 그러한 이미지를 그려낼 수 있습니다. 그리고 두 번째 질문인데요, 우선 발굴을, 현장에 가신 적이 있으실지 모르겠습니다만, 일본의 요지 발굴의 경우, 면으로는 파지 않습니다. 즉 가마의 주변, 정말 가마의 가까이까지 밖에 파지 않습니다. 그래서 자연환경, 혹은 지형을 알기 위해서는 아주 광범위한 발굴이 필요합니다. 그래서 현재 일본의 발굴성과로 그러한 자연환경의 문제까지 언급하는 것은 아주 어려울 것 같습니다. 단 오사카시의 자연사박물관에서는 한국의 조선시대의 植生에 대한, 식물에 대한 연구를 진행하고 있습니다. 그 연구에 따르면 임진왜란의 전과 후로는 식생이 많이 달라져서, 혹은 그 때문에 지형도 많이, 혹은 환경도 많이 변했다

고 합니다. 그러한 점이 좀 더 밝혀지면 질문하신 내용에 대해서도 좀 더 구체적인 말씀을 드릴 수 있을 것 같습니다. 그리고 세 번째, 예술적인 창작품이라는 게 아니라 수요자의 요구에 따라서 라는 점인데요, 이것은 저도 물론 찬성합니다. 왜냐하면 우치노야마, 아까 슬라이드로 보여드린 우치노야마과 같은 제품도 있고요, 그리고 히젠, 1610년 이후의 히젠의 그릇, 특히 도기라는 것은 어디선가 조선시대의 그릇의 모습을 남기고 있을 뿐이고, 결코 직접적으로 모방한 것은 아닙니다. 역시 일본화된 것으로 생각합니다. 이상 충분한 답변이 됐을지 모르겠습니다만 질문에 대한 답변입니다.

▪ **손승철** : 예, 감사합니다. 아까는 한국어로 하시더니... 하여튼 시간을 충분히 못 드려서 죄송한데, 나중에 시간이, 식사하면서 있습니다. 그러면 오늘 발표의 마지막 약정토론입니다. 방병선 교수님의 발표에 대해서 장기훈 선생님께서 토론해 주시겠습니다. 장기훈 선생님은 조선관요박물관 학예연구팀장으로 계십니다.

▪ **장기훈** : 예, 장기훈입니다. 방병선 교수님의 발표에 대해서 세 가지, 크게 세 가지로 구분해서 질문을 드리고자 합니다. 첫 번째 그 왜인구청등록과 관련해서 기록에 나타나 있는 도자 번조 요청은 그 다완, 다완과 관련된 것이라고 생각이 됩니다. 그런데 실제로 17세기 일본의 유적에서 출토되는 파편들, 도자기 파편들을 보면 고려다완이라고 칭해지는 것 이외에도 경상도 남부지역에서 제작된 일상 생활용기들이 다량 포함돼 있어서 대일본 수출의 경향이 이런 다완 수출 이외에 다른 루트가 있다는 것을 짐작케 합니다. 혹시 그와 관련해서 생각해 보신 점이 있는지 첫 번째 질문으로 드리고요. 그 다음에, 오히려 왜관을 통한 다완 수출이 실체와 그 생산지를 구체적

으로 확인하기 어려운 점이 있는데, 어, 실제로 필자가 조사를, 질의자가 조사를 해본 바에 따르면 경남, 진주, 하동, 김해 그리고 사천 등지를 조사해 본 바로는, 어, 그 왜인구청등록 이외의 어조 물건 같은 경우는 일본 주문서에 나타나 있는 그런 경향과 똑같은 예는 거의 발견하기 어렵다는 결과를 얻었습니다. 실제로 이 지역에서 생산되는 파편들은 이런 주문 다완이 아니라 자체적으로 생산하는 일상 생활용기들이 대부분 차지하고 있다는 점인데, 이 점에 대해서도 같이, 아울러서 답변을 부탁드리겠습니다. 그리고 부가적으로 1690년 왜인구청등록에 나타난 백토와 옹토, 간색토, 그리고 약백토 등의 원료를 요구한 것을 토대로 해서 백자가 여러 가지 흙을 섞어서 만든 조질품이었을 것이라고 추정을 하셨는데, 어, 이걸 반드시 섞어서 만들었다고 생각하시는 이유가 뭔지에 대해서도 궁금합니다. 그리고 두 번째 문제로 조선 후기의 양식에 관한 문제입니다. 대표적인 달항아리와 떡메병 그리고 각병 같은 그러한 기종들은 18세기 영조 연간에 출현하셨다고 보셨는데, 일부는 동감을 하고 있습니다. 대체로 영조 연간에 그러한 다양한 형식의 항아리들이나 기형들이 발달하는 것은 사실이지만 달항아리 같은 경우는 유적에서는 분원의 선동리, 그러니까 1640년대부터 성종동 유사리, 신대리 해서 17세기 후반의 가마에서 계속 다 발견이 되고 있습니다. 그래서 유독 그 달항아리를 18세기의 기형이라고 보시는 이유가 좀 궁금합니다. 그 다음에 그와 관련해서 또 외래기형이라고 생각되는 것이 17세기 선동리와 성정동 같은 17세기 중반의 가마에서 나타나는 그릇 중에 굽이 넓은, 그러한 소위 조선시대 해무리굽이라고 불리는 그러한 굽이 있는데, 이 굽은 중국과 일본, 한국에서 공통적으로 나타난다는 견해를 방 선생님께서 그 전에 발표하신 예가 있습니다. 그에 미루어서 본다면 외래기형이 나타나는 것이 비단 영조연간에 집중되는 것이 아니라 이미 이전부터 꾸준히 있어 왔던 것이 아닌가 라는 생각이 듭니다. 그리고 마지막으로 북학파의 견해에 대해서 박제가와 이희경의 그러한 견해는 정조의 사치금지와 맞물려서 결과적으로 정책적으로 실행이 안됐다고 생각이 됩니다. 그래서 그, 선생님께서는 사치금지 조치의 배경을 갑번자기를 생산하는 분원의, 분원민의 고통해소, 그리고 사치품 억제를 통한 물가 조절, 그리고 화폐 주조에 필요한 유기 수요 감소, 이 세 가지로 제시하셨습니다. 그런데 그, 인용하신 1798년의 정조실록 기록은, 어, 화기금지 이후에 청화백자 수요가 감소한 예에 따라서, 그러한 전례에 따라서 유기 수요로 감송할 수 있는 방안을 논한 내용이지, 어, 그것을 가지고 사치, 도자기 사치를 막겠다는 의도의 내용은 아닌 것으로 생각이 됩니다. 오히려 갑기와 화기를 금지한, 사치를 금지한 이유는, 근본적인 이유는 과거 왕실의 전유물이라고 했을 만큼 왕실의 권위를 상징하던 분원의 그, 고급 백자가 사대부와 부호를 비롯해 민간에 유통되는 것을 막기 위한 그러한 조치가 아니었나 생각하는데, 거기에 대해서 어떤 생각을 갖고 계시는지 듣고 싶습니다.

▪ **손승철** : 질문을 시작하실 때 한 두 가지만 할 것 같더니, 한 가지 한 가지 하고 다섯 가지 하셨네요. 1분씩 해서 5분에 끝내주시기 바랍니다.

▪ **방병선** : 저, 이쪽에 있습니다.

▪ **손승철** : 예, 죄송합니다.

▪ **방병선** : 저도 세 가지만 말씀하신다고 준비했었는데, 빨리 빨리

하겠습니다. 첫 번째 그릇의 교류, 루트는 분명히 왜관뿐만이 아니라 어떤 인적인 루트도 있었을 것으로 추정을 합니다. 뭐 역관이, 역관이라든지, 판사를 통해서 갔었을 수도 있고, 아니면 잠상을 통해서도 샀었을 수도 있을 것 같습니다. 왜관 이외의 공식적인 장소라든지 어떤 제도는 아직 발견을 하지 못해서 좀 더 연구를 해보겠습니다. 그 다음에 두 번째 질문의 경우에 그, 효종연간 이후부터는 왜관 안에서 제작을 하게 됩니다. 주문 다완을. 따라서 그, 김해라든지 진주, 하동, 김해라든지 곤양 등지에서 비슷한 양식의 그릇을 발견할 수 없다는 가능성도 충분히 있다고 생각이 됩니다. 세 번째는 그, 옹기토라든지, 옹기의 유약으로 쓰이는 약토가 등장을 하는데, 어떻게 섞어서 쓸 수만 있겠느냐, 옹기도 제작을 하지 않았겠느냐, 그런 가능성도 충분히 있습니다. 단지 그, 왜인구청등록을 보면 옹기하고 자비도기가 따로, 지금 구분돼서 나타나기 때문에 이 사기제작을 위해서만 이런 원료를 들이기로 하고, 옹기는 별도로 지금 구매를 합니다. 그런데 그, 나와 있는 것들로는 충분히 그런 가능성도 있는데, 아, 실제 이, 그 여러 가지 백자를 제작하는 현장에서 볼 때는 백토나, 백토를 중심으로 해서 이런 옹토라든지 여러 가지 색상이 들어가 있는 각색토를 집어넣으면 우리가 보고 있는 그러한 백자가 아니고, 여기 지금 그, 일본어로 하면 이게, 『御あつらえ物控』라고 하는 1701년부터 1705년까지 주문 책에 해당이 됩니다. 거기에서 보이는 갖가지 일본인들이 좋아하는 그런 기형들을, 기형과 색상을 내는데, 이러한 흙들이 아마 사용되지 않았을까 그렇게 추정을 합니다. 이것도 좀 더 생각을 해보겠습니다. 네 번째로, 17세기에도 분명히 뭐, 그, 우리 조선을 중심으로 해서 중국으로부터 양식이 완벽하게 끊어진 것은 아닙니다. 어떤 동아시아 삼국의 어떤 교류 흔적은 매번 남아 있었습니다. 그런데, 여러 가지 그, 비중이라든지, 특정 기

형이 점유하고 있는 비율을 봤을 때 좀 더 영·정조기가 활발한 교류를 하지 않았을까, 그래서 좀 더 강조를 한 것으로 생각을 해 주시면 되겠습니다. 그 다음에 다섯 번째 북학파 기록 이야기는 정조가 사실 그 도자기에만 사치품으로 해서 금지를 가한 건 아니고, 전반적인 어떤 의도를 가지고 행동을 했었던 것 같습니다. 물론 그게 소정의 효과를 거두기 전에 정조 임금이 승하를 했기 때문에 지금 어떻게 평가하기에는 어렵겠습니다만. 그리고 또 하나는 분원 경영과 맞물리면서 사실상 숙종조 후반 이후에, 그 사번을 허용하기 때문에, 그, 이 사번을 허용하면서 들어오는 여러 가지 자본들은 운영비로 많이 사용을 합니다. 뭐 장원들을 급여로 나갈 수 있고, 어, 그래서 이 문제는 지적하신 것처럼 단순히 도자기, 여기서는 화기라고 하는 것은 청화백자를 이야기합니다. 그리고 갑기라고 하는 것은 갑발 속에 집어넣는 그릇인데, 그것만을 금지하려고, 기사만을 보면 그럴 수도 있겠습니다만 전반적인 흐름은 정조시대 후반에 어떤 그, 정조가 지향하는 개혁의 흐름 안에서 나름대로의 어떤 방향을 제시하기 위해서 이러한 것에 손을 대지 않았을까. 그 가운데는 도자기도 있고, 그 다음에 유기도 있고, 뭐 여러 가지 의복도 있고, 중국으로부터 쉴새없이 들어왔던 사치품에 대한, 그 다음에 어떤 사상적인 기조의 변화를 나름대로 정조가 이끌어 가려는 그런 의도에서 하지 않았을까 생각합니다. 충분한 답변은 이제 못했습니다만 부족한 부분은 서두에 말씀드렸듯이 일본과의 관계를 중심으로 했기 때문에 우리 것 부분은 많이 생략했습니다. 나중에 기회가 되면 좀 더 지면을 할애해 주시면 원문을 가능하면 같이 수록을 해서 오해가 없도록 하겠습니다. 이상입니다.

▪ **손승철** : 감사합니다. 사실 저도 방 선생님 글을 보면서 깜짝 놀

랐습니다. 그 여러분도 보시면 아시겠지만 주를 달으셨는데, 『왜인구청등록』이라고 하는 주를 달았거든요. 근데 아시겠습니다만 『왜인구청등록』은 규장각에 소장되어 있는 일본관련 문서입니다. 그런데 저는 미술사 하시는 분이 이렇게 꼼꼼하게, 죄송한 말씀입니다만은, 그렇게까지 작업을 하셔서 이런 논문을 완성했다는 것을 보고 깜짝 놀랐습니다. 바로 이러한 작업이, 우리가 추구하는, 소위 학제간의 연구라고 하는 어떤 완성된 연구를 향한 길이 아닐까 이렇게 생각을 해봅니다. 저는 문헌사학을 하는데 오늘 여러 가지 진행을 하면서 너무 무식하다, 도자기에 대해서 너무 모른다, 제가 조금 이따가 아주 무식한 질문을 또 하나 하겠습니다마는, 그걸 느꼈거든요. 또 도자기 하시는 분들도 아마 직접 만들지 않으신 분들도 많을 거예요. 그런데 여기 지금 발표자, 토론자는 또 도자기를 직접 지금 만들고 계시는 분이 계십니다. 이미숙 선생님 같은 분은 직접 만드시는 분인데, 그래서 이렇게 어울려서 뭔가 해야지, 좀 종합적으로 정리가 되지 않겠나, 이런 생각을 해봤습니다. 이어서 같은 연장선상에서 오늘의 화두가 뭐냐하면 한일 도자기의 교류양상입니다. 그래서 어떻게 교류를 했는지, 나중에 정양모 관장님께서 아마 정리를 해주실 거라고 믿습니다마는, 그래도 좀 더 무식한 얘기를 많이 해야 여러 가지 정리가 잘 되지 않을까 이렇게 생각을 해봅니다. 그래서 이제 플로어 시간입니다. 플로어 시간인데, 토론 진행을 지금 보니까 대략 세 그룹을 나눌 수 있을 것 같습니다. 그래서 조선 전기의 분청사기·백자, 그 다음에 임진왜란 관련해서 나카노 선생님하고 아카누마 선생님, 그 다음에 임란 후 해서 방병선 교수님하고 가타야마 선생님, 이런 순으로 세 개 그룹으로 시대 순으로 이렇게 한번 질문을 해 가면, 또 나름대로 정리가 되지 않을까 이렇게 생각을 해봅니다. 그래서 먼저 조선 전기의 분청사기와 백자에 관련해서 먼저 질문들을 좀 해주시기 바랍니다. 근데 앞서 제가, 사회자 권한으로 저부터 해야 되겠습니다. 아주 무식한 질문인데, 청자에서, 고려시대 청자에서 왜 분청사기로 전환하는지, 또 분청사기에서 왜 백자로 변환하는지, 그걸 좀 아주 쉽게 한번 설명을 좀 해 주시기 바라고요, 또 하나는 그렇다고 한다면 조선 전기의 한일 도자교류의 양상을 한 마디로 정리한다면 어떻게 정리할 수 있을까, 너무 큰 질문이기도 합니다마는, 그래야 뭔가 그림이 잡혀져 갈 것 같아서, 네 정관장님 나중에 정리 해주시겠습니다마는 우선 두 분 좀…

▪ **강경숙** : 청자에서 분청으로 가고 또 분청에서 백자로 어떻게 갔느냐는 그런 말씀, 그런 질문이셨는데요, 이, 세계 도자사의 큰 흐름은 중국이 쥐고 있습니다. 그래서 이 중국이 청자를 생산하다가 14세기부터는 백자로 전환을 합니다. 그래서 전 세계의 도자기 양상이 그렇게 흐름을 갖습니다. 그런데 우리는 14세기에 백자를 만들지는 않았고요, 15세기에 들어오게 되는데, 이제 바로 그런 흐름에서 청자가 자연히 백자로 가는 그런 과정에서 분청사기라는 것은 큰 흐름에서는 청자의 맥락 속에 있습니다. 청자의, 그러니까 크게는 청자, 백자 이렇게 보시면 되는데, 그 청자가 백자로 가는 그 한 200년 그 사이에 어떻게 청자가 백자로 가면서 변하느냐 하는 때에 아주 특별한 분청사기라고 명명한 그런 그룹들이 한국에서 생겼고, 그걸 우리는 분청사기라는 말을 합니다. 그래서 가장 피크를 이루었던 세종 때에도 분청사기를 특별히 명명한 이름이 없습니다. 그냥 자기 뭐 이랬던 걸로 알고 있습니다. 그럼에도 아마 한쪽은 백자가 중국에서 되고 있기 때문에, 백토분장을 하면서 표면 백자화하려는 그런 노력의 일환이 아주 특별한 아주, 한국에서만 특별히 보여 지는 이런 기법이 나왔다고 보는데, 사실 중국에도 이런 분청사기 그룹은

자주요에서 있습니다. 그런데 이 중국의 자주요는 14, 15세기보다는 대강 우리보다는 2, 300년 앞에 그런 특징을 이루어서 아마 전혀 무관하지는 않겠습니다만, 그러나 한국의 분청사기는 중국하고는 다른 그런 특색을 가지고 있고, 어떤 그런 사회 배경을 가지고 있다 이렇게 말씀을 드릴 수 있습니다. 그담에 또 분청사기에서 백자로 간다 하는 얘기는 아까 말씀드린 것처럼, 세계 도자사의 흐름이 청자에서 백자로 가고 있기 때문에 우리도 바로 백자 제작이 조선 정치가 안정되는, 세종 초년부터는 이미 뭐, 만들고 있었다고 봐도 되겠습니다. 그렇게 설명이 되면 답변이 좀 될런지 모르겠습니다.

▪ **손승철** : 예, 감사합니다. 그러면 크게 이렇게 보면 됩니까? 예를 들어서 중국과 조선이 또 연결이 되고, 또 조선과 일본이 연결이 되고 이런 것들이 크게 세계 도자사하고의 어떤 유동 관계를.

▪ **강경숙** : 예, 이따 정관장님이 잘 말씀해 주실 거로 믿습니다만, 저한테 질문을 하신 것 같아서. 그런데 이제 일본은 사실, 임진난 이전에는 백자를 못 만듭니다. 그거는 일본이 화산지대이기 때문에 아마 백토가 많이 없었기 때문이라고 생각이 되는데, 그냥 제가 알기에는 이삼평이라는 사람이 큐슈에 가 가지고, 백토산, 백토광을 찾아내서, 이제 그거를 단미로, 그러니까 돌덩어리, 하얀 돌덩어리를 부셔서 백자를 만드는데 성공을 했다 그것이 대강 1616년이다 이렇게 그냥 통설로 되 있습니다. 따라서 일본과의 관계라고 한다면, 우리의 도공들이 일본에 가서 백자를 만드는 데 큰 아주 그, 기여를 했다 이렇게 얘기는 되겠고, 백자는 그렇다면 그 이전부터 교류는 이미 많이 있었다는 얘기는 뭐, 세종 때부터 많은 무역을 하고 또 서로 교류를 했기 때문에 갔겠습니다만, 그렇게 간 분청사기와 또는

연질백자라던지, 그런 백자류들이 아까 그 아카누마 선생님이 말씀
하신 것처럼 일본의 철학에 맞는 어떤 그런 음다정신에 맞게 그 그
릇이 각각의 그런 특별한 이름이 붙여지면서, 아주 한 400년 동안
애용이 되면서, 400년 동안 잘 자라서 오늘날 국보가 된 이런 거라
고 저는 봅니다. 그러면 우리나라에서 간 그릇은 아까 정 관장님 말
씀하신 것처럼 아무렇게나 막 만든 막사발이냐 그거는 아닐 겁니다.
비록 유약이나 이런 것은 거칠고, 태토는 거칠다 하더라도 그걸 만
든 장인은 평생을 수만 개, 수십만 개를 만들었던 그런 장인이 하루
에도 3, 400개를 만들 수가 있답니다. 이 대접 경우에는요. 그런 기
술을 가진 신기에 가까운 기술자가 만든 거기 때문에 그 중에는 정
말 놀랄만한 이러한 그릇이 사발에도 있다고 봅니다. 그것이 이제
일본 다인들한테는 그것이 잘 개발이 됐다고 그럴까요, 평가가 됐다
고 라고 생각이 됩니다. 따라서 그런 것이 우리가 기여한 부분이 아
닐까 이런 생각을 합니다.

▪ **손승철** : 네, 감사합니다. 저, 플로어에서 질문... 마이크, 네 무선
마이크, 네.

▪ **김수웅** : 네, 한일문화교류기금의 김수웅입니다. 지금 방금 강
교수님 이야기하신 거 관련해 가지고 간단하게 질문 하나 하겠습니
다. 그럼 그 분청사기라는 것은 중국이나 일본에는 없던 조선의 독
특한 양식이라고, 그 중국이나 일본 쪽에는 전혀 안보입니까? 그리
고 분청사기라, 아까 그, 분장회청사기라고 그러셨죠. 그 용어는 지
금 다른 나라에서는 안 쓰는 용어입니까? 두 가지만 질문 드리겠습
니다.

▪ **강경숙** : 네, 아까 말씀드렸듯이 중국에는 자주요, 자주 지방에서 만들어지는 11세기 경의 우리 분청사기하고 똑같은 기법들의 그릇들이 있어요. 근데 그건 11세기고, 우리는 전성기가 15세기이기 때문에 직접 영향은 없었던 걸로 보고, 또 그러나 그릇을 만드는 장인들은 대강 무늬라든지, 무늬를 낸다든지, 또 뭐 형태를 만든다든지 할 때는 어떤 공통점은 있었으리라고 봅니다. 그래서 중국 자주요의 영향을 직접 받은 것은 아니다 이런 말씀을 드릴 수가 있고요, 그 다음에 분장회청사기라는 말은요, 사실 일본에서는 미시마라는 이름으로 써 왔습니다. 미시마는 석 삼자에다가 섬 도, 삼도라고 했는데, 그 삼도라고 하는 것도 의미불명이에요, 어디서부터 나왔는지를 모릅니다. 그래서 사실은 고유섭 선생님께서요, 아마 1930년대로 알고 있습니다. 미학과 다니시면서, 우리나라 미술과 일본 미술에 아주 정통하셨던 그런 선생님이셨는데요, 그런 의미 불명의 미시마라는 말 대신에 그 특징을 보니까 백토 분장을 하는 회청색의 사기더라 이런 개념을 넣었던 겁니다. 그래서 이름이 길기 때문에 하나씩을 떼어서 분청사기 이렇게 쓴 것은 아마 50년대 이후, 국립중앙박물관에서부터 쓰셨고, 또 일본에서도 이제는 다 미시마라고 하지 않고, 모두 분청사기라는 말을 다 공통으로 쓰고 있습니다.

▪ **손승철** : 예 감사합니다. 저기 이 선생님. 네.

▪ **이경숙** : 예, 강원대학교에서 박사과정을 밟고 있는 이경숙입니다. 저는 중국 불교미술을 하고 있습니다. 그래서 불교미술도 잘 못하지만, 도자기는 더 모르는데요, 그냥 이렇게 한일 도자문화, 교류문제를 얘기할 때, 항상 저는 좀 궁금한 게, 문화의 전파 속도라고 하는 것을 계량화 할 수 있을까 하는 생각을 합니다. 그래서 강경숙

선생님께 여쭙겠는데요, 혹시 청화백자가 유행하면, 우리나라도 청화백자가 유행하고, 진사를 쓰면 진사를 쓰고, 그런 유형이 유행을 한다면 그렇게 문화의 전파속도라고 할 만한 것이 도자기에 있어서 개량화 할 수 있는지, 그것을 좀 여쭤보고 싶습니다.

▪ **강경숙** : 계량화라는 게 뭡니까.

▪ **이경숙** : 수량화할 수 있는지.

▪ **강경숙** : 아, 그러니까 중국에서 만일 10세기에 청자를 만들었음 우리나라도 바로 10세기에 만들었느냐 하는 이런 시간적인 거...

▪ **이경숙** : 얼마 동안의 기간을 두고...

▪ **강경숙** : 만들었겠는냐. 네. 예를 들면 어떤 청자입니까, 백자입니까?

▪ **이경숙** : 그러니까, 청자도 있을 수 있고요. 예를 들어서 코발트 안료를 써서...

▪ **강경숙** : 우리나라 청자 경우에는, 중국 경우에는 3세기, 3세기 때에 이미 청자를 만듭니다. 그래서 A.D. 3세기죠. 3세기, 4세기, 5세기 해서 대강 월주, 그러니까 절강성 월주 일대에서 천년 이상, 3세기서부터 한 14세기까지 천년 이상의 역사를 가지고 있어요. 그런데 이제 3세기 때 우리나라에 청자를 만들었던 흔적은 없고, 한국의 경우에는 한반도에는 지금 9세기부터 만들었다 라는 이론과 10세기부

터 만들었다고 하는 두 가지의 이론은 있습니다. 9세기에 만들었다고 그러면, 청자를 만들었다고 그러면, 통일신라 말이 될 거고, 10세기에 했다고 그러면 고려시대가 서면서가 되겠습니다. 그렇다면 청자의 경우는 중국하고 우리나라하고 10세기라고 한다면 한 700년의 간격이 있습니다. 그 다음에는 백자의 경우에는요, 중국 경우에는 거기도 굉장히 이른 시기부터 백자를 만들기는 했지만, 우리가 조선시대 백자, 또는 명나라 백자를 비교를 해 볼 때는요, 14세기부터 15세기에 우리는 정치적인 변화가 아주 그, 고려가 망하고 조선이 있었기 때문에 백자를 만들 만한 여력은 없었습니다. 청자를 만들던 강진, 강진일대의 청자 요업이 거의 그냥 파산이 되고, 전국적으로 퍼져나가기 때문에 그 퍼져나간 강진 말기의 장인들은 백자를 만들지는 않고, 말기 청자를 만들면서 조선으로 바뀝니다. 그 말기 청자를 만들던 사람들이 분청의 하나의 선구가 됩니다만, 그러면서 조선이 안정이 되면서 바로 백자를 만들었다고 보는데, 그 시기는 늦어도 세종 초년에는 이미 뭐 경질 백자를 만들지 않았을까 이렇게 봅니다. 그렇다고 본다면 백자의 경우에는 중국하고는 뭐 한 100년 내지 150년의 차이가 있겠습니다. 답변이 되겠는지 모르겠습니다.

▪ **손승철** : 예, 감사합니다. 오 차관님.

▪ **오재희** : 가타야마 선생님 발표에 대해서 잠깐 말씀을 드리겠습니다. 저는 가타야마 선생님 발표하실 때 저는 잠깐 밖에 나가 있어가지고, 직접 듣지는 못했습니다만, 토론 과정에서 논문의 마지막 결론을 보니까 조선 도자 기술이 히젠 지역에서 극히 단기간에서 끝나버렸다 하는 이유를 설명을 하셨는데, 그것을 주로 히젠 자기가 유럽이나, 일본 전역을 시장으로 삼았기 때문에 좁은 지역을 상대로

한 조선백자 기술하고는 안 맞았다 이런 말씀을 하셨는데요. 제가 과거에 영국에 근무할 때, 영국 박물관 일본 도자기 전문가들, 또 이제 기타 일본 도자기 연구하는 전문가들한테 들은 말씀에, 말에 의하면, 이삼평이 한 20년 걸려 가지고 아리타에서 백자 원료를 처음 발견해 가지고 자기를 굽기 시작했는데, 1640년에 아시다시피 명나라가 멸망을 합니다. 그때까지 유럽에서는 명나라의 경덕진에서 널리 이제 중국 도자기를 수입해서 썼다가 명나라가 망하니까 경덕진의 유럽 수출이 완전히 막혀 버렸습니다. 그래서 유럽에서는 아우성이 나서 중국 도자기와 비슷한 도자기를, 같은 도자기를 만드는 데가 어디냐 하는 것을 그 당시에 극동에 나와 있던 화란의 동인도 회사에게 주문을 해 가지고 마침 동인도 회사가 아리다에서 비슷한 도자기가 나온다 해서 견본을 유럽에 보냈답니다. 그래서 유럽에서 보더니 아 이것은 경덕진 도자기가 아니단 말이야. 경덕진 도자기랑 꼭 같은 것을 만들도록 해보라 그래서 아리다에서는 경덕진, 명나라 도자기를 모방을 해 가지고 중국에 보내기 시작했습니다. 그게 1650년경부터라고 그렇게 영국의 전문가들은 설명을 합디다. 그 이후에 그때부터 이제 일본 아리다 도자기가 나가는데, 항구가 이마리가 돼 가지고 유럽에서는 아리다야키라고 안하고, 이마리야키라고, 이마리라는 이름으로 통하게 되는데, 그 후에 일본식 문양이라든지, 도자기가 오히려 유럽 사람들한테 더 호감을 받게 되어 가지고, 차차 일본 문양의 도자기가 다시 나가게 되는 겁니다. 그 과정에서 우리가 보면 조선 도자기술이 처음에 전래되어 왔기 때문에 중국의 경덕진 도자기를 아리다야키가 모방을 할 수가 있지 않느냐, 그게 굉장한 큰 의미를 갖고, 또 그 기술뿐만 아니라 흙을, 백자의 원료를 이삼평이가 20년 걸려 가지고 찾았기 때문에 경덕진 도자기를 모방을 해 가지고 유럽에 나갈 수 있고, 그것이 그 뒤에 이마리야키라든

지, 가라쓰야키 뭐 이름을 붙여서 크게 발전하는 기초가 되지 않았
느냐 영국 전문가들의 의견을, 저는 뭐 전문가는 아닙니다만, 그 얘
기를 듣고 가타야마 선생님이 여기에 대해서 어떤 코멘트를 하실
수 있느냐 하는 걸 여쭤보고 싶습니다.

▪ **손승철** : 간단하게 좀 답변.

▪ **片山** : 너무 길게 말씀을 하시고요, 하서서, 제가 어떻게 답변을
해 드려야 할지 모르지만은요, 일단 저의 발표는요, 그 유럽으로 수
출하기 전의 말씀이었고요, 그리고 1650년대 지나면서 히젠에서는
사실 한국의 자기의 영향이라는 게 흙으로 가마를 만드는 기술하고
그리고 물레 방향, 그런 것 말고는 사실 직접적인 거는 안 보이거든
요. 근데 선생님 말씀하시는 대로 백자를, 백자를 만드는 반석을 발
견한 것이나 그런 거는 물론 그것이 발견자이기 때문에 그런 영향
을 주었다고 볼 수가 있는데, 실제로는 1650년대를 계기로 해서 사
실은 많이 사라졌다고 저희는 보고 있습니다. 근데 그거에 대해서는
사실은 제 논문의 주제가 아니고요, 오히려 다음 시기의 주제였던
것, 주제일 것 같고요, 더 이상 말씀드리기가 좀 어렵겠습니다.

▪ **손승철** : 예, 알겠습니다. 감사합니다. 저기, 지금 제가 아까 플로
어 질문을 시작하면서 세 그룹으로 나누어서 토론을 진행하자 그랬
거든요. 그런데 벌써 자유스럽게 그냥 임란 훌쩍 넘어갔는데, 우선
그, 조선전기 넘어갔으니까 할 수 없고, 임란 쪽으로 조금 한번 좀
가보겠습니다. 근데 죄송합니다. 제가 또 시간이 많지 않기 때문에
저도 한마디 해야 되겠는데, 아까 나카노 선생님께서 상식을 좀 바
꿔줬으면 좋겠다, 이제 그런 말씀을 여러 차례 하셨습니다. 그런데

역사를 전공하는 사람들에게 역사인식이 상당히 문제가 되는데, 제목이 「豊臣秀吉의 대륙 침공」입니다. 도요토미 히데요시는 대륙 근처에도 안 갔어요. 침공은 조선을 침공한 겁니다. 이런 불확실한 용어 때문에 역사인식이 달라지는 거거든요. 지금 한일간에는 역사교과서 가지고 굉장히 논쟁이 뜨겁습니다. 그 중에 문제가 되는 부분도 임진왜란에 관련된 부분이거든요. 그런데 왜 임진왜란을 한국에서 문제로 삼는가 하면 임진왜란이라고 하는 전쟁의 성격을 분명히 해라 이겁니다. 우선 용어 자체도 예를 들면은 일본군의 출병이라든지, 또는 진출이라든지, 또는 정벌이라든지, 침략이라는 말을 잘 안 쓰거든요. 그런데 왜 써야할 말을 안 쓰냐 이거죠. 또 예를 들면은 전쟁사는 그냥 일반의 역사가 아닙니다. 예를 들어서 민족과 민족, 국가와 국가가 상대로 전쟁을 한다면 그건 단순한 전쟁이 아니거든요. 그건 물론 침략을 하는 입장에서는 어떻게 얘기할지 모르지만 침략을 받는 입장을 함께 고려해야지, 올바른 전쟁사가 된다고 생각해요. 예를 들면 아까 그 임진왜란과 정유왜란을 얘기하면서 정유왜란의 일본군들이 가혹하게 한 것은 조선에 보복을 했기 때문에 그렇다, 이런 용어를 썼는데, 왜 조선인민들이 보복을 당해야 합니까? 이런 것에 대한 설명을 좀 해줘야죠. 그래서 역사인식이라는 것을. 그리고 또 조선 도공들을 끌어가는 것이 계획적이 아니었다, 이렇게 얘기하는데, 세상에 그렇게 큰 전쟁을 하는데 어떻게 계획 없이 그냥 합니까? 수십만 군대를 움직여 가는데, 그건 제가 보기에는 우선 접근방식이 좀 잘못된 것 같고. 그 다음에 조선인 피랍·쇄환하는 문제도 그렇습니다. 일본이 그 당시에 도쿠가와 막부가 들어서면서 조선과 다시 강화를 해서 조선과 교류를 하려고 하니까 강화조건에 조선에서 요구한 것이 피로인 쇄환이었거든요. 쇄환해 주지 않으면 일본하고 교류 안 하겠다, 이렇게 시작된 거거든요. 아시지만 막부

장군의 국서를 먼저 요구했잖아요. 근데 장군이 국서 직접 안 쓰니까 그 국서를 위조하지 않았습니까? 그건 다 알고 있는 사실, 여기도 나와 있습니다마는. 그래서 적어도 전쟁사에는 그런 어떤 기본전제가 충분히 고려돼야지 되지 않겠나, 저는 이제 그런 생각에서 뭐 질문은 아닙니다마는 제 느낌을 한번 말씀드렸습니다.

▫ **中野** : 네, 아주 어려운 문제라고 생각합니다. 저는 대륙 침공이라는, 대륙이라는 개념 안에는 한반도도 포함해서 말씀드리고 있습니다. 단 본론에서 말씀드린 바와 같이 히데요시는, 아, 오해가 없도록, 제가 말한 게 아니고, 당시의 사료를 정확히 읽으면 그렇게 해석할 수 있다는 말인데요, 히데요시는 서울이 함락한 단계서 자신의 후계자인 關白 히데쓰구에게 편지를 쓰면서 천황을 북경으로 옮긴다고, 그리고 자신은 寧波로 옮겨서 인도 공략을 시작한다고 말합니다. 그래서 현실문제로써는 확실히 가토 키요마사의 군대가 약간 그, 국경을 넘어서 중국 쪽으로 들어갑니다만 현실적으로는 히데요시 자신도 중국에도 조선에도 건너가지 않았습니다만, 적어도 전쟁 당초에서는 히데요시가 스스로 군대를 이끌어서 사가의 나고야성에서 이키ㆍ쓰시마를 겪어서 조선으로 들어가겠다, 그리고 부산에서, 괜찮습니까? 아, 죄송합니다. 좀 시간이 걱정이 돼서. 다시 한 번. 네, 죄송합니다. 괜찮습니까. 어디까지 갔나요.

▫ **손승철** : 히데요시가 한성까지 왔습니까?

▫ **통역** : 저기, 히데요시가 부산까지 왔다는 말씀을 드렸거든요. 히데요시는 한성에도 왔나요?

▫**손승철** : 부산까지 왔어요?

▫**中野** : 아니, 안 왔습니다. 안 왔습니다. 나고야까지.

▫**통역** : 아, 죄송합니다.

▫**中野** : 아니오, 안 왔습니다. 나고야까지밖에 오지 않았습니다. 그러나, 예, 괜찮으십니까.

▫**통역** : 뒷 부분을 다시 한 번 부탁합니다.

▫**中野** : 네, 알겠습니다. 히데요시는 나고야까지밖에 안 왔는데요, 어디까지나 히데요시는 2년의 여름쯤까지 나고야에 계속 있으려고 해서 있었던 것이 아닙니다. 그것은 조선에 건너가기 위해 나고야에 있던 거고, 따라서 조선 국내에서도 부산에서 한성까지 히데요시의 숙영지를 계속 만들라고 대명들에게 명령했고, 주변 농민들이게도 그런 군령을 내렸습니다. 그래서 아까 계획 운운하는 얘기가 있었습니다마는, 여기서 끊을까요. 네, 그래서 계획에 관한 얘기가 있었습니다만, 어디까지나 계획이라는 점에서 보면 히데요시는 명으로 가는 것이 계획이었고, 그 부분을 확실하게 해주지 않으면 이 전쟁에 있어서의 한반도의 위치도, 적어도 일본측에서 봤다고 유보를 해도 되는데요, 한반도의 위치라는 것은 전혀 알 수가 없게 됩니다. 그래서 어디까지나 히데요시의 의식의 문제인데요, 일본에서는 적의 대장이 본거지를 버리고 도망치면 그 나라는 이미 항복한 것과 마찬가집니다. 따라서 조선왕조의 경우도 임금이 한성을 버리고 북쪽으로 간 단계로, 적어도 히데요시의 의식 속에서는 조선왕조는 붕괴했

다고 생각하게 됩니다. 그래서 이런 점을 파악해서 드디어 명으로, 명 국경으로 밀려간다는 일이 현실적인 일이 된다는 식으로, 적어도 히데요시의 의식 속에서는 그렇게 됩니다. 그래서 반복이 됩니다만 대륙 침공이라는 개념 속에는 한반도도 포함해서 저는 사용하고 있기 때문에, 한반도를 제외해서 이 개념을 사용하고 있는 것은 아닙니다. 그러나 전쟁의 무대를 한반도만으로 국한해 버리면 자리매김을 못하게 된다는 것이 제 생각입니다. 그리고 도공의 얘기인데요, 이것은 아까 오 선생님이 질문하셨을 때 말씀드렸어야 했는데, 처음부터 도공이 목적이었다고 해버리면 그 배후에 있는 5만이라고도 6만이라고도 말해지고 있는 일반 조선인의 연행문제가 희미해져 버립니다. 확실히 도공을 목적으로 한 납치는 없었다고 말하는 게 아닙니다만, 그 부분에 의논을 특화해 버리면, 저어, 특화하는 것이 아니라, 우선 일반적인 연행에 대한 얘기를 하고, 그 속에서 도공의 문제라든가 의사의 문제라든가, 유학자의 문제라든가, 그런 문제를 다시 파악해야 하고, 좀 이 테마를 벗어날 것 같습니다만, 처음부터 도공이 목적이었다고 한 것이 아니었다는 게 계속해서 제 생각입니다.

▪ **손승철** : 예, 고맙습니다. 저, 플로어에서 이 임진왜란 전후에 관련해서 좀 질문을 해주십시오. 저기 우리 저, 예, 유 부회장님.

▪ **유종현** : 죄송합니다. 그, 지금 그 나카노 선생님의 발언에 관해서 제가 잠깐 말씀드리겠습니다. 첫째, 여러 가지 말이 있겠지마는 제가 한 두가지만 지적을 하겠어요. 물론 이제 도요토미 히데요시가 처음에 조선침략을 할 때, 그 때 계획은 어디까지나 우리를 지나가지고 중국대륙을 침략하자 그런 계획이 있었다, 명분이라도 선다. 그리고 이제 하고 난 뒤에는 자기가 베이징으로 옮겨가지고 본거지

를 삼고 인도까지 가겠다, 자기 아들까지 중국으로 데려가겠다, 그런 거는 행위는 사실입니다. 그러나 나카노 선생, 나카노 선생님은 그런 이야기를 하면서 이게 상당히 계획이 있었고, 그거를 갖다가 처음부터 끝까지 고집을 하는데 지금 현재 일본의 사학가들은 그렇게 보지 않죠. 그건 어디까지나 망상이다, 히데요시 하나의 과대망상이라는 식으로 결론이 내려져 있습니다. 거기에 대해서 하나 지적을 하고 싶고. 대답은 안 해도 좋습니다만. 그리고 둘째는 우리 그, 그러니까 선조가 이 도읍을 버리고 북쪽으로 간, 그게 그러면 이제 망한거다 이렇게 말하는데, 그건 일본 전국시대의 大名들이 말이야, 번주들이, 그걸 옮겨지면 하나 없어지면 손들었다, 저건 없어졌다 이렇게 보지만. 사실 지금 우리시기는 그렇지 않거든요. 예를 들면은 우리가 일본 제국주의 시대 36년간 우리나라는 전부다 일본 식민지 하에 있었습니다만 임시정부가 있었습니다. 그와 같이 정부라든지 그거는 사실 어느 나라를 막론하고 그렇게 간단하게 없어져버렸다 이렇게 말할 수 없지. 우리 최소한도 우리나라 사람으로써는 그게 승복할 수가, 납득할 수가 없지. 그리고 또 하나, 사실 그, 아카누마 선생님한테 질문을 하려고 그랬었는데, 지난 6월 중순에 쿄토를 방문해 가지고 상국사, 相國寺에 갔습니다. 운 좋게도 그 때 가니까 거기서 相國寺의 소장품, 역대 모아놓은 보물전시회를 하고 있었어요. 그 가운데 제가 보니까, 아까 설명하던 그 조선에서 간 자기 점이 넉 점이 전시가 되어 있었습니다. 그 중에 아까 자완도 나와 있고 이랬는데, 제가 아무것도 모르는 문외한이지마는 보니까 대단히 아름답고 전시대의 조명을 잘해서 그럴지 몰라도 굉장히 예쁘게 봤는데, 아까 비춰준 거 보니까 상당히 서민적이고 우그러진 것도 있고, 잘못된 것도 있고 이렇는데, 고려다완하고 지금 현재 그 相國寺에 전시된 거 하고 어떤 관계가 있는지, 그걸 첫째 알고 싶고, 또 하나는 그와 관련해 가지고 사쓰마야키라고 현재 심수관이가 가가지고 그런 일본의 일반적으로 쓴 아까 비춘 그런 종류의 자완을 대량생산해서 팔았다는 걸 우리는 알고 있거든요. 아까 그것하고는 상당히 닮은 것 같은데, 현재 조선조에서 넘어 가 가지고 相國寺에 전시한 그 보물하고는 상당히 거리가 있다 이런 생각을 했습니다. 거기에 대해서 말씀해 주세요.

▫ **손승철** : 질문이 우선 두 가진데 나카노 선생님한테 먼저 첫 질문했고, 아카누마 선생님한테 했는데, 우선 그 임란문제를 좀 정리하고 그리고 넘어가서 나중에 답변을 해주시기 바랍니다. 근데 지금 시간이 6시 15분입니다. 6시 반까지는 꼭 끝내야 됩니다. 그러니까 여러 가지 또 마무리도 해야 하니까 아주 간단하게 질문해 주시고 간단하게 답변해 주십시오.

▫ **장송모** : 아, 제가 먼저 말씀드리겠습니다.

▫ **손승철** : 못 참으시겠습니까?

▫ **장송모** : 아까부터 제가 손을 들었는데 사회자께서 저쪽만 자꾸 보시니까... 저는 강원도에서 도자기를 하는 사람입니다. 세 가지만 부탁 겸, 부탁 겸 좀 지적을 하고 싶습니다. 우선 그 가타야마 교수님이 원고를 쓰신 데 보면은 64페이지에 도기, 도자, 이런 거를 혼동을 해서 쓰셨어요. 그래서 도기는 제가 알기로는 질그릇이고, 도자 그러면은 자기라고 생각을 합니다. 그래서 그거를 좀 저, 말씀을 드리고 싶고, 또 아까 그 히젠야키가 우리 한국의 도자기가 들어가기 이전부터 됐다 그랬는데, 그, 그렇지 않습니까? 아, 난 그렇게 듣고

내가 얘긴데. 1592년도에 그땐 비행기가 없으니까 도공들을 한꺼번에 붙들어간 게 아니라 여러 해 동안, 8년까지 들어갔는데, 제일 먼저 들어간 곳이 그 때도 일본에 자동차가 없으니까 도공이 배에서 내려가지고 상륙해서 백리를 안 걸어 들어갔어요. 그래서 제일 첫번에 도착한 게 아리타야키입니다. 그 다음에 하자미, 이마리 그리고, 히젠야키는 미노야키하고 이 오사카만을 거쳐가지고 그래가지고 들어가고 또 저쪽의 그 세토야키는 또 그 후입니다. 그 후에 세토야키에 가면 加藤舜陶라는 도공이 있습니다. 그리고 히젠야키에는 金重, 金重이라는 우리 후손들, 임진왜란의 후손이 지금 인간문화재로 지정이 되어 있고, 뭐 이런 역사를 제가 배워, 조사를 했고, 이따가 답변을 해주세요, 이 세 가지만.

▪ **손승철** : 예, 제가 조금 좀 효율적으로 회의를 마치려고 제안을 하나 하겠습니다. 지금 임진왜란에 아직 머무르고 막 넘어갔는데, 아예 내친 김에 조선 후기 문제까지 여기서 질문이 있으시면 질문해주시고, 그걸 한꺼번에 답변을 드리고 마지막으로 총정리를 정양모 관장님께 부탁을 드리겠습니다. 꼭 요것만은 꼭 질문을 해야 되겠다 하는 것.

▪ **장송모** : 그리고 두 번째는...

▪ **손승철** : 선생님 죄송합니다만 다른 분들한테도 시간을 주시고 나중에.

▪ **장송모** : 아, 제가 꼭, 저 부탁을 말씀드리려는데요.

▫ **손승철** : 예, 이따가 저기 가서 하시면 안 될까요.

▫ **장송모** : 2분만.

▫ **손승철** : 2분은 안되고 1분만 드릴게요.

▫ **장송모** : 1분만. 우리 저, 오늘 한림대학에서 이 도자문화에 대한 것을 우리 국내에서 아주 고명하신 이 도자문화의 학자들, 이런 귀한 분들을 모시고 와서 한 것을 대단히 아주 그 반갑게 생각합니다. 고맙게 생각하고, 곁들여서 말씀드리면은 우리 그, 관요, 분원의, 광주 분원의 관요 도자기만 이때까지 그, 많이 그, 이, 알려졌어요. 근데 그 왕조실록 숙종, 영조, 정조편을 보면은 우리 그 양구 백토하고 또 우리 정양모 선생님도 계시지마는 쓰신『한국의 도자기』라는 책 중에 원주백토라는 게 있습니다. 그래서 그것을 옛날에 자동차가 없을 적에 서울 쪽으로 내려가는 강물이 전부 강원도입니다. 그래서 그 춘천강을 거쳐서 광주에 갖다 주면은 그 분원의 아전들이 좋은 도자기를 만들어서 또 인제 한강으로 배를 띄어서 갔는데 우리 강원도의 도자문화는 재조명이 안 되고 있어요. 그래서 제가 부탁하고 싶은 거는 한림대학과 모든 그 학교에서 내년도에 혹은 이런 심포지움을 하실 때에는 우리 강원도 도자문화도 조금 재조명을 해 주셨으면 하는 거를 부탁드립니다.

▫ **손승철** : 아니 총장님이 와 계신 거 언제 보셨나요.

▫ **장송모** : 그리고, 아, 총장님이 와 계십니까. 그걸 좀 부탁드리고요, 또 한 가지는 아까 그 일본 교수님이나 한국 교수님들도 아까

그 다완 같은 거 이렇게 화면으로 보여주면서 막 이런 것이다, 이렇게 뭐 벌어졌다, 오물어졌다 하는 거만 설명을 해주셨는데, 아마 시간이 급해서 그런 줄을 전 이해를 합니다. 같은 값이면은 분청에 어문이 새겨졌으면 고기가 있으면은 고기는 어떤 의미를 부여해 주시고 학을 그렸다던가 용을 그렸으면은 이거는 어떤 의미로 이랬다는 것까지 좀 발표를 해주셨으면 참 고맙겠습니다. 감사합니다.

▪ **손승철** : 예, 알겠습니다. 감사합니다. 저, 일단 지금 시간이 더 질문 받기엔 어렵게 됐습니다. 그래서 현재 나온 질문을 아, 지금 나카노 선생님하고 가타야마 선생님 한 말씀씩만 해주시고, 그리고 총정리를 하겠습니다.

▪ **中野** : 네에, 저, 히데요시가 인도로 옮기겠다고 하는 문서인데요, 확실히 그것은 20년 전까지는 한 번 과대망상이라는 것으로 일본 학계에서는 물리쳤는데, 최근에서는 히데요시의 전쟁에 대한 의식이라고 할까요, 본질이 나타나 있는 귀중한 사료라는 것으로, 최근은 복권되었습니다. 그것과의 관계, 아, 죄송합니다. 그래서 최근에서는 명 후에 성립한 청국에 대해서도 만주족이라는, 한민족에서 보면 이민족 집단이 북쪽에서 와서 새로운 나라는 만든 거니까, 바다를 건너와서 일본민족이 한민족을 정복한다는 것도 있을 수 있지 않을까, 완전히 과대망상이라고 물리쳐 버리는 것은 반대로 그, 최근 말해지고 있습니다만 너무 국민국가라는 틀로 생각하는 것이 아닐까, 그래서 반복이 됩니다만 그 문서자체는 복권해 왔다고 저는 생각합니다. 저어, 오해하지 마시도록, 제가 그렇게 생각하는 것이 아니기 때문에 그 부분은 좀 그렇습니다마는. 그래서 또 한 가지만, 히데요시가 만들어 온 가치관이라는 것은 역시 일본 속에서 길러져

왔기 때문에, 그는 이민족에 대해서도 전국시대의 감각으로 보고 있었다고 생각합니다. 그리고 그러한 생각은 받아들이지 못한다는 지적이 있었습니다. 확실히 우리 사이에서는 여러 가지 불행한 시대가 있었다고 생각합니다만, 이제 그러한 시각을 좀 두고, 저어, 저는 이번 발표에서 文祿·慶長의 役, 임진왜란에 관한 일본에서의 최신 성과의 일단을 말씀드렸는데요, 조금 여러 가지 일들을 좀 뒤에 두고, 심정을 털어놓는 기회를 이제 마련해야 한다고 생각합니다. 여러 가지 불쾌하신 점이 있었으면 사과 말씀을 드리겠습니다만, 적어도 새로운 연구성과를 이와 같은 자리에서 자꾸 발표해서, 저, 한국에서는 히데요시를 해적의 두목이라고 생각하는 것 같은데요, 그러한 점도 여러 가지 해보고자 합니다.

▪ **손승철** : 아, 아까도 발표하시면서 자극하시더니 토론을 하면서 또 끝까지 자극하시는데, 새로운 논리인 것 같지만 사실은 새로운 논리가 아닙니다, 그런 논리가. 하여튼 지금 시간이 없기 때문에 더 말씀 안 드리겠지만 이따가 뵙고 말씀드리겠습니다.

▪ **오수창** : 아, 토론자로 한 말씀 안 드릴 수 없습니다. 저는 이 발표를 읽으면서 정말 화해하기 힘든 그런 간극을 느꼈는데, 이 문제를 다루게 되면 한이 없을 것 같아서, 이 논문에서 구체적으로 주장하는 바에 토론을 한정을 했었습니다. 그런데 문제가 이렇게 비화해 버렸기 때문에 토론자로써는 상당히 무색한, 제 생각이 너무 좁은 게 아니었나 하는 무색한 상태가 되었는데, 결과적으로 우리로써는 받아들이기 힘들고 사실 일본에서도 일반적인 주장이라고는 할 수 없는 극단적인 주장이 일방적으로, 거의 일방적으로 설파되는 그런 자리가 된 것 같습니다. 이제 뭐 시간이 없으니까, 그것을 구체적으

로 토론할 수는 없겠지만, 이걸 묶어서 책을 낼 때에는 여기에 대한 충분한 반박의 지면이 허락되어야 할 것이라고 요청하는 바입니다.

▪ **손승철** : 예, 알겠습니다. 그럴만한 여유가 없습니다. 괜히 임진 왜란이 나와 갖고 좀 흥분이 되었는데, 사실은 임진왜란이 목표가 아니었습니다. 아까도 처음부터 말씀 드렸습니다만, 한일 도자가, 도자의 교류양상이 우리가 역사를 이제 지난 과거니까, 통시대적으로 한번 살펴보자, 그래서 고려청자의 시대가 끝나면서 분청사기, 백자로. 그리고 임진왜란 그 이후에 고려다완, 조선다완이라도 좋습 니다만, 조선 사기들이죠. 그리고 조선후기 일본의 도자기의 양상 이것을 한 4, 500년간을 우리가 한 번 통시적으로 어떻게 교류의 양 상을 어떻게 한 마디로 정리할 수 있겠느냐 사실은 이게 목적이었 습니다. 또 그것을 참가하신 학자분들이 순수 역사학, 문헌사학 하 는 분도 계시고, 또 미술사를 하시는 분도 계시고, 발굴에 참여하신 분도 계시고, 또 직접 현재 도자기를 굽는 분도 계십니다. 그런 여러 시각을 합쳐서 하나의 좀, 정리를 지금 단계에서 한 번 정리를 좀 하고 싶다, 정리해서 넘어가야 하지 않겠느냐. 이런 차원에서 사실 은 저희가 기획했고 이 심포지움을 하고 있는 겁니다. 그런데 역시 현재까지도 많은 문제가 제기되고 있습니다만, 그래도 상당히 그림 이 그려지는 것 같아요. 그리고 제가 또 궁금한 게 하나 있는데, 이 건 못 참겠는데, 아까 조선전기에는 물고기가 주로 가더니, 조선후 기에는 용이 나타나더라고요. 그거 왜 그런지 나중에 좀 식사하면서 좀 설명해 주시면 좋겠고요. 마지막으로 오늘 심포지움의 문을 우리 정양모 관장님께서 대문을 열고 앞장서서 저희를 여지껏 바로 인도 해 주셨습니다. 이제 문을 닫을 시간이 되었습니다. 그리고 문을 닫 으면 나름대로 그 다음의 세계로 우리가 여행을 떠나야 되겠습니다.

선생님, 죄송한 말씀입니다만 3분 이내에 어떻게 좀...(웃음)

　▪ 정양모 : 사실 제가 그저 나이가 많다는 걸로 저한테 말씀하시는 것 같습니다. 처음부터 그렇게 말씀하셨으면 제가 메모라도 했을 텐데, 메모도 안 했는데 여기 오시더니 나중에 총정리나 총평해 달라고 그러셔서, 될 수 있으면 이 시간이 많이 지나서 저한테 그저 1분만 남았으면 했었습니다. 그런데 3분이나 남았다고 그러니까 약간 좀 걱정입니다. 아까 강경숙 교수가 말씀하셨지만, 도자기의 흐름은 토기에서 또 도기에서 그 다음에 청자에서 백자로 흐릅니다. 물론 그 지형에 따라 조금 차이는 있지만 큰 흐름은 그렇게 가는 겁니다. 고려청자에서 백자로 이행된 것은 불교에서 유교로 어느 정도 외형상의 영향이 있지만, 큰 흐름을 우리가 같이 가는 겁니다. 그 큰 흐름을 주도한 것은 중국과 우리나랍니다. 중국이 우리를 앞섰고, 우리가 바로 뒤를 따라가서, 그러니까 자기를 생산한 나라는 적어도 임진왜란 이전까지는 중국하고 우리 밖에 없습니다. 그래서 일본은 자기를 가지고 싶은 욕망이 아마 대단했을 겁니다. 또 와비, 사비 이후에 좋은 찻잔을 가지고 싶은 욕망도 있을 겁니다. 그러니까 우리가 주장하는 것이 아니고 일본 학자들이 도자기 전쟁이다, 자완 전쟁이다라고 하는 연유가 거기 있습니다. 그래서 아까 어떤 분이 도공을 붙잡아 간 목적이 아니고, 많은 사람 잡아간 중에서 있다 뭐 그런 것도 일리가 있겠지만, 사실은 일본의 각 구니에서, 각 다이묘들이 자기네 성의, 자기네 구니의 부를 축적하기 위해서 도공이 절실했을 겁니다. 그래서 잡아다가 종을 만들어서 경쟁상대가 되기 때문에 그것도 필요했을 겁니다. 사실은. 그리고 이제 조선전기에 대해서는 강경숙 교수하고 두 분이 말씀을 했는데, 아주 그 총정리 하는 자리가 됐습니다. 강 선생님은 좋은 빔 프로젝트, 저로써는 놀라

운 그런 좋은 프로젝트에서 아주 명확하게, 전 난생 처음 그런 걸 봤습니다. 그래서 참 공부가 많이 됐습니다. 그리고 편년자료 다 제시해줬고. 또 윤용이 교수는 기억력이 뛰어납니다. 그래서 편년을 좌르륵 외우고 있어요. 보지도 않고 그냥 편년을 좍 해 가지고 자기에 대해 얘기를 해 줬는데, 거기에 두 분의 차이는 큰 차이는 아니지만, 분원의 성립이 예를 들어서 1467년이냐, 69년이냐. 큰 문제는 아니지만, 그것도 사실 문제는 문젭니다. 또 백자의 발생에 대해서 윤봉이라는 사람이 명 인종의 이렇게 바치라고 그랬다, 그래서 광주 목사한테 빨리 조공을 바쳐라. 그때 명의 백자가 어느 때입니까. 선덕백자는 대단히 우수한 겁니다. 그런데 황제에 바칠 것을 만들었다 그것은 자신 있기 때문에 광주 목사한테 만든 겁니다. 그러니까 두 분은 기록은 있는데 실물은 없다. 실물은 우리가 찾아야죠. 그래서 거기에 한 말씀드릴 것은 사실은 고려 말에 이미 백자가 상당히 발전했습니다. 여러분 잘 아시는 금강산 월출봉에서 나온 태조의 소위 그 오원탑이 있습니다. 거기 훌륭한 백자 그릇이 여러 개 나왔거든요. 거기 명문이 있습니다. 1391년이라고. 또 그 양구 방산 사기가 이대에서 조사했잖아. 거기 방산 중에서 어떤 가마는 아주 백자가 우수합니다. 그런 백자가 이미 고려 말에 시작이 됐죠. 물론 불과 2, 3년 전이지만, 그리고 또 관악산 백자도 있습니다. 그래서 그런 것들이 광주를 좀 더 면밀히 하면, 예를 들어서 우산리의 지금, 큰 성당 지나 묻혀진 가마, 명문을 찍어서 그런 가마는 상당히 이른 시기가 아닌가. 그리고 또 윤봉이 그 명황제 바친다는 것 이외에도 그때 기록을 쭉 조사해 봤더니, 상당히 많은 백자를 사신이 오고, 백자를 보내고 한 것이 10여 차례입니다. 그러니까 명의 사신들이 적어도 좋은 백자가 아닌 것을 가져갈 까닭이 없습니다. 그것은 분명히 우리가 더 깊이 생각할 문제라고 생각합니다. 그 다음에 뭐, 지금 저

분이 나카노씬가요? 나카노씨는 제 생각에는 그렇습니다. 역지사지
하는 마음이 꼭 필요하다고 생각합니다. 지금 나카노씨의 주장을 현
재 일본에서 연구되고 있는 새로운 자료, 아까 말씀하시는 걸 들었
더니, 아주 문건을 많이 공부했다는 것은 아주 높이 생각합니다. 그
렇지만 역지사지해서 우리 조상이 침략을 받아서 조선이 예를 들어
서 소련을 침략하기 위해서 일본을 마구잡이로 들어갔다, 그런데 말
안 들었다고 해서 잡아갔다, 보복이다 그건 정말 아까는 가슴에서
불덩어리가 치미는 것을 참았습니다. 그것은 저 분이 아마 젊어서
그런 얘기 한 것 같은데 아무튼 역지사지하는 그런 아량을 꼭 가져
주길 부탁을 드립니다. 그 다음에 아카누마 선생, 아카누마 선생은
여러분 잘 알다시피 유명한 우라센케이 그 소위 그 자완의 아주 전
문가입니다. 그래서 고라이자완 연구에는 지금 아마 하야시아 선생
이 아주 신 같은 분이고 그걸 잇는 분이 바로 아카누마 선생님입니
다. 그러니까 저 분은 자연히 고라이자완을 연구하다 보면, 한국을
좋아해서, 상당히 좋아합니다. 오늘 보니까 중요한 얘길 많이 했어
요. 일본의 자완을 딱딱 구분해서 우리한테 알려줘서 아 이것이 고
라이자완이라는 거구나. 또 예를 들어서 자기 생각에는 와비가 시작
되고 나서, 가라모노가 자취를 감추고, 고라이자완이 상당히 앞으로
나갔다. 그런 좋은 얘길 많이 해서 우리가 새롭게 고라이자완을 이
해하는 그런 계기가 되었다고 생각합니다. 그 다음에 방병선 교수는
아까 그 저, 우리 사회자께서도 말씀하셨지만, 사학자들도 보기 어
려운 그런 기록을 다 참고해서 사실은 방교수가 박사학위 논문에
그러한 자기는 도자기를 연구했고, 미술사학자임에도 불구하고 그
런 사료를 많이 해서 박사학위 논문에 다 제시했습니다. 또 이희경
이라든지, 또 그런 분들은 최근에 사실 많이 알려진 사실입니다. 그
런 걸 종합적으로 해서 실록으로 그걸 다 해서, 시대적으로 구분을

쭉 해서 우리한테 새로운 문제 제기 한 것은 대단히 고마운 일이라고 생각합니다. 또 마비상은 서울대학에서 박사학위 논문을 해서 아주 훌륭한 재원이고 앞으로 아마 한일 간의 훌륭한 교량도 되고, 한일 간의 도자사 연구에 아주 중요한 역할을 할 겁니다. 더 훌륭한 논문을 발표할 수 있으면 합니다. 이번에도 중요한 얘기는 히젠하고 가라즈 계통이 하나는 좀 빨리 간 것이 이미 사라졌고, 그렇다고 해서 그 기본이 없어진 것은 아니고, 백토를 발견해서 백자를 만드는 기본은 물론 했지만, 중국의 경덕진으로만 전해지는 바람에 그 쪽이 많이 전수되었다. 그 다음에 가라즈에는 비교적 오래도록 남아있고, 거기에 붙여서 저도 일본에 갔을 때 봤지만 연질 계통의 자기가 일본의 여러 군데 있습니다. 그런 것은 확실히 이쪽하고 관계가 있을 것이다 그런 좋은 얘기도 해 준 것에 대해서 수고했다고 생각합니다. 하여튼 오늘의 심포지움은 언제든 아쉬움은 남습니다. 그렇지만 하여튼 한일 간에 이러한 문제를 가지고 대학에서 진지하게 토론할 수 있는 우선 기초적인 장을 마련해 준 데 감사드리고, 여러분이 정말 열심히 참가해 준 데 대해서 참가자의 한 사람으로써 감사를 드립니다. 감사합니다.

▪ **손승철** : 이제 어느 정도 좀 그림이 그려지는 것 같습니다. 총체적으로 한 번 정리를 해 주셨고, 또 발표 논문 하나하나에 대해서 여러 가지 후학들에게 또 들려주는 말씀도 했고. 정말 엄청나게 오늘 공부가 된 것 같습니다. 아까 오수창 선생님도 말씀하셨지만, 저희가 뭐 이렇게 하루 세미나하고 끝나는 게 아닙니다. 저희는 반드시 세미나 한 것을 종합토론까지 또, 원고와 토론문까지 다 수정을 받아서 단행본으로 3개월 이내에 발간을 합니다. 그래서 발간을 해서 오늘·참석하신 분들에게 모두 우송을 해 드리겠습니다. 그런데

제가 지금 우송을 하겠다고 해 놓고 보니까 너무 많이 계세요. 아침에 시작할 때하고 똑같아요. 참 처음에 시작할 때는 연말에 우리가 심포지움을 하기 때문에 제가 걱정을 무척 했습니다. 사실은 우리가 답사도 예정이 되 있었는데, 실제로 답사 갈 인원이 안 되가지고 답사를 취소했거든요. 그래서 세미나 자체가 야 이거 뭐 몇 사람 안 오고 참 발표자, 토론자만 모여 갖고, 요즘 추세가 그러니까 어떻게 하나 하고 아주 제가 걱정이 태산 같았습니다. 그런데 너무 성공적이었던 것 같아요. 제가 자평을 하지만. 그런데 시기적으로 KBS에서 도자기 그걸 우리가 쭉 봤는데 그걸 보면서 불만이 많았거든요. 왜 남의 것만 맨날 얘기 하나, 그런데 오늘 와서 들어보니까 우리것이 너무 소중한 게 많았고, 또 그것들이 한일 관계, 국제 관계 속에서 그것을 오늘 제일 큰 수확으로 생각합니다. 또 여기 보니까 아주 한 국에서는 최고 대가이신 선생님도 계시고, 또 대학원생도 있고, 이게 적어도 세대에 세대를 이어가면서 바로 한일 간의 이러한 교류 양상이 앞으로 연구되지 않을까 이런 생각을 해 봅니다. 그런데 오늘 오성 교수도 사회하면서 말씀을 했습니다만, 오늘 너무 정말 고품격의 세미나 한 것 같습니다. 지금 세종 호텔에서 아주 따듯한 음식이 기다리고 있거든요. 약주를 꼭 한잔씩 하십시오. 그러면 오늘 밤 꿈에 도자기 정말, 여행을 제대로 할 것 같아요. 청자서부터 시작해서. 중국서부터 조선서부터, 일본까지. 오늘 소주 몇 잔만 하면 돈 안내고 완전히 꿈 속에서 도자기 여행을 제대로 할 수 있지 않을까 이렇게 생각이 됩니다. 오늘 아침 10시부터 또 여기가 지방에 있기 때문에 서울에서 오시는 분들은 6시, 7시 출발하셨을 텐데, 너무너무 감사합니다. 제가 보니까 한 분도 졸지도 않아요. 그래서 너무너무 감사하고, 또 여기 총장님이 와 계시지만, 저도 아부성 발언을 좀 하려면, 해야 되겠는데, 총장님께서는 저희 한일관계사학회를 특별

히 몇 년째 지원을 해 주시고 계십니다. 그래서 너무너무 감사하고
아까 또 여러 가지 요청도 많았습니다만, 내년도는 저기 관장님 말
씀대로 아마 강원도 도자기가 주제가 되어 심포지움이 이루어지지
않을까요. 그때도 후원해주실 것을 청합니다. 그러면 오늘 2004년
한일문화교류기금, 그리고 한림대학교 일본학연구소, 한일관계사학
회가 공동으로 주최한 한일 국제 심포지움, 한일 도자문화의 교류
양상에 관한 심포지움을 모두 마치도록 하겠습니다. 감사합니다.

임진왜란에 대한 일본사학계의 평가

유 종 현

한양대학교 객원교수, 사명대사기념사업회 부회장

1. 仲尾 宏 저 「조선통신사」 중에서 '조선침략전쟁'

오늘날에는 도요토미 히데요시가 일으킨 대외전쟁은 침략이라는 말로밖에 표현할 수 없는 無道한 전쟁이었다는 시각이 정착되고 있다. 그러나 다른 일부에서는 이 전쟁 발발원인의 일단이 조선국에 있었다고 주장하는 견해가 없지 않다. 이러한 시각은 전쟁 발단으로부터 종결에 이르기까지의 史實을 무시한 것이다.

히데요시가 '중국 침략'을 기도하기 시작할 때까지 일본과 조선 사이에는 큰 트러블이나 현안 문제가 없었다. 어느 시기부터 무역 규모가 이전보다 축소되기는 했지만 대마와 조선국과의 교역은 계속되고 있었으며 '僞使'도 포함되어 있기는 했지만 그럼에도 '일본 국왕사'가 계속 파견되었다. 간혹 히데요시가 의도한 것은 당초부터 '征明'이었지만 조선국의 존재와 그 관계를 무시하고 중국대륙으로 침공한다는 것은 현실을 무시한 전략이었다.

현실이라고 한다면 히데요시는 아시카가 정권하에서 朝日交隣体制가 존재하고 있었다는 사실을 몰랐을 가능성이 크다. 더구나 중국과 조선이 책봉체제로 결속되어 있다는 점과, 그 실효성은 희박하다 하겠지만 일본 역시 중국 책봉 하에 있었으며, 17회에 달하는 遣明船으로 감합무역을 그와 같은 동아시아의 화이질서 하에서 행해지고 있다는 사실을 고려하지 않았다.

‘중국 정벌’에 대한 히데요시의 구상을 남긴 史料는 적지 않지만, 中·朝·日의 事大交隣 질서에 직접 언급한 자료는 눈에 띄지 않는다. 그런 까닭으로 히데요시는 조선국왕에게 입공을 요구하도록 대마 소오씨에게 명령하는 100% 실현 불가능의 요구를 내세웠다. 고니시 유키나가와 소오 요시토시가 획책하여 그 요구는 1590년(天正 18, 선조 23) 히데요시의 천하일통을 축하하는 통신사의 入洛이라는 사태를 낳은 것이지만, 히데요시는 ‘통신’이라는 의미를 알고자 하지도 않고 ‘입공’으로 취급하여 조선국왕 자신이 渡海하지 않았다고 불만을 표한 것이다. 조선측은 이때도 그 이후의 明日 강화 교섭에 수반했던 사절도 ‘통신사’로서 사절을 파견하였고, 대일 자세는 일관되게 평화교린을 지향하였다.

전쟁에서 흔한 일이라 쳐도 일반 민중에게도 살육, 방화, 약탈이 자행되고 조선 반도가 초토화되었던 것이다. 그 중에서도 잔인하기 그지없는 코 베기가 자행되었는데, 戰功의 증거로서 행해졌다는 사실은 잘 알려져 있다. 교토에 현존하는 ‘미미즈카(耳塚)’와 岡山縣 備前市에 있는 ‘센닌하나즈카(千人鼻塚)’가 그 증거물이다. 또한 남녀노소 할 것 없이 민중에 대한 강제 연행이 전쟁에 참여했던 여러 다이묘들의 군대에 의해 자행된 것이다. 그러나 결과적으로 2회에 걸쳐 침략한 전란은 실패로 끝이 났다.

1592년(선조 25년, 文綠 元)의 전란초기에는 멀리 조선반도 북부의 평안도와 함경도까지 진군하였으나, 각지에서 봉기한 義兵과, 이순신 지휘하의 조선水軍의 활약, 사대체제를 맺고 있던 明軍의 지원 등으로 일본군은 곧 후퇴해야 하였으며, 수도 서울을 확보하지 못했을 뿐만 아니라 또한 制海權을 빼앗겨 兵員, 식량의 보급에 중대 차질이 생긴 전황이 되고 말았다.

1597년(慶長 2)에 시작된 제2차 침략도 히데요시의 사망 직전에는 겨우 조선반도 연안 일대를 확보하는 것이 전부였다.

2회에 걸친 전란 중 일본군졸의 소모는 대단히 컸다. 2회에 걸쳐 총 15만의 군졸이 도해하였지만, 전투에 의한 죽은 자들뿐 아니라 피로, 식량부족, 추위로 인한 병사, 동사는 헤아릴 수 없었고, 도망간 탈주병과 조선측에 투항한 자도 적지 않았다.

이 전란에서 잃어버린 막대한 인명과 家財, 황폐해버린 산야의 피해는 감히 상상을 초월한 것이다. 이것을 통계로 복원할 수는 없지만 남겨진 수많은 사료로부터 우리들이 배우지 않으면 안 될 것은 역시 일본측의 가해책임이 얼마나 무거운 것인가 하는 점이다. 400년 전이라고는 하지만 많은 역사적 사실들이 우리에게 책임의 값을 묻고 있다.

2. 조선침략과 대륙정복 망상(일본사학계의 공통견해)

〈아메노모리 호슈의 임란 평가〉

외교관이었던 아메노모리 호슈(雨森芳洲＝1668~1755)는 그의 저서 '交隣提醒'에서 임진왜란을 두고 '도요토미 가문의 무명 이쿠사(師)가 일으켜, 양국의 무수한 인민을 살해하였다. 이런 포악한 짓은

말할 나위도 없거니와, 침략으로 오히려 왜국의 무식한 만행을 나타
낸 것'이라고 신랄하게 비판하였다.

> 호슈는 또한 '交隣提醒' 중에서 "히데요시가 일으킨 침략 전쟁에
> 대해서는 명확히 '명분 없는 전쟁'이며, '暴惡'이라 단정하였다."

천하통일을 달성한 히데요시는 1591년 측실 요도(淀) 사이에서 얻
은 아들 추루마루(鶴丸)가 죽게 되자, 혈연에 따른 정권 유지를 위해
간파쿠 직을 조카 히데추구(秀次)에게 넘기고 자신은 타이고(太閤)
라 호칭하게 하였다. 히데요시는 총력을 기울여 천하를 통일하였던
그 기세를 몰아 조선출병을 감행키로 한다. 히데요시의 대륙침략구
상은 그가 간파쿠 취임 직후인 1585년 9월부터 밝히기 시작했다. 그
후 이 구상은 1587년 큐슈 정복을 계기로 더욱 구체화되었다.

출병의 동기에 관하여는 여러 가지 학설이 있다. '중국 및 조선과
의 무역회복을 위해서', 또는 '자신의 이름을 조선과 중국에까지 떨
치기 위해서' 등이라고도 하지만 이미 국내통일과정에서 이 구상을
밝힌 바와 같이, 전쟁의욕을 북돋아 영주들의 영토 확장 욕망을 대
륙으로 향하도록 하자는 것이 주된 목적이었다고 볼 수 있다.

히데요시는 천하를 통일하는 과정에서 1587년 9월과 1589년 6월
두 차례 日本王使를 조선에 파견하여 통신사를 보내달라고 요구한
바 있었다. 이어 1590년에는 그가 간파쿠가 되어 대마번주에게 조선
과의 교섭을 명하였다. 조선을 일본에 服屬시켜 명나라를 정복하는
데 선도 역할을 하도록 하라는 명령이었다. 그러나 대마번주 소오
요시토시(宗義智)는 옛날부터 조선과의 밀접한 무역관계를 고려하
여 히데요시의 지시를 그대로 조선측에 전달하지 않았다. 소오(宗)
의 가신 유타니 야스히로(柚谷康廣)를 일본국왕사라고 이름 붙여 조

선에 파견하여 '히데요시가 일본의 새 국왕이 되었으니 통일을 축하하는 통신사(친선사절)를 파견해 달라'고 요청하였다. 이에 조선측은 히데요시가 일본국왕의 지위를 참탈한 것으로 알고 요청을 거절하였다.

히데요시는 이에 대발노발하면서 다시 강력히 교섭하도록 명령을 내렸다. 이에 따라 1589년 소오 요시토시는 외교승 겐소와 하카타의 거상 시마이 소시츠(島井宗室) 등을 대동하고 직접 조선으로 건너가서 통신사의 파견을 재차 요청하였다. 이로써 파견된 통신사의 정사가 황윤길이며 부사가 곧 김성일이었다. 히데요시는 1590년 11월 교토의 츄라쿠다이(聚樂第)에서 조선통신사를 접견하였다. 그는 통신사가 복속을 위해 파견된 줄 알았다. 때문에 히데요시는 면전의 조선통신사에게 征明嚮導 즉 명나라 정복의 선도를 명하였다.

황윤길과 김성일은 귀국 후 조정에 이를 보고하였다. 그러나 정사와 부사가 정반대의 의견을 개진하여 크게 물의를 빚었던 일이 벌어졌다. 정사 황윤길은 "왜적이 조선을 침략할 것"이라고 한데 반해 부사 김성일은 "왜적이 쳐들어오지 않을 것"이라고 한 것이다. 이는 정사와 부사가 일본정세를 관찰한 그대로를 보고한 것이 아니라, 당시 조정안의 동서 양 당파 간 세력 다툼에서 비롯된 서로 다른 견해를 보고하였다는 한심한 일이었다.

한편 일본에서는 조선 출병 준비에 급급하였다. 임진왜란이 일어나기 1년 전부터 전쟁에 동원 할 수 있는 기초조사를 위해 1592년에는 전국의 가구와 인구를 조사하는 간파쿠 히데추구의 히도바라이령(人播令)을 내렸다. 이에 따라 히데요시는 전국의 여러 다이묘들에게 군령을 하달하여 조선출병 征明軍 16만 명을 편성토록 한다. 그리고 히데요시 자신은 1591년에 명나라 정벌을 위한 기지로서 히젠 나고야성(肥前 名護城)을 구축하고 총지휘를 맡았다.

한편 소오 요시토시와 고니시 유키나가는 히데요시가 명한 '정명향도'를 '假道入明' 즉 명나라를 침공하는데 길을 빌려달라고 말을 바꿔 조선측에 재교섭하였으나 거절당했다. 이렇게 되자 히데요시는 1592년 3월 16만 병력을 9군으로 편성하여 조선침략에 나섰다. 고니시 유키나가와 소요시토시 등이 이끄는 제1군은 4월 20일 부산포에 상륙하여 부산성과 동래성을 함락시켰다. 그 뒤로 제2군 가토 기요마사와 쿠로타 나가마사(黑田長政) 등이 선봉장이 되어 침공에 가세하였다. 불과 20여 일 만인 5월 3일 서울이 함락되고 순식간에 조선 8도는 왜적에게 짓밟혔다.

이처럼 서전을 승리로 장식하자 히데요시는 일본, 중국, 조선 3국에 걸친 영토 할양 계획을 구상하였다. 일본천황은 북경으로 옮겨 거소를 정하고, 양자 히데추구(秀次)를 중국의 간파쿠(關白)로 임명하려했다. 따라서 히데요시 자신은 일본과 중국의 무역항인 닌포오(寧波)에 들어가서 중국은 물론 인도까지 정복한다는 과대망상을 토로했다. 이 경우에 대비하여 일본의 간파쿠는 하시바 히데야수(羽紫秀保=秀次의 동생, 秀長의 양자) 또는 우키타 히데이에(宇喜多秀家)를 임명하고, 조선 간파쿠는 우시바 히데카츠(羽紫秀勝=秀次의 동생, 秀吉의 양자) 또는 우키타 히데이에를 내정하는 등 대륙침략구상을 5월 18일에 공공연하게 밝히기도 했다. 이 구상은 대국적 판단이 결여된 하나의 공상에 불과한데도 이를 진실로 믿고자 한데에 히데요시의 비극이 있었다고 후세 일본학계에서는 비판하고 있다.

결국 조선 8도 점령도 잠깐이었으며, 명의 원군과 조선 관군 그리고 유생과 승려들이 주축이 되는 민간의병의 봉기에 의해 왜군은 이듬해 1월 평양에서 퇴진하고 4월에는 점거했던 서울을 빠져나가 남쪽으로 후퇴하였으며 천황은 교착상태에 빠졌다. 특히 자발적 의병의 조직은 잔인무도한 왜적의 침략을 물리치기 위한 범국민적 궐

기였다. 왜적의 침략이 산간 오지까지 이르자 의병의 봉기는 전 국토로 확산되었다. 이와 때를 같이하여 이순신 제독이 이끄는 거북선단은 왜적수군을 무찔러 일본의 보급로를 차단하였다. 전황은 침략군이 당초 쉽게 정벌하리라는 예상과는 크게 빗나갔다.

왜군이 전란 초기에 승전보를 울렸던 서울과 평양성을 내주고 남쪽으로 후퇴함에 따라, 전쟁은 소강상태로 접어들고 명일간의 강화협상이 진행된다. 그러나 명일간의 화의교섭은 조선을 제외한 협상일 뿐 아니라 히데요시의 의도와는 전혀 다른 방향으로 진행되었다. 이것은 명일간의 교섭 창구였던 심유경과 고니시 유키나가가 제각기 본국정부를 속이고 허위 조작된 교섭을 해 온 결과로써, 1996년 이른바 명나라의 책봉사절을 접수하게 된 히데요시는 명나라 황제가 자신을 일본국왕으로 책봉한다는 뜻밖의 통고에 대노하면서 책봉사를 쫓아 보낸다.

히데요시는 명황제의 책봉에 대한 불만으로 명일간의 강화협상을 깨고, 1597년 2월 다시 정유재란 즉 조선 출병을 재개하였다. 제2차 침략의 목적은 명나라 정벌이 아니라 조선 남부 4도를 실력으로 탈취하여 영구점령하자는 것이었다. 때문에 침략군의 잔혹한 행위는 도를 넘었으며, 평성의 학살, 방화, 강탈은 물론 전리품으로 갖고 갈 사람의 머리 대신 코 베기, 백성을 잡아 일본으로 강제 연행하는 등 여러 가지 고통을 가했다. 하지만 침략군의 사기와 전의는 현저히 떨어졌으며, 조선관군과 의병 그리고 명군의 저항은 더욱 거세졌다. 조선 남부에 상륙한 왜군은 내륙으로 북상하지 못하고 거의 해안선에 머물러 있었다. 당시의 치열했던 전투는 남원성 전투, 울산성의 농성, 사천과 순천의 전투 그리고 노량진 해전을 들 수 있다.

일본 사회에서는 히데요시의 조선침략과 대륙정복 망상이 명치유신 이후 일본의 정한론과 대동아권건설이라는 이론의 뿌리가 된 것처럼, 이퇴계의 학문과 사상을 '황국사관과 왕정복고'의 이론적 근간으로 삼고자 한 오류를 범했다는 지적도 없었던 것은 아니다.

3. 종군승 케이넨(慶念)의 임란 때 수기

후고(豊後)의 우수키성(臼杵城) 성주 오타 가즈요시(太田一吉)를 따라 종군승으로 정유재란 때 조선에 온 승려 케이넨(慶念)은 1597년 6월부터 이듬해 2월 귀국하기까지의 기간 동안에 일기를 써서 남긴 책이 있다. 원본은 그가 주석하는 절 안요사(安寧寺)에 보관되어 있는데, 그는 정유재란의 참혹한 현장을 인도적인 견지에서 비판하였다. 그가 쓴 '朝鮮日日記'에는 남원성 전투와 울산성의 농성 등 전쟁의 비참함이 생생하게 묘사되어 있다.

> "날이 새고 밖을 내다보니 길가에 시체가 산더미처럼 쌓여 있다. 차마 눈을 뜨고 볼 수 없다." "빨리 빨리 배에서 내려와서 너나 할 것 없이 물품을 약탈하고 사람을 죽이고 시체를 내다버리는 정말 눈뜨고 보기 어려운 광경이다." "아무런 죄도 없는 사람이 재산을 빼앗기고 목숨을 잃는다." "집집마다 불에 타는 연기로 가득하여 마치 나도 함께 타버리는 듯하다."

1596년 8월 드디어 히데요시가 병사하자 침략군은 병력을 거두어 전면 철수하고 7년간의 전쟁은 끝이 났다. 조선출병은 조선의 전 국토를 황폐하게 만들었고, 명은 이로 인하여 서서히 붕괴되었다. 또한 이 전쟁은 도요토미 정권을 쇠퇴의 길로 몰고 간 치명적인 과오로 지적되었으며, 결과적으로 동 아시아의 국제질서를 변화시킨 일대 역사적 사건으로 기록되었다.

4. 문화재 약탈과 도쿠후 소호(**德富蘇峰**), 세스페데스 신부의 평가

아무튼 임진왜란을 통해 일본의 여러 무장들이 당시 압도적 문화 선진국 이었던 우리나라로부터 문화재를 약탈하고, 문화인을 강제 연행해 갔으며 그 결과 일본의 문화와 사상의 발전에 크게 기여하였던 것은 명백한 사실이다. 엄청난 기록과 문헌, 금속활자의 약탈, 수많은 도공 등 장인의 연행 등이 일본문화 발전에 직접적인 영향을 미쳤다는 것은 숨길 수 없을 것이다.

일본의 저명 역사학자 도쿠후 소호(德富蘇峰)는 그의 저서 '근세 일본국민사' 제9권에서 "쵸센에키(朝鮮役)는 사치스런 해외유학이 었다"라고 지적하여 히데요시의 조선침략이 일본의 문화와 사상의 발전에 획기적인 계기가 되었음을 솔직히 시인하고 있다.

임진왜란 때 고니시 유키나가의 종군심부였던 세스페데스(스페인계) 등이 남긴 우리나라에 관한 기록 문서를 살펴보면, 전란 이전에는 조선이 섬나라로서 야만민족이 살고 있는 곳으로 알고 있었는데 막상 들어와서 보니 옷차림이며 학문 등 문화수준이 오히려 일본보다 훨씬 선진되었다는 점을 특기하고 있다. 이처럼 일본은 임진왜란을 통하여 우리의 선진문화를 여러 분야에 걸쳐 가져갔던 것이다.

5. 일본에서의 임진왜란의 표기 문제

임진왜란과 정유재란을 일본에서는 일반적으로 '분로쿠ㆍ케이쵸노 에키(文祿ㆍ慶長の役)라고 한다. 히데요시가 출병할 무렵에는 이 전쟁을 '카라이리(唐入り)' 또는 '코라이진(高麗陣)'이라고 부르다가,

에도시대에는 '조선정벌'이라고 했다. 명치시대에 들어와서는 조선을 식민지로 지배하게 되어 '조선정벌'이라는 의식이 한층 높아졌다. 또한 그 당시에는 청일전쟁, 러일전쟁을 닛신에키(日淸役), 니치로에키(日露役)라고 부르는 풍조 때문에 20세기에 들어와서도, 히데요시가 일으킨 전쟁을 일본국내의 정벌전투를 지칭했던 용어인 '에키(役)'를 부처 조센에키(朝鮮役), 분로쿠·케이쵸우노 에키라고 표기하였다. 오늘날에도 일반적으로 분로쿠·케이쵸우노 에키라고 쓰지만, 전쟁의 본질을 따지면 '히데요시의 조선침략'이라는 표현이 가장 적합하다는 견해가 일본학계에서도 지배적이다.

6. 전란 초기 「조선주민의 안전을 위한 조치」의 허구

규슈대학의 나카노 히도시(中野 等) 조교수는 임진왜란 초기, 조선을 침략한 일본 군세에게 도요토미 히데요시는 점령지역 조선주민들의 안전을 위해 특별지시를 내렸으며, 이를 미루어 볼 때 왜군의 조선 출병은 대륙 정복의 수단이었으며, 당초 조선주민을 살해, 약탈, 강제연행 등 비인도적인 행위의 자행을 금하는 특별 조치를 취했으며, 이를 미루어보아 왜군은 조선에 해를 가할 의도가 없었다고 주장했다. 그러나 이런 주장과는 반대로 히데요시의 특별조치가 얼마나 큰 오류를 범했으며 허구였는지, 야마구치 마사유키(山口正之)의 「조선서교사(朝鮮西敎史, 雄山 閣, 1967)」와 시바 쿠주모리(芝葛盛)의 「분로쿠에키(文祿役)에 있어서의 점령이나 수세(收稅)」 중에서 다음 기록을 보면 충분히 짐작할 수 있다.

"전쟁의 목적을 점령지의 확장이나 재보(財寶)의 약탈에 두는 것은 역사상 흔히 있는 일이나, 부녀자와 어린이를 통틀어 무차별하게 노예로 획득하고자 꾀한 것은 어느 시대를 막론하고 규탄되어야 할 일이다. 일본인의 이와 같은 노예획득 방법은 이 전쟁의 목표와 이유를 아무리 정당화하려 하여도 그 명분이 성립되지 않는다. 당시의 각 영주들은 장기화했던 국내 전국시대의 전란에 설상가상으로 바다를 건너 다른 나라를 침공하기 위한 군비조달에서 오는 경제적 압박으로부터 도피하기 위하여 그것을 충당하는 방법이 필요했다. 오늘과 같이 발전한 군 조직에 있어서는 통수권을 가진 중앙기관이 전략물자의 보급을 행하지만 당시의 히데요시는 이와는 달리 영주들이 궁경을 극복하기 위해서는 수단과 방법을 가리지 않도록 허용하였기 때문에 점령지에 있어서의 재보의 약탈이 무제한으로 행해졌다는 결과가 되었다. 함경도에 침공했던 나베시마 마사시게(鍋島正茂)는 점령지에 6월 하순에 갔는데 7월18일에는 벌써 세수가 조직적으로 행해졌다. 물론 히데요시는 전시 진중훈령을 발송하여 진주군의 계율을 정했지만 점령지에서의 각 영주들이 보낸 재보의 헌납은 오히려 진기하게 여겨졌기 때문에 이와 같은 계율은 한낱 휴지에 불과했다. 또한 영주들은 무상으로 얻게 되는 노예획득에 착안하였으며 그 이익이 막대함에 기뻐하였다. 히데요시의 영토 확장과는 달리 그들 자신의 가문의 연명을 위한 경제적 치부와 연결되는 일이라 분별이 있을 리 없었다. 그 결과로써 7년 전쟁은 당초에는 예기치 못했던 이익을 여러 영주들에게 주게 되었다. 게다가 특히 점령지의 문화와 기술은 물론 기술자를 연행해 오는 소득으로 일본 역사이래 후진을 면치 못했던 문화가 단기간에 집중적으로 일본 내에 이전되었다. 이것은 일본 역사상 가장 발달된 문화기의 하나인 기초가 된 것이다."

7. 결론 ― 한일 역사학계의 바람직한
임진왜란사 연구 방향

　인천대학교 역사학 전공 이계황(李啓煌) 교수는 임진왜란을 재조명함에 있어서는 전란을 단순히 조일 간의 전쟁으로만 볼 것이 아니라 명군이 참가한 것은 물론이거니와 전란 이후 상황을 감안하면 동아시아에서의 일대동란으로 간주하여 전란 전후의 사정을 분석하고, 동시에 한국사에서의 조선왕조 사를 '전란 전과 전란 후'라는 것으로 기계적인 분석만을 해서는 문제가 있다고 지적한다. 그리고 그는 임진왜란을 결국 전쟁터였던 한반도만으로 고정시켜서 보지 말고, 횡축으로서는 동아시아의 확대 속에서, 종축으로서는 15〜7세기에 걸친 역사적 전개 속에서 보는 것이 중요하다고 주장하고 있다.

또한 일본의 기타지마 만지(北島万次) 도쿄 쿄리츠(共立) 여자대학 교수는 임진왜란의 연구는 '21세기 한일 양 민족의 교류를 더욱 심화하기 위해 서로의 이해가 필요하며, 이를 위해서라도 과거의 역사 사실을 정확히 관찰하는 쪽으로 방향을 잡아야 할 것'이라고 강조하였다. 따라서 기타지마 교수는 이렇게 부연하였다.

> '모든 전쟁의 역사에 공통되는 것이지만, 역사에서 전쟁의 파악 방법은 전쟁에 관계된 영웅, 무장, 위인에게 눈을 돌리는 경향이 있다. 그러나 전쟁은 이것을 야기한 당사자와는 무관한 사람들, 예컨대 선량한 서민들을 휩쓸리게 하고, 그들이 생각지도 못한 인생의 길로 몰아넣는다. 그 와중에서 사람들은 어떻게 대처해야 하였는가? 이 문제를 임진왜란에서 본다면 조선측에서는 의병으로서 선비, 승려, 다양한 하층민, 그리고 일본측에서는 동원된 일반 무사, 백성, 관리, 등 많은 사람들에게 임진왜란은 무엇이었던가? 오늘의 시점에서 전쟁을 재평가하는 것, 즉 이 시점을 포함한 역사 인식을 공유할 필요가 있을 것이다.'

이밖에도 임진왜란을 계기로 이루어진 문화교류 분야의 역사 분석은 매우 흥미진진하다. 우선 전란 중에 일본으로 끌려간 조선도공들에 의하여 일본 도자기 산업은 대 혁신을 맞게 된다. 그리고 우리의 소중한 고서적, 문헌자료, 금속활자의 약탈과 유학자들의 연행으로 주자학을 비롯한 다양한 분야의 학문이 일본으로 전수된 것이다. 반면 우리나라에는 고추, 고구마 등 식료품과 나아가 조총 등 무기

류에 이르기까지, 그리고 해전에서 새로이 도입된 절강전술(조수간만의 차를 이용함) 등 새로운 문물들이 무수히 유입되었다. 이런 점에서 임진왜란을 '문화 교류'라는 측면에서 좀 더 폭넓게, 소상히 연구가 이루어졌으면 하는 바람이다.

400여 년 전의 임진왜란사를 오늘날 한국과 일본에서 관계학계가 공동으로 재조명하는 목적은 양국 국민이 역사인식을 공유하게 하여 서로의 선린우호에 저해되었던 과오를 밝힘으로써, 21세기에 있어서의 두 나라가 올바른 미래지향적 파트너십으로 동북아시아 나아가서는 세계의 평화와 인류의 번영을 위해 공헌하는데 도움이 되어야 할 것이다. 이를 위해서는 무엇보다 한일 양군의 관계 학자들이 민족주의적 사관을 버려야 할 것이며, 더욱이 일본 메이지 시대에 대두되었던 「征韓論」이나, 「大東亞圈建設」 등의 망상이 절대로 되살아나서는 안될 것이다.

색 인

나

다

바

한일관계사학회

(우) 200 - 701
강원도 춘천시 효자 2동 192 - 1
강원대학교 인문대학 사학과
손승철 교수연구실

일반전화 : 033 - 250 - 7208, 033 - 250 - 8219
휴대전화 : 011 - 9919 - 9080, 011 - 9744 - 0957
홈페이지 : http://hanilhis.or.kr/

한일문화교류기금

(우) 150 - 871
서울특별시 영등포구 여의도동 14 - 2
동아빌딩 3층

일반전화 : 02 - 784 - 1023
팩스 : 02 - 784 - 1024
홈페이지 : http://kjcf.org/

한·일 도자문화의 교류양상   정가 : 13,000원

2005년 8월 30일   초판 인쇄
2005년 9월 9일   초판 발행

저   자 : 한일관계사학회 · 한일문화교류기금
발 행 인 : 한 정 희
발 행 처 : 경인문화사
편   집 : 김 소 라
             서울특별시 마포구 마포동 324 - 3
             전화 : 718 - 4831~2, 팩스 : 703 - 9711
             이메일 : kyunginp@chollian.net
             홈페이지 : http://www.kyunginp.com
등록번호 : 제10 - 18호(1973. 11. 8)

ISBN : 89-499-0331-8   93900
* 파본 및 훼손된 책은 교환해 드립니다.